华文教育研究丛书

贾益民　丛书总主编

华文教师专业发展概论

INTRODUCTION TO
THE PROFESSIONAL DEVELOPMENT OF
OVERSEAS CHINESE
LANGUAGE TEACHERS

李欣　著

社会科学文献出版社
SOCIAL SCIENCES ACADEMIC PRESS (CHINA)

总　序

　　华文教育是面向海外华侨华人尤其是华裔青少年开展的华语与中华文化教育，对于促进中华文化国际传播、加强中外文化交流与合作具有重要意义。开展华文教育是华侨华人的"留根工程"，有助于华侨华人传承和弘扬中华文化、保持民族特性；同时，华文教育也是凝聚侨心的纽带和海外华侨华人与祖（籍）国保持联系的重要桥梁，有利于促进国家侨务工作的可持续发展。

　　中国政府一向非常重视海外华文教育的发展，尤其是改革开放以来，中国政府在支持和推动海外华文教育事业发展方面做了大量卓有成效的工作，取得了巨大成绩。随着中国综合国力的提升，海外华文学校如"雨后春笋"，华人华侨子弟学习华文的热度持续高涨。

　　华文教育是一项庞大而复杂的系统工程，不仅涉及华文教育教学的理念，还涉及华文教育的人才培养目标、课程与教材体系建设、教学模式与方法、教学运行机制与评价体制、办学条件改善，以及相应的师资队伍建设、华校治理、办学政策与制度等一系列因素。而建设这样一个系统工程，则需要以相应的理论及专业研究为支撑。目前世界范围内的华文教育事业呈现蓬勃发展的势头，但是与方兴未艾的华文教育实践相比，华文教育的理论研究及学科与专业建设依然滞后。

　　华文教育是国家和民族的一项伟大事业，也是新时代中国特色社会主义伟大事业的一个重要组成部分。

　　第一，华文教育要更快更好地发展，必须坚持以习近平新时代中国特色社会主义思想为指导，深刻领会、全面把握新时代中国特色社会主义思想的精神实质和丰富内涵，科学分析新时代世界华文教育发展现状、存在问题与发展需求，制定符合"新时代"发展特征与需要的华文教育发展规划与具体措施，推动世界华文教育发展迈上新台阶，服务于实现中华民族伟大复兴的中国梦。

第二，华文教育要树立"全球化"和"大华文教育"发展理念，把华文教育置于中国和世界全球化发展的大背景下，面向全球、面向世界人民，以语言为基础，以文化为主导，推进华文教育大发展，以适应"全球化"对中华语言和中华文化的现实需求，满足各国人民学习中华语言文化的需要，推动中外人文交流和民心相通。此外，华文教育要想使华语逐渐成为"全球华语""世界语言"，还必须使华文教育尽快融入各国发展的主流，融入世界多元文化发展的主流，融入所在国教育的主流，融入所在国经济社会发展的主流，融入所在国华侨华人社会发展的主流。这是新时代华文教育全球化发展的必然选择，也是华文教育可持续发展的重要途径。

第三，华文教育要树立"多元驱动"和"转型升级"发展理念。新时代世界华文教育发展已经进入"多元驱动机遇期"，我们要善于整合、利用"多元驱动"资源与力量，助推华文教育和汉语国际教育事业的新发展。与此同时，新时代也给华文教育提出了新任务、新要求，使华文教育的"转型升级"成为可能与必然，要由传统的华文教育观念、体系、模式向新时代华文教育发展、变革，由过去的规模化发展向内涵建设、提升质量、增强效益转型。

第四，随着"大华文教育"的发展以及华文教育的"转型升级"，华文教育今后绝不再是单一的、传统意义上的华文教育，而是在"华文教育+"发展理念引领下呈现多元发展态势。"华文教育+"加什么、怎么加，完全视华文教育发展需求而定，但必须符合华文教育培养中华语言文化人才、立德树人的根本目的。

在这些理念主导下，华文教育研究当下应关注以下问题：其一，关注世界华文教育发展历史及现状，跟踪世界各国华文教育政策及发展，撰写不同国别政治、经济及文化环境下华文教育国别史，总结华文教育历史发展规律与特点，从而由编写国别华文教育史到编写世界华文教育史；其二，针对性地分析和描写华语在不同国别语言文化背景下作为一语（母语）以及作为二语（外语）的教学特点与规律、习得特点与规律等问题，借鉴语言认知科学尤其是人脑神经科学研究的理论成果与技术，探讨不同语言文化背景下华语二语认知与习得的规律，为本土化、国别化的华文教学以及教材编写提供理论支撑；其三，研究中华文化"走出去"战略中的中华文化核心价值观，萃取优秀中华文化的核心元素，研制具有规范性、可操作性的文化传播大纲及内容与形式；其四，开展海外华校普查、海外华文教育组织机构调查及海外华文教育政策调研，研究"一带一路"沿线国家华语使用现状与发展趋势；其五，积极推动不同国别华文教师专业发展研究，探索海外华文教师的专业发展模式、途径和制度，研究优秀华文教师的共同特质，为教师培训提供参照标准，以利于华文教师队伍的培养、建设；其六，开发具有较强针对性、实践性、本土化、多样性的华文教学资源，如多媒体线上线下教材，依托云技术实验室研发优质在线教学资源、开展华文课程智慧教学探索等，加强教学资源库建设。

在大力推动以上华文教育领域理论研究的过程中，为形成更具系统性、标志性和示范性的华文教育研究成果，打造华文教育研究特色团队，我们推出了这套"华文教育研究丛书"。该丛书由华侨大学海外华文教育与中华文化传播协同创新中心、华文教育研究院精心策划，由海内外优秀学者撰写。我们希望本丛书可以进一步丰富华文教育研究内容，让更多的人了解华文教育、研究华文教育，以推动华文教育事业的发展。

本丛书由社会科学文献出版社组织出版，在此我们表示衷心感谢。限于水平，本丛书若有不妥之处，还望各位读者批评指正。

是为序。

贾益民

2019 年 7 月

目　录

导　言

中国人移居海外为时已久，有华侨华人的地方就会有各种形式的华文教育活动。华文教育主要是指面向海外华裔青少年的中华语言文化教育。目前，海外有6000多万华侨华人，[①] 华文学校近2万所，华文教师达数十万人，在校接受华文教育的学生多达数百万。[②] 随着中国的和平发展和经济的日益繁荣，特别是"一带一路"倡议的全面实施，海外学习中文的需求在不断升温，对华文教师在数量上和质量上的要求也日益提高。

华文教师是华文教育教学活动的主导者，国务院侨务办公室原主任裘援平曾指出，"华文教育质量的好坏，关键在于师资"；[③] 著名的华文教育专家贾益民教授也认为，"在华文教育的各要素中，教师直接作用于学生，其地位是关键的"，[④] 他还认为，华文教师需要具备良好的教材解读能力，"华文教材的作用能否充分发挥出来，关键在于使用教材的教师"，"华文教材使用是华文教师水平高低的重要标志"。[⑤] 在困扰华文教育已久的"教师、教材、教法"问题上，如何提高华文教师的水平无疑是首要问题。

需要进一步指出的是，华文教师有狭义和广义之分，狭义的华文教师是指在海外从事中华语言文化教育的教师，而广义的华文教师还包括

---

① 裘援平. 现在海外华人华侨有6000多万 [EB/OL]. (2014－03－05) [2020－11－20]. http:∥news. sina. com. cn/o/2014－03－05/201429632187. shtml.

② 裘援平. 目前全球华文学校近2万所，数百万学生接受华文教育 [EB/OL]. (2013－08－03) [2020－11－20]. http:∥edu. people. com. cn/n/2013/0803/c1053－22433379. html.

③ 中国海外交流协会. 海外华文教育当前面临的最大瓶颈，就是师资数量的不足 [EB/OL]. (2016－09－13) [2020－02－10]. http:∥www. sohu. com/a/114299577_351135.

④ 贾益民. 华文教育概论 [M]. 广州：暨南大学出版社，2012：199.

⑤ 贾益民. 华文教材教法 [M]. 广州：暨南大学出版社，2012：3.

在各个华文学校或中文学校从事其他非语言学科教学的教师，例如用华文教授数学、物理等不同科目的教师。鉴于前者是华文教师的主体，且中华语言文化在海外的传承是当前的主要任务，本书所谈及的华文教师，除非特殊说明，均指从事海外中华语言文化教育的一线教师，他们主要以海外华裔青少年儿童为教学对象。

就目前全球的情况来看，海外华文教师普遍存在普通话发音不标准、学历偏低、教学方法陈旧、汉语本体知识薄弱、华文教材解读能力欠佳等诸多问题。这些问题直接影响华文课堂的教学效果，并最终制约华文教育事业发展。虽然海内外各类组织和机构频繁开展了针对华文教师的多种培训或研修活动，但许多研究都表明，现阶段的培训活动未能尽如人意。例如，学者连榕等人的研究认为，对印尼华文教师的培训还十分不足，国内外尚未建立起有效的辅导、沟通渠道，印尼华文教师的需要难以得到及时满足。建议对华文教师的培训应该有一个全面系统的安排，帮助教师从新手阶段尽快过渡到专家阶段。[①] 陈青妮等人认为，应当把对泰国籍汉语教师培训的主战场放在泰国本土而不是中国国内；应当在固定的时间、固定的地点持续举办成系列的汉语培训，设置有章可循的培训内容。同时指出，教师们参加过的培训不规律、不系统，培训在时间、地点、内容上呈现五花八门的态势，建议按照汉语教师汉语水平的差异，实施按需、分类、分层的教师培训。[②] 黄祯玉的研究聚焦马来西亚新手华文教师，认为他们在专业成长中有独特的需求，应该根据他们的职业生涯发展需求来设计培训。[③] 李奇瑞探讨了菲律宾华文教师的现状、培训目标、培训内容、培训形式和方法，认为总体上目前菲律宾华文教师培训在内容上缺乏系统性、规范性和针对性，在培训形式和方法上也有待改进。[④] 限于篇幅，不再一一列举。

① 连榕，潘贤权. 印尼华文教师主观幸福感、职业倦怠、职业承诺的现状及其关系的研究 [J]. 教育探究，2009（3）.

② 陈青妮，骆小所. 泰中泰北公立中学汉语教师培训状况调查研究 [J]. 云南师范大学学报（对外汉语教学与研究版），2010（1）.

③ 黄祯玉. 基于职业生涯发展需求的新手教师培训工作——来自马来西亚华文独立中学的经验 [J]. 外国教育研究，2007（1）.

④ 李奇瑞. 菲律宾华文教师培训问题探析 [J]. 职业时空，2006（22）.

　　尽管以上列举观点为国别研究，却也是海外各国现阶段华文教师培训工作的共性问题，这些现实问题迫切需要我们从科学理论角度进行系统研究，教师专业发展理论为我们提供了有力工具。教师专业发展研究在西方至今已有半个世纪的积累沉淀，当代西方学者从不同角度对教师专业发展内涵做了界定。哈格里夫斯（Hargreaves）和富拉恩（Fullan）指出，教师专业发展可以从知识与技能的发展、自我理解和生态改变三个方面来理解。[①] 哈格里夫斯还认为，教师专业发展不仅应包括知识、技能等技术性维度，还应该广泛考虑道德、政治和情感的维度。[②] 戴（Day）综合众多学者的观点提出一个颇具包容性的界定：教师专业发展包含所有自然的学习经验和有意识组织的各种活动，这些经验和活动直接或间接地让个体、团体或学校得益，进而提高课堂的教育质量。教师专业发展是一个过程。在该过程中，具有变革力量的教师独自或与人一起检视、更新和拓展教学的道德目的；他们的学习和发展具有批判性，因为教师不只是知识和技能的容器。在与儿童、年轻人和同事共同度过的教学生活的每一阶段中，教师不断学习和发展优质的专业思想、知识、技能和情感智能。[③] 伊文思（Evans）提出教师发展最基本的是态度上和功能上的发展。前者是教师在态度上的改善过程，后者是专业表现的改善过程。其中态度上的发展包含知识性发展和动机性发展；功能上的发展体现为程序性发展和生产性发展。[④] 以上观点把教师专业发展内涵理解为教师不断成长、不断接受新知识、提高专业能力的过程，提倡教师的全面发展，既包括知识技能的技术性维度，也包括道德情感等非技术性维度。这为华文教师专业发展的研究和实践活动带来了积极的启示。

　　若把华文教师职业看成高度专业化的职业，以华文教师专业发展的理论视角观之，那么上述诸多华文教师所面临的问题可以被进一步归纳

---

① Speck, M. & Knipe, C. Why Can't We Get it Right? Professional Development in Our Schools [M]. California: Corwin Press, 2001.

② Hargreaves, A. Development and Desire: a Postmodern Perspective. Professional Development in Education: New Paradigms and Practices [M]. New York: Teachers College Press, 1995.

③ Day, C. Developing Teachers: the Challenges of Lifelong Learning [M]. London: Falmer Press, 1999: 4.

④ Evans, L. What is Teacher Development? [J]. Oxford Review of Education, 2002 (1).

为以下几点。

第一，由于缺乏教师专业发展的宏观架构，现阶段的华文教师培训缺乏系统性和科学性；海外华文师资的各种培训或研修活动，都尚未从教师发展的专业程度考虑教师培训的连贯性和系统性；第二，缺乏对华文教师专业发展过程的阶段性分析，华文教师专业化培训活动没有在诊断各阶段教师特有问题的基础上展开，缺乏针对性的问题导向意识，不利于解决一线华文教师的实际问题；第三，缺乏整体规划，华文教师的培训与发展活动无法被纳入整体远景规划，华文教师个人的发展与华文学校组织的发展，乃至整个海外华文教育事业的发展缺乏有机的内在联系，导致华文教师对自身职业的认同度低、职业承诺水平低、离职率高、职业倦怠较为突出等问题。因此，应该充分认识华文教师专业化的整体性和连贯性，在实施过程中避免教师专业化活动的盲目性和形式主义，减少人力、财力、物力资源的浪费，真正使每位华文教师个体都能在专业发展活动中得到知识的丰盈、能力的提升，以及内在生命的激活。

为了从根本上解决上述问题，必须建构华文教师专业发展的合理框架。目前全球对于教师专业发展的研究层出不穷，既有各阶段教师发展特征的研究，又有不同学科领域教师专业发展的研究，中国国内对国际中文教师的专业发展也做了一定研究，但是对华文教师专业发展的专门研究还非常稀少。"一带一路"倡议为华文教育发展提供了更大的空间和更高的挑战，在2014年召开的第三届世界华文教育大会上，国务院侨务办公室正式提出海外华文教育要朝着"标准化、正规化、专业化"方向发展，为新时代海外华文教育转型升级确立了根本的发展方向，也为华文教师专业发展的推进提供了政策支持，华文教师专业发展研究正当其时。

在对海外各国华文教育活动进行全面了解的基础上，本书尝试建构一个较为完整的华文教师专业发展框架，旨在对当前海外华文教师专业发展活动进行较为抽象化、概括化的归纳整理，也希望能为华文教师专业发展领域的深入研究提供一个基础性的理论框架。力图为推进海外华文教师的专业化发展进行理论上的探索，为有关部门准确掌握海外华文教师的专业发展情况、制定合理的华文教师帮扶政策和培训计划提供参考，也为海外广大的一线华文教师更深入地了解自己的职业特性、制定职业生涯发展规划提供帮助。

　　本书采用了混合研究方法，既有基于文献综述的推理思辨性研究，也有基于调查问卷的量化研究，还采用了访谈等研究方法，此外还进行了一些个案研究。研究方法的采用取决于不同章节的研究主题。在整体框架方面，本书分为六章：第一章是对华文教师专业素质结构的建构和描述；第二章是对华文教师专业发展过程中所经历的五个阶段的详细介绍；第三章探讨了影响华文教师专业发展的多种因素；第四章归纳和分析了华文教师专业发展的三种模式；第五章分析了华文教师在专业发展过程中采取的不同取向的专业发展途径；第六章对华文教师专业发展的制度层面进行了尝试性的构建。

第一章　华文教师的专业素质结构

本书的华文教师专业素质结构建立在教育学理论和认知心理学理论基础上，参考国内外学者对教师专业素质结构的研究，并结合海外华文教育的特殊性，提出华文教师专业素质结构的三个维度，即知识、能力和情意，此三者互为依托，专业知识是内在基础，专业能力是外在体现，专业情意是核心灵魂。鉴于学术界对教师专业知识的研究著述较为丰富，具有扎实的理论积淀，本书对于华文教师专业知识的构成分析也较为详尽。

第一节　教师专业素质结构研究述评

教师专业素质的研究始于 20 世纪 80 年代，在国际上，美国、英国、德国、日本、韩国等国家先后发起了一系列旨在提高教师素质的活动，教师素质结构也随即演变成为一个国际范围的研究热点。

一　国外教师专业素质结构研究述评

（一）各国政府对教师专业素质的要求

自 20 世纪 80 年代开始，发达国家开始对教师专业素质提出明确的要求。美国于 1986 年先后发表了《国家为 21 世纪的师资做准备》《明日之教师》等研究报告。1989 年美国专业教职标准委员会（NBPTS）在《教师应该知道什么和能够做什么》的文件中，对教师的专业素质提出了五项核心要求："教师效力于学生及其学习；教师熟悉他们所教的学科内容以及如何把这些学科内容教授给学生；教师负有管理和监控学生学习的责任；教师系统地思考其教学实践并从经验中学习；教师是学习共同体的成员。"① 英国政府于 1983 年向众议院提交了名为《提高教师质量》的白皮书，并在 90 年代以后重新调整了师资培训课程，提高了师资培训标准，指出教师应具备适宜的人格品质、适当的学业水平、足够的教育专业与实践方面的知识技能三个方面的素质，并要求教师必须精通一门或一门以上的课程领域，必须经过课程教学的培养和实践等。法国强调增强教师的职业责任，注重教师的上课能力、与学生交往的能力、指导学生的能力等。俄罗斯规定教师就职宣誓制度，以表明忠于教育事业，恪守教师职责。日本文部省于 1987 年发布了《关于提高教员素质能力的措施》的报告，强调教师要有五种能力，富有成效的教学和学习指导能力、对学生强有力的生活及就业指导能力、理解和把握学生心理的能力、教育管理的能力、独立的自修能力，并把教师的身体素质放在第一位，认为好教师必须具备良好的心理素质、健全的体魄和旺盛的精力等。

就目前的资料看，国外大多数国家对教师素质的要求主要有以下四个方面。第一，较高的学历水平。例如，美国有些州要求高中教师必须获得教育硕士学位，有的州甚至要求小学教师也必须具有硕士学位。韩国政府提出：21 世纪的教师无论在其训练背景、素质还是专门性等方面，与以往的情景、情形都不同，韩国今后将通过继续教育，使多数教师获得硕士和博士学位。第二，广博精深的文化素质。主要包括扎实的基础知识、精深的专业知识、广博的相关学科知识等。教师必须精通其所教授的课程领域，具有教育学和心理学知识。第三，全面发展的能力，包括课堂教学与管理的能力、教书育人的能力和自我专业发展的能力等。第四，健全的人格与职业操守。各国都强调教师应具备良好的心理素质，胜任教师职业所带来的各种压力和挑战，能较好地调整自己的情绪。此外，教师对职业的忠诚和奉献精神也受到重视。从某种意义上说，这四个方面可以看作各国对教师素质结构的基本认识。21 世纪的教师必须是能够将理论与实践、教学与生活、课内与课外相结合的"全能型"教师。

---

① NBPTS. What Teachers Should Know and Be Able to Do [EB/OL]. (2015 – 03 – 23) [2017 – 10 – 13]. http://www. nbpts. org/standards-five-core-propositions.

(二) 教师专业素质的学术研究

"教师专业素质"在国外的学术研究中表述为"教师专业素质"（teacher professional quality）、"教师专业标准"（teacher professional standards）、"高效教师特征"（characteristics of effective teachers）等，对其的研究主要集中在知识结构、教学能力、教育观念和个性品质四个方面。

国外学者对教师素质进行了诸多实证性研究。例如，美国学者维迪（Witty）请学生书面回答一个问题，即"对我最有帮助的教师所具备的特质"，共有 33000 位学生复信，他把复信的内容归纳成 12 条素质，详见表 1 - 1。

表 1 - 1　美国学生对理想教师专业素质的认识

排序	素质	排序	素质
1	合作与民主的态度	7	有幽默感
2	仁慈、体谅	8	言行一致
3	有忍耐心	9	有兴趣研究学生的问题
4	兴趣广泛	10	处事有伸缩性
5	和蔼可亲	11	了解学生，给予鼓励
6	公正无私	12	精通教学技术

资料来源：钟祖荣. 现代教师学导论：教师专业发展指导 [M]. 北京：中国广播电视大学出版社，2001：25 - 26.

美国学者卡塔斯和韦帕斯则面向教师进行调查。他们将优秀教师应该具备的素质分析成许多项目，然后请一些经验丰富的教师确定哪些是最重要的素质，调查结果得出 83 项，归纳为 16 项，最后请 25 位教育专家评定其等第，对高中教师和初中教师的排序有所不同，得到的结果如表 1 - 2 所见。

表 1 - 2　教师专业素质等第的研究结果

序列	素质	高中	初中
1	判断力强（有分寸、明辨是非）	2	1
2	自制（镇静、自重、谨慎、有涵养、庄重）	2	2
3	体谅他人（鼓励学生、仁爱、同情、不自私）	17	3

续表

序列	素质	高中	初中
4	热心（活泼、有生气）	9	4
5	有吸引力（易接近、乐观、幽默、喜社交）	11	4
6	适应能力	8	10
7	广博的兴趣（对社会、教育、学生的兴趣）	1	10
8	诚实（公正、坦白）	7	12
9	合作	11	9
10	文雅（谦逊、高尚、朴实）	14	20
11	细心（精密、正确、彻底）	11	3
12	有活力（勇敢、果断、坚定）	5	4
13	领导才能（创业精神、自信心）	4	7
14	健康	16	16
15	整洁	20	16
16	创造能力（富有想象力、机智）	22	22

资料来源：钟祖荣. 现代教师学导论：教师专业发展指导［M］. 北京：中国广播电视大学出版社，2001：30 - 32.

由表 1 - 1、表 1 - 2 可以看出，教师专业素质结构的完善不仅包括教师个体职业生涯中知识、技能的获得，还包括品行的发展和道德的完善。

二　国内教师专业素质结构研究述评

（一）我国教师素质研究的变迁

进入 20 世纪 80 年代以来，我国开始逐步关注教师质量、教师培养和教师素质等问题，知网上可见的最早一篇在题名中体现"教师素质"的文章为《我校是怎样提高教师素质的》①，该文刊发于 1983 年的《人民教育》，以经验介绍为主，缺乏理论分析。进入 90 年代，由于基础教育改革和素质教育的提出，关于教师素质的研究进入一个全新的阶段，研究视角多维化，研究对象多元化，研究手段多样化，教师教育理论也开始了本土化、针对性的探索。进入 21 世纪以来，全球化的推进和信息科技

---

① 山东省招远县金岭公社山上孙家联中. 我校是怎样提高教师素质的［J］. 人民教育，1983（7）.

的发展，对教师素质有了新的要求，例如，更加突出以学生为本、强调教学媒体应用等，对教师的教育研究能力、"自我更新"意识也有了更多要求，教师素质研究也呈现显著的时代特点。

（二）教师的素质结构研究

关于教师专业素质的定义和构成还没有定论。林崇德、申继亮等认为，教师素质就是教师在教育教学活动中表现出来的，决定其教育教学效果，对学生身心发展有直接而显著影响的心理品质的总和。[1] 王卓、杨建云认为，教师专业素质指教师在系统的教师教育和长期的教育实践中获得并逐渐发展而成的，在教育活动中体现出来并直接作用于教育过程的，具有专门性、指向性和不可替代性的心理品质。[2]

国内关于教师素质构成的研究比较多，相对于国外的要素列举，国内多采用系统划分法。其具体命名、内涵、划分众说纷纭，有的按要素划分，也有的按系统层次性划分。但总体上体现出许多相似之处。表1-3列出一些教师素质结构的示例。

表1-3　我国教师素质结构研究举例

	叶澜等[3]	教育部师范教育司[4]	王卓、杨建云[5]	余文森、连榕等[6]	李建辉、王晶晶[7]
情意/理念/人格	1. 与时代精神相通的教育理念 1.1 价值观 1.2 学生观 1.3 教育活动观	1. 专业情意 1.1 专业理想 1.2 专业情操 1.3 专业性向 1.4 专业自我	1. 教育专业精神 1.1 教育理念 1.2 专业态度 1.3 师德	1. 专业精神 1.1 敬业精神 1.2 人文精神 1.3 科学精神 2. 专业人格 2.1 良好的个性 2.2 高尚的品德 2.3 积极的态度	1. 专业理念 1.1 体现专业自我的教师观 1.2 以学生为本的学生观 1.3 动态生成的课程教学观

① 林崇德，申继亮等. 教师素质的构成及其培养途径 [J]. 中国教育学刊，1996（6）.
② 王卓，杨建云. 教师专业素质内涵新诠释 [J]. 教育科学，2004（5）.
③ 叶澜等. 教师角色与教师发展新探 [M]. 北京：教育科学出版社，2001：230.
④ 教育部师范教育司. 教师专业化的理论与实践 [M]. 北京：人民教育出版社，2003：54.
⑤ 王卓，杨建云. 教师专业素质内涵新诠释 [J]. 教育科学，2004（5）.
⑥ 余文森，连榕等. 教师专业发展 [M]. 福建：福建教育出版社，2007：11.
⑦ 李建辉，王晶晶. 教师专业素质新探 [J]. 当代教师教育，2010（1）.

	叶澜	教育部师范教育司	王卓、杨建云	余文森、连榕等	李建辉、王晶晶
知识	2. 多层复合的知识结构 2.1 当代科学与人文修养基础 2.2 1~2门专业学科知识及相关知识 2.3 对科学史与发展趋势的把握 2.4 对学科方法论的理解 2.5 有关青少年发展的、与教育活动相关的教育学科知识	2. 专业知识 2.1 教育内容知识 2.2 原理性知识	2. 教育专业知识 2.1 教什么的知识 2.2 如何教的知识	3. 专业知识 3.1 普通文化知识 3.2 专业学科知识 3.3 教育学科知识 3.4 实践性知识	2. 专业知识 2.1 本体性知识 2.2 条件性知识 2.3 实践性知识
能力/技能	3. 独特的教师能力素养 3.1 对学习的终身需要、信息与能力 3.2 有关青少年发展的、与教育活动相关的教育实践能力 3.3 教育研究的意识与能力 3.4 与他人交往及管理的能力	3. 专业技能 3.1 教学能力 3.2 教学技巧	3. 教育专业能力 3.1 教育活动设计能力 3.2 教育活动实施能力 3.3 教育过程的组织与监控能力 3.4 教育评价能力		3. 专业能力 3.1 教学能力 3.2 交往能力 3.3 研究能力 3.4 反思能力 3.5 评价能力 3.6 创造能力
其他	4. 教育智慧 4.1 感受判断新情境和新问题的能力 4.2 把握教育时机、转化教育矛盾的机智 4.3 决策和调节教育行为的魄力 4.4 使学生积极投入学习并愿意与他进行心灵对话的教师魅力			4. 专业智慧 4.1 内容类的智慧 4.2 方法类的智慧	4. 专业规范 4.1 政策法规制度系统 4.2 教师等级资格证书系统 4.3 道德行为规范系统

总体而言，尽管研究者在教师素质结构的分类和具体概念的使用上

有所不同，但是普遍认为教师素质结构至少包括了情意结构、知识结构和能力结构三个方面。个别学者还提出了"教育智慧""专业智慧"的成分，其他学者则将其归为专业能力的范畴。至于"专业规范"，有些学者认为其属于专业知识的范畴，是教师对其所从事职业的认识。国内外学者的研究为建构华文教师专业素质结构提供了理论基础，后文将采用专业知识、专业能力和专业情意的主体框架对华文教师的专业素质结构作具体论述。

第二节　华文教师的专业素质结构

教师的专业素质是教师职业区别于其他职业的内在差异，体现了教师职业所具有的特殊性。语言类学科教师的专业素质在教师职业共性素质的基础上，还要反映语言学科教育教学的特殊要求。

一　语言教师素质结构研究现状

（一）美国语言教师专业素质研究述评

美国的教师专业化发展走在世界各国的前列，对语言教师的专业素质评价也有着一套较为完善的认证机制，其中，对外语教师的评价主要有三种标准：美国全国教师教育评估委员会的 NCATE 标准、新教师评估与支持州际联盟的 INTASC 标准、全美专业教学标准委员会的 NBPTS 标准。其认证范围及认证标准如表 1 – 4 所示。

表 1 – 4　美国外语教师资格认证内容

认证机制	认证范围	认证标准
NCATE	职前教师质量控制组织	6 条标准：语言、语言学、比较标准，文化、文学、跨学科的概念标准，语言习得理论与教学实践标准，外语学习标准与课程及教学整合标准，语言与文化评定标准，专业化标准
INTASC	教师入职资格认证	10 条标准：学科知识、学生发展、学习者的多样性、教学策略、学习环境、交际、机构教学规划、评估、反思实践与专业发展、社区

续表

认证机制	认证范围	认证标准
NBPTS	职后优秀教师资格	14 条标准：学生的知识、公正、语言知识、文化知识、语言习得知识、学习的多种途径、课程与教学的整合、学习环境、教学资源、评价、学校、家庭及社区、专业社区、倡导外语教育

　　美国对英语教师专业素质的要求，主要通过建立"高质量教师"专业标准来实现，例如，所有新聘任的公立中学英语教师（含初中和高中）必须达到以下标准。①

　　第一，必须具有四年制本科院校的语言文学学士学位。新聘任的中学英语教师可以根据个人的实际情况，从以下三种途径任选其一作为个人已具备高水平教师专业能力的证明：一是通过规定的州级学科专业考试，取得了合格的英文考试成绩；二是获得了英文学科的硕士学位或完成了本学科的硕士课程；三是取得了州教育行政部门颁发的"高级教师资格证书"。

　　第二，对于正在中学任教的英文教师，《不让一个孩子掉队法》（No Child Left Behind Act）提出如下要求：必须具有四年本科语言文学学士学位；已经获得有效的州级英文教师资格证书；具备足够任教本学科的专业知识和教学能力，其教学水平和能力考核必须由相应的教育机构主持，用高度客观、统一的州评价标准进行鉴定。这一教师评价过程至少包括英文学科的专业考试以及由英语学科专家、教师代表和学校管理者共同组成的审查委员会的集体评议。

（二）汉语教师专业素质研究述评

　　汉语作为第二语言教学的教师素质专门性研究最早见于 1985 年赵智超的《教学效果较好的外语教师所应具备的主要条件》②，该文从个人的条件、专业的能力、课堂上的教学活动三方面讨论了"教老外学汉语的汉语教师"应该具备的一些素质。

---

①　蔡敏. 美国"高质量教师"法案的实施策略分析 [J]. 比较教育研究，2006 (9).
②　赵智超. 教学效果较好的外语教师所应具备的主要条件 [C]. 世界汉语教学学会第一届国际汉语教学讨论会，论文选，1985.

　　进入 20 世纪八九十年代，有关教师行为与教师培训的研究逐渐出现，教师"素质"这一概念被提出。在汉语教学领域，吕必松等人开始进行对外汉语教师素质研究。在《关于对外汉语教师业务素质的几个问题》一文中，吕必松先生从不同层次和类型的角度，对一名对外汉语教师的基本业务素质提出了"具有比较广博的专业知识和文化知识""具有一定的工作能力""具有一定的教学经验""掌握教学艺术"等要求，指出我国对外汉语教师队伍状况并不令人满意，"教外国人学汉语并不难"的思想严重影响着对外汉语教师业务素质的提高。① 文章首次提出，对对外汉语教师的素质要求不应当也不可能提出一个统一的标准，因为教师有不同的类型与层次。这样的思路与当时对外汉语教学状况相关联，对我们现在的研究仍有一定的指导意义。吕必松多次强调对外汉语教师队伍建设的必要性和迫切性，得益于他的再三呼吁，学界对对外汉语教师素质问题、教师队伍建设问题逐渐重视，也带动了这方面的研究。此外，戴桂英、周正兴等人也早在 20 世纪 90 年代开展了对外汉语教师的素质研究。戴桂英 1992 年的《学生心目中的期望值与对外汉语教师的素质》一文从心理学上的期待研究入手，就期望值与教师素质的关系等问题进行了探讨②；周正兴 1995 年的《试论对外汉语教师的必备素质》一文提出对外汉语教师应具备思想政治素质、中外比较文化知识、语言教学技能和教学研究能力③。从研究内容上看，可以分为以下几类：对外汉语教师的基本素质研究、师资培训研究、专业人才培养研究等。对教师素质的研究主要从"基本素质""综合素质""业务素质"等角度进行。此阶段学者张和生的研究受到较多关注，其 2006 年的著作《对外汉语教师素质与教师培训研究》一书，对 20 世纪 80 年代以来对外汉语教师研究资料从"对外汉语教师基本素质研究""对外汉语师资培训研究""对外汉语教学专业人才的培养研究""海外汉语教师培训"等方面进行了汇总、编辑，是当时对外汉语教师素质研究领域为数不多的专著之一。

---

①　吕必松. 关于对外汉语教师业务素质的几个问题 [J]. 世界汉语教学，1989 (1).

②　戴桂英. 学生心目中的期望值与对外汉语教师的素质 [J]. 汉语学习，1992 (3).

③　周正兴. 试论对外汉语教师的必备素质 [J]. 苏州大学学报（哲学社会科学版），1995 (4).

国家汉办于 2007 年组织研制的《国际汉语教师标准》则对从事国际汉语教学工作的教师所应具备的知识、能力和素质进行了全面描述，提出了 10 个标准：（1）汉语知识与技能；（2）外语知识与技能；（3）中国文化；（4）中外文化比较与跨文化交际；（5）第二语言习得与学习策略；（6）汉语教学法；（7）测试与评估；（8）汉语教学课程、大纲、教材与辅助材料；（9）现代教育技术运用；（10）教师综合素质。徐燕婷认为，《国际汉语教师标准》中"除了教师综合素质以外，其他九条标准都是对教师'应然'知识的描述，若对其进行分类归纳，可以将对外汉语教师知识划分为以下几类。（1）学科内容知识：汉语知识、外语知识、中国文化、中外文化比较、汉语课程、大纲、教材与辅助材料；（2）教学法知识：包括一般教学法（测试与评估、现代教育技术）和学科教学法（汉语教学法）；（3）学习者知识：第二语言习得与学习策略"①。

之后较为系统的研究专著是郑承军的《汉语国际教育背景下对外汉语师资核心素质研究》一书，该著作包括"精神素质篇""专业素质篇"两部分：第一部分从历史发展的角度关注对外汉语教师的精神素质及其与汉语国际推广的关系；第二部分讨论了对外汉语教师应具备的专业知识、能力结构、教学技术等。② 这本著作的关注点与论述焦点较为宽泛。此外，王晓音的博士论文《对外汉语教师素质研究》③ 就对外汉语教师素质进行了系统详细的分类，从"大素质"的概念出发，把对外汉语教师素质分为基本素质和专业素养两大部分。其中基本素质包括职业素养（职业意识、专业意识、职业精神、职业操守）、人格素养（高尚的道德品性、良好的精神状态）、心理素质（对自我的信念、对学生的信念、对教与学的信念）三个方面；专业素养包括汉语知识素养（对汉语作为第二语言特点的理解、对汉语作为第二语言的教学要素处理）、语言素养（语言表达、语言应用）、业务素养（教学准备、课堂教学、听说读写教学）、跨文化交际素养（跨文化交际知识与素养、语言教学中的跨文化交

①　徐燕婷. 对外汉语新手教师实践性知识生成的个案研究［D］. 华东师范大学，2013.
②　郑承军. 汉语国际教育背景下对外汉语师资核心素质研究［M］. 北京：北京语言大学出版社，2011：前言.
③　王晓音. 对外汉语教师素质研究［D］. 陕西师范大学，2013.

际、跨文化交际课程设计与实施）四个方面。

自 2013 年起，根据《教育部普通高等学校本科专业目录（2012年）》和《普通高等学校本科专业设置管理规定》，原"对外汉语""中国语言文化"和"中国学"合称"汉语国际教育"专业。在更名之后，有学者以"汉语国际教育教师素质"为研究主题，也有许多学者继续沿用"对外汉语教师素质"的说法。近年来有关汉语教师素质的研究则逐步增多，至 2018 年，篇名中含有"汉语教师素质"的各类论文有百余篇。

（三）华文教师专业素质研究述评

学界专门针对华文教师的专业素质的研究起步较晚，研究成果较少。最早的一篇有关"华文教师素质"的研究见于李基杰 1997 年发表的《开拓进取，办好（集美）华文教育基地》一文，该文指出"要根据现有教师队伍的不同层次、知识结构以及全面提高教师各方面的能力提供培训机会"①。在知网上搜索主题同时包含"华文""教师""素质"三个关键词的文章仅有 42 篇。其中，近半数是问题描述，涉及泰国、菲律宾、印尼、缅甸、越南、老挝、澳大利亚、新西兰等国家，多从师资需求的角度去反思教师素质和师资培训的问题，如林去病在《菲律宾华文教师谈提高教师素质》摘引了菲律宾华文教师关于提高教师素质问题的论述，提出了一些师资培训建议。② 总体上，当前针对华文教师素质的研究理论化层次不高，研究方法单一，缺乏高度的理论概括和架构意识。

学界最早从理论的高度出发，专门研究"华文教师"的素质结构，见于金宁、顾圣皓的《论海外华文教师的基本素质》，从思想素质和业务素质两个维度剖析了华文教师的专业素质构成，其核心要点详见表 1 - 5。

表 1 - 5　华文教师素质二维结构

思想素质	①热爱中华文化
	②奉献精神

---

① 李基杰. 开拓进取，办好（集美）华文教育基地 [J]. 华侨大学学报（哲学社会科学版），1997（3）.

② 林去病. 菲律宾华文教师谈提高教师素质 [J]. 海外华文教育，2000（2）.

思想素质	③团结协作的精神
	④管理能力
	⑤个人魅力
业务素质	①要研究汉语言文字学
	②要研究中华文化学
	③研究应用语言学
	④要研究语言学习理论
	⑤要懂得教育学、心理学
	⑥要研究教学法
	⑦了解中国基本国情和学生所在国国情
	⑧掌握先进的高科技教学手段

资料来源：金宁，顾圣皓. 论海外华文教师的基本素质 ［J］. 华侨大学学报（哲学社会科学版），2000（3）.

郭熙则系统性地提出了华文教师应具备的知识与技能、教学能力与教学理念，并对这两个维度进行了更为细致的描述，详见表1-6。

表1-6　华文教师素质四级体系

一级	二级	三级	四级
知识与技能	语言文化基础	①语言知识	汉语知识
			普通语言学理论知识
			"海外华语" 知识
			外语知识
			语言教学理论
		②文化知识	汉民族文化知识
			国情文化知识
			文学知识
	政策水平	①了解中国各方面的政策	
		②了解所在国的语言政策	
	现代技术应用水平	①中文信息处理	
		②多媒体计算机辅助教学	
		③计算机网络教学	

续表

一级	二级	三级	四级
教学能力与教学理念	教学能力	①承担多种类型教学任务	
		②掌握和运用教材	
		③课堂教学过程的设计	
		④因材施教	
		⑤课堂教学的组织管理	
	教学理念	①以学习者为中心	
		②采用正面肯定的教学态度和方式	
		③在交际中学习语言	

资料来源：郭熙. 华文教学概论 [M]. 广州：暨南大学出版社，2007：227 - 246.

贾益民专门提出了"华文教师的素质"这一问题，使用了思想素质、人格魅力和业务素质的三分法，构建了华文教师素质的三维体系（见表1 - 7）。

表1 - 7　华文教师素质三维体系

思想素质		①对中华语言文化和学生要有爱心 ②奉献精神
人格魅力		①提升外部形象气质 ②保持一颗年轻的心 ③始终保持自信 ④保持乐观、幽默 ⑤培养公正、坦诚、耐心、宽容、善解人意的良好性格 ⑥增加自身的社会经验
业务素质	知识结构	①具备扎实全面的汉语言知识 ②具备中华文化知识 ③具备语言教学的理论知识
	工作能力	①基本的教学技能 ②敏捷的思维能力 ③口头表达能力和书面表达能力 ④组织管理能力 ⑤跨文化交际能力 ⑥运用现代教学技术的能力 ⑦多方面的才艺

资料来源：贾益民. 华文教育概论 [M]. 广州：暨南大学出版社，2012：201 - 207.

以上三位学者在前人研究的基础上，就华文教师专业素质方面的体系的构建给出了自己的观点。其研究的共同价值在于，首先，使华文教师专业素质研究初步具有系统性。金宁、顾圣皓划分到二级，贾益民划分到三级，而郭熙更是比较详细地划分到了四级。其次，突出了华文教育的特点。金宁、顾圣皓在业务素质方面指出要"了解中国基本国情和学生所在国国情"，郭熙列举出的"'海外华语'知识""了解中国各方面的政策"和"了解所在国的语言政策"，以及贾益民提出的"对中华语言文化和学生要有爱心""具备中华文化知识"等素质要求均反映了华文教育教学的特殊性。

在具体内容方面，由于三位学者的切入视角不同，因此对华文教师专业素质的建构也不尽相同，但都包含了一些共同要素，如华文教师要"热爱中华文化""具有奉献精神"，应具备汉语语言知识和文化知识，还应具备教育、教学的能力，等等。这些研究为后期的华文教师素质研究提供了理论基础和分析框架。

二　华文教师专业素质结构概述

通过对上述华文教师专业素质研究的归纳整理，本书将华文教师的专业素质结构划分为专业知识、专业能力和专业情意三个维度，其中教师的专业知识是内在基础，专业能力是外在表现，专业情意则是核心灵魂，三个维度互相交融、相辅相成，共同构成了华文教师的专业素质结构，详见表1-8。

表1-8　华文教师专业素质结构

一级	二级	三级
专业知识	通识性知识	人文知识
		科学知识
	本体性知识	语言知识
		文化知识
	条件性知识	教育学知识
		心理学知识
		教学法知识

续表

一级	二级	三级
专业 知识	实践性知识	教育信念
		自我知识
		人际知识
		情境知识
		策略性知识
		反思性知识
专业 能力	教育能力	
	教学能力	
	学习能力	
	科研能力	
	发展能力	
专业 情意	思想品德	
	态度情操	
	理念价值	
	人格魅力	

需要指出的是，华文教师的素质结构并非一个封闭静止的结构，随着时代的变迁、海外华侨华人社会的变化，华文教师的素质结构也要进行与时俱进的调整。关于上述华文教师专业知识、专业能力和专业情意的具体内容，见后文分节论述。

第三节　华文教师的专业知识

"知识"是个古已有之的话题。从古希腊时代起，哲学家们就对这个问题表现出极大的兴趣。柏拉图、亚里士多德、康德、罗素、朴威等人，都对知识理论的发展做出了重要的贡献。罗素在《人类的知识》中指出："知识"是一个"高度模糊"的字眼，随后又称它为"无法精确"的用语。杜威和本特利（J. Dewey & Bentley）在《知与被知》（*Knowing and the Known*）一书中，也屡次称知识是个"不精确的名字""模糊的字眼"。可见"知识"是一个似乎谁都知道，但谁也无法准确界定的概念。本节将尝试性地对华文教师专业知识结构进行构建，并对每个要素进行分解。

一　华文教师专业知识结构的提出

从中外学者的研究中可以发现，学者们普遍认为，专业化的教师应具有出色的教育表现和与之相应的复杂知识结构。教学工作若被视为一种专业，则首先需要教师具有专门的知识与能力，即教师要学习应该教的知识以及如何教授这些知识的相关技能。

中外学者对教师知识结构的认识角度存在较大差异。西方研究者更多关注与教学活动直接相关的教师知识，如课程知识、学科教学法知识、关于学生的知识等。而我国学者更为注重教师的文化背景知识，认为教师应该像蜜蜂一样博采众长，体现了对教师"专业精湛"与"知识广博"的辩证要求，教师应该既是"杂家"也是"专家"，这样才能更大限度地扩展学生的精神世界，促进学生的整体发展。

综合众家之言，考虑到华文教育的特殊性，本研究在演绎推理的基础上对华文教师的专业知识结构进行尝试性的建构。从教师知识的功能角度，本研究将华文教师的专业知识分为四个方面：通识性知识、本体性知识、条件性知识和实践性知识。通识性知识是对华文教师的普遍性、一般性要求；本体性知识与国外学者所说的"教材内容知识"或"学科内容知识"较为接近；条件性知识涵盖国外学者所说的"学习者和学习的知识""一般教学法知识""学科教学法知识""课程知识""教学情境知识"等；实践性知识即国外学者所说的"实践的知识""个案知识""机智性知识"等。这四个方面相互交融、互相影响。其中，通识性知识是平台、本体性知识是基础、条件性知识是前动力、实践性知识是后驱力，四个方面的知识共同构成华文教师专业知识体系。下文将对其一一展开论述。

二　华文教师的通识性知识

通识性知识也就是一般意义上的文化知识，是华文教师进行有效教育教学的知识储备，是促使华文教师深刻阐释专业知识的辅助性背景知识。广博的文化知识、良好的文化素养既有助于华文教师在教育教学中融会贯通、得心应手，同时也有利于学生的发展，如有效地激发学生求知欲，提高学生探究兴趣，帮助学生了解丰富的外部世界和获取多方面知识等。这是因为教师文化知识的广泛性与深刻性将在一定程度上影响学生综合素质的全面发展。华文教学的课堂不仅是语言知识传递的场所，也是学生养成行为习惯、形成人文意识和科学素养的场所，华文教师要能把华裔青少年塑造成为人格完善、精神世界丰富的人。具体说来，华文教师的通识性知识可以进一步细化为以下几个部分。

（一）人文知识

在中国，"人文"一词最早可以追溯至《易经》，《易·贲》对人文一词的解释是："刚柔交错，天文也；文明以止，人文也。观乎天文，以察时变。观乎人文，以化成天下。"这里的"人文"喻指长幼尊卑、亲疏远近的人际秩序，或者说人事条理。强调等级关系中伦理规范对人的制约作用，引发了在人与自然、人与社会的关系中对人的地位、人的存在价值的思考。用人文来"化成天下"，在我国古代，人文被摆在一个非常重要的位置上，它同天命、天意等神圣的命题是等同的，它是一个关系到君主能否安邦定国、社会能否平稳发展、国家能否长治久安的重要命题。随着时代的进步，人们不断赋予"人文"以新的内涵，《现代汉语词典》对"人文"的解释为"人类社会的各种文化现象"①。

广义的人文知识包括人文学科和社会学科的所有知识。"人文学科在事实性的自然和社会之上为人类自身又建立了一个人文的世界，这个世界是一个从人的本体性的生存价值出发建立起来的意义世界，它是人为了自己的生存而由人自己建立起来的。"② 相关学科包括哲学、伦理学、美学、文学艺术、宗教学、历史学以及语言学等，这些学科都以本体性的人的生存价值、生存意义为对象。社会科学是以社会现实存在为研究对象，诸如政治学、经济学、法学、社会学、教育学、管理学、公共关系学等，严格的科学性和事实性是它们的特性。

人文精神是整个人类文化所体现的最根本的精神，教育活动本身是

---

① 现代汉语词典［Z］. 北京：商务印书馆，2002.
② 刘恒健. 为人文学科正名［J］. 学术月刊，1996（10）.

非常具有人文精神的一种创造性活动，而语言与社会、文化关系紧密，语言教育更对教师的人文社会知识储备提出了高要求。华文教师要对人类文化的各个领域、各个层面有所理解和领悟，对生命、对生活、对历史、对社会拥有独特见解。华语是人类文化的重要组成部分，华文教材中的每一篇课文都蕴含着丰富多彩、博大精深的文化内容，学生在学习汉语言文字的同时，也要受到中华民族的情感陶冶和道德教育。对于作者赋予作品的丰富的人文精神和文化内涵，华文教师要努力将其挖掘出来，并内化为华裔学生个体的人格气质。

《庄子》中提到，"水之积也不厚，则其负大舟也无力"。华文教师要引导和塑造学生的人文气质，自己首先要具有人文知识积淀。中国特级教师贾志敏曾这样说过：语文教师应该是个"杂家"，即"半个编辑""半个作家""半个演员""半个书法家""半个演说家""半个剧作家""半个播音员""半个幽默大师"……这种描述同样适用于华文教师。华语是具有人文性的工具学科，华文教育要兼顾工具性与人文性的统一。华文的工具性决定了华文教学的基本任务是对华裔学生进行华语语言文字的教育，旨在发展语言技能和能力，掌握扎实的语言基本功。但同时要知道，华文也是一种包罗万象的文化，不存在纯粹的脱离文化的语言，也就是说华文教师不能仅囿于学科之内，还需要关注"圈外"，拓宽视野，做一个"杂家"。唯有如此，华文教师才能对华文教学有更为深刻的理解和把握，才能在教学中融会贯通、旁征博引。

（二）科学知识

这里的科学知识指自然科学领域的知识，主要包括数学、物理、化学、地理、生物等方面。语言是思维的工具，我们的语言也正是因为我们想要用它来表达思想，才具有了意义，而这种思想、意义的来源就是"世界"。随着时代的发展，科学技术已作为一种文化渗透到人类活动的各个领域。当代的华文教师必须学会立足课堂，放眼世界，调整自身的知识结构，具备自然学科与人文学科兼容并蓄的知识，以理解当前世界的发展。

强调华文教师的科学知识主要缘于三点。其一，科学教育与人文教育的交融是现实社会发展的需要，作为华文教师必须提高自己的科学素养，致力于洞察语言课程与其他课程的联系，引导学生全面、客观地认识世界，单纯地用人文学科知识或单纯地用科学知识来认识世界都存在片面性。其二，华文学科的内容具有综合性，教学对象的学习需求具有多样性，教学目标又具有多元性。华文教师应树立"大华文教育"观念，在知识积累方面达到广博而专精，文理兼通，使华文学习渗透于学生的一切社会文化环境中。其三，信息科学的发展要求华文教师必须具备现代技术的应用能力，应学会使用多种工具软件，制作出有特色的教学课件来辅助教学，学会"翻转课堂"等科技辅助的教学模式，增进教学的有效性。

丰富的、超越所教学科范围的科学文化知识是华文教师所必需的知识储备之一。随着各学科内容的交叉渗透和整合，华文教材的内容也愈来愈多地涉及跨越文理界限的综合文本，为了能更好地解读教材，华文教师需要用自然科学的知识来装备自己。首先，华文教师对一般的自然科学知识要有所了解，必须进行科学知识的自我扫盲，如能够正确回答什么是纳米技术、什么是3D打印、什么是基因等，这些内容可通过系统的物理、化学、生物等学科教育或培训获得，也可以通过广泛阅读科普读物学到。其次，华文教师还要了解与全人类命运相连的普遍问题，如全球气候变暖、能源危机、生态环境恶化、核威胁等，了解这些问题的发生机制和影响，引导华裔青少年正确看待科技的两面性。在具备科学知识的基础上，华文教师还应了解科学精神和科学方法。科学精神是指在科学活动和交流过程中体现出的社会价值取向和科学家处身立世的方式和态度。华文教师要善于全面把握和挖掘教材的内涵，把闪烁科学精神的内容开发出来。最后，华文教师不能只停留在增加科学知识的数量上，更要有意识地掌握科学知识结构与方法，注重学习的系统化与综合化，把书本知识和实际的探索、研究活动结合起来，用科学方法解决工作中遇到的各种问题。

三　华文教师的本体性知识

教师的本体性知识是指教师所具有的特定的学科知识，考虑到华文教育的特殊性，华文教师应该具备的本体性知识包括语言知识和文化知识。语言知识涵盖普通语言学知识与汉语语言学知识。与通识性知识不同，这里的文化知识侧重与语言相关的文化知识，包括汉语言文化知识与跨文化知识。

（一）语言知识

1. 普通语言学知识

语言是一种既普通又特殊的现象，它既是复杂的社会现象，也是复杂的心理和生理现象。它到底是怎样产生和发展的，它跟大脑和思维有什么关系，它有哪些具体规则，人们是怎么学会使用语言的，对于诸如此类问题，尽管自有人类文明以来人们就开始了研究，但语言之谜至今尚未完全解开。[①]"语言学的研究已有悠久的历史。语言学因社会的需要而产生，服从于应用的目的。例如：古希腊因演讲修辞的需要而产生语法学；古印度因解释《吠陀本集》等经典著作而产生语法学；古代中国因阅读古书而产生文字学、音韵学和训诂学。"[②]纵观百余年的现代外语教学史，可以发现，语言学是现代外语教学法流派最直接的理论基础，也是语言教学大纲制订、教材设计的依据。

华文教师作为语言教师，必须具备语言学基本知识。包括语言的性质、语言的社会功能、语言符号系统以及语言的语音、词汇、语法、语义、语用、文字等要素的知识，还包括语言的发展、语言的接触和语言系统的发展等方面的知识。

2. 汉语语言知识

汉语作为华文教学的目的语，其各方面特点、规律是一名专业华文教师应该全面、细致、深入了解的重点。与印欧语系相比，现代汉语主要具有以下特点：在语音方面，音节界限分明，有声调高低变化，在一个音节内，没有复辅音，元音占优势，音节总数有限；在词汇方面，汉语语素以单音节为主，词以双音节占优势，构词主要采用词根复合法；在语法方面，现代汉语缺乏表示语法意义上的形态变化，以语序和虚词为主要的语法意义表达手段，词、短语和句子的结构原则基本一致，词

① 吕必松.对外汉语教学概论（讲义）[Z].教育部汉语作为外语教学能力认定工作委员会办公室内部资料，1996：9.
② 盛炎.语言教学原理[Z].教育部汉语作为外语教学能力认定工作委员会办公室内部资料，1989：16.

类与句法成分不存在简单的对应关系，量词丰富，句式多样。

此外，不同于印欧语系，汉语的文字也是语言要素之一。石定果指出："建立在印欧语系基础上的普通语言学，通常把文字排除在语言的要素之外，而只强调语音、词汇、语法，因为这些语言所使用的拼音文字只是单纯记录其音系的符号。但是就汉语而言，文字却存在特殊性。"[①]该学者认为，汉语的语言要素，除了语音、词汇和语法外，还应包括文字。这种看法已经日益受到国内学者的认同，刘珣指出："根据汉语的特点须要加上书面语语言的文字——汉字，这样就构成语言的四要素。"[②]汉字对于汉语来说，绝不仅是一个书写符号问题，而是与语素义紧密相关的言语要素，其区别词义的作用是不容忽视的。俞咏梅甚至指出："只有当音节落实到字音时，才与汉语的语素有关，而音节并非表意功能单位。汉语音位学及拼音方案都不具有独立的语言本体论价值，字音学才具有这种价值，汉语音韵学实际上就是传统的字音学。"[③]

综上所述，全面扎实地掌握汉语言知识应该成为华文教师最基本的要求之一。还有学者提出，"鉴于华文教育的特殊性，海外华文教师除了具备现代汉语知识外，最好还能写简识繁或写繁识简，并会说广东话或者闽南语，能将汉语和当地语言进行对比"[④]。

此外，华文教师还要了解海外华语的一些特点，比如各国的本土华语词汇，以对比海内外华语的异同点，促进华文教学的国别化、本土化。华文教师还应对世界主要语言（如英语等）和教学对象的母语有一定的了解。这不仅能够辅助进行华语教学，而且有利于目的语与学习者母语之间的对比分析，从而预测学习过程中可能出现的正迁移和负迁移，进行针对性教学。

（二）文化知识

1. 中华文化知识

"在华文教育的不同阶段，人们总会碰到语言要素之外的各种各样的

---

① 石定果．会意汉字内部结构的复合程序［J］．世界汉语教学，1994（1）．
② 刘珣．汉语作为第二语言教学简论［M］．北京：北京语言文化大学出版社，2002：62．
③ 俞咏梅．汉语学现代转型的前提批判［J］．东北师范大学学报（哲学社会科学版），2006（1）．
④ 贾益民．华文教育概论［M］．广州：暨南大学出版社，2012：204．

问题，假如把这些问题归结到一点，那就是隐藏在语言背后的文化因素作用的结果。"① 因此，华文教育的目的不仅是汉语的习得，更包括对中华文化的解释与传播。中华文化博大精深、源远流长，是中华五千年文明历程的积淀和结晶，是海外华侨华人情感交流的纽带，是华侨华人保持其民族特性的根基。中华文化知识按时间阶段可划分为古代、近代、现代和当代中国文化，在内容上包括历史、地理、风土人情、传统习俗、生活方式、文学艺术、行为规范、思维方式、价值观念等各个方面。

19 世纪德国心理学家冯特曾经指出，一个民族的词汇和文法本身就能揭示这个民族的心理特点。所谓语言系统中的文化因素，主要体现在词汇和习惯用法等方面，词汇作为一种文化符号，更是具有深刻的文化积淀和内涵。例如，法国文化学者们所言，"在中国，'家'可以是整个社会，甚至祖国，也可以是'居然之家'（如壁炉、屋顶、食物、房屋、城堡、精神的避风港）。又如关于'自然'的主题，法国人视其为可以被科学解释和组织起来的元素的集合；中国人却不这样想，他们认为'自然'是个整体，人的灵与肉都包含其中。关于'夜'，对于中国人来说，它远远超出了从躺在床上到日出这段时间，能够生发出一整套中国人的传统与联想"② 。这样的例子在语言学习中比比皆是，因此，华文教师必须对中华文化有全面深入的了解，在讲解语言知识的同时能够适时展开对中国人思维方式、价值观念等内隐性文化知识的阐释。

在汉语句法结构方面，"汉民族自古以来就受儒家的思想影响，重视政治、道德、伦理、入世、实用等思想观念，这种传统观念使人们注重内向的探求和省悟，以认识自我，并达到'万物皆备于我'的最高思想境界"③ 。这种意识特点和思维方式深刻影响了汉民族的句法结构。例如，汉民族重精神意念的特点形成了"以意统形"的表达习惯，体现在汉语中则是言与意融合统一的意合表达方法，表达形式灵活变通，有时甚至"只求意会不求言传"；再比如，汉民族重和谐讲对称的文化心理由来已

---

① 于逢春. 华文教育概论［M］. 武汉：华中科技大学出版社，2014：25.
② 米歇尔·苏盖，马丁·维拉汝斯. 刘娟娟等译. 他者的智慧［M］. 北京：北京大学出版社，2008：158.
③ 常敬宇. 汉民族文化心态对汉语语法特点的影响［J］. 世界汉语教学，1992（4）.

久，早在公元前 11 世纪的殷周时代，就在《易经》中表达了"刚柔相对，变在其中"的朴素辩证思想，这给汉语的句式也带来了影响。交际中人们喜用整齐匀称的并列句式或对偶句等。例如，"旧的不去，新的不来""饭后走一走，能活九十九""人往高处走，水向低处流""有钱的出钱，有力的出力""你走你的阳关道，我过我的独木桥"等不胜枚举。此外，汉民族还崇尚"气"的作用，荀子提出"天人合一气为先"的思想，人们在健身方面讲究身体的"气脉贯通"，在文章表达中亦非常重视"文脉"的"一气呵成""文气通达"。

2. 跨文化知识

华文教育在海外开展，且不论其教学性质是第一语言还是第二语言，是母语教学还是外语教学，学习者都处在多元文化背景之下。这要求华文教师必须具备跨文化的知识。心理学研究发现，"人们在习得第一语言的过程中，已经形成了一种自我认同，也就是以自我为中心的情感系统，包括内在的情感（如个性）和外在的情感（如文化）。这种自我认同跟第一语言息息相关，在学习第二语言的时候，形成一种自我疆界（ego boundaries）。学习第二文化的目的就在于超越这种自我疆界，或者说扩展这种自我疆界，消除两种文化接触时所产生的障碍，使自己处在目的语国家人们的位置和思路上，达到移情（empathy）的理想境界，这就获得了第二个新的自我认同"①。

海外华文教师的来源较为多样，既有中国政府或机构外派的汉语教师，也有各国本土培养的当地教师。对前者而言，其母语即汉语，因此对中华文化知识较为了解，他们应该加强对学生所在国文化知识的学习；对后者而言，要对中华文化知识加强学习。此外，所有的华文教师都应该针对学生群体的构成情况，加强对不同学生种族、民族文化背景的认识。例如，在印尼的华文学校，学生的第一语言就包括印尼语、英语、荷兰语、汉语和爪哇语等；学生的宗教信仰有伊斯兰教、基督教新教、罗马天主教、印度教、孔教等；菲律宾的华文学校，学生所属的族群包括他加禄人、华人、印度人、阿拉伯人等，学生的第一语言有菲律宾语、

---

① 唐燕儿. 华文教育心理学 [M]. 广州：广东高等教育出版社，2011：205.

英语、他加禄语和华语等。教学对象的复杂性对华文教师的跨文化知识
提出了要求，华文教师要在熟悉自身文化的基础上，不断超越"自我疆
界"，学习第二文化甚至第三文化，培养自身的跨文化国际视野，从而建
立包容、多样、客观的文化观，学会通过文化比较的方法来进行汉语
教学。

四　华文教师的条件性知识

条件性知识是指教师所应具备的教育学知识、心理学知识与教学法
知识。其中教育学知识包括一般教育学知识、华文教育学知识；心理学
知识包括普通心理学知识、教育心理学知识与华文教育心理学知识；教
学法知识包括一般教学法知识和华文教学法知识。

（一）教育学知识

1. 一般教育学知识

我国教育学界泰斗瞿葆奎先生在总结分析国外学者对"教育"一词
的多种用法后，指出："摆在我们面前的'教育'一词至少有四种基本的
含义：第一，作为一种机构的教育；第二，作为活动的教育；第三，作
为内容的教育；第四，作为一种结果的教育。"[①]"教育"一词含义丰富，
由来已久。尽管在原始社会就已经有了与社会生活一起进行的教育，教
育学作为一门学科独立出来则是近代的事。1632 年捷克人夸美纽斯写成
《大教学论》，旨在"阐明把一切事物教给一切人类的全部艺术"，[②]拉开
了教育学研究的序幕。1806 年德国学者赫尔巴特的《普通教育学》发表，
他试图推进教育研究的科学化，指出"教育作为一种科学，是以实践哲
学和心理学为基础的。前者说明教育的目的；后者说明教育的途径、手
段和障碍"。[③]19 世纪末 20 世纪初，一些发达国家逐渐步入资本主义，科
技与生产的发展把教育研究推向新的阶段，欧美国家开始广泛的教育实
验，在欧洲称为"新教育"运动，在美国称为"进步教育"运动。二战

---

① 瞿葆奎. 教育与教育学 [M]. 北京：人民教育出版社，1993：67.
② 夸美纽斯. 傅任敢译. 大教学论 [M]. 北京：人民教育出版社，1984：1.
③ 赫尔巴特. 李其龙译. 普通教育学·教育学讲授纲要. [M]. 北京：人民教育出版社，
1989：190.

之后，世界各国的科技竞争日益激烈，特别是在 1958 年苏联的人造卫星发射成功之后，许多国家在 60 年代发起了教育改革，旨在以教育来推动科技进步和经济繁荣。近几十年来，随着人力资本理论的问世和世界新格局的形成，各国的竞争日益倚重其整体国民素质，国民教育受到各国政府重视，教育研究也随之更加广泛深入。

在当今世界，教育是一种复杂的社会现象，它以正规的学校教育为核心，构成了一个多层次的教育系统。教育学在数百年的时间里也沿着几个方向不断分化。其一，教育学的几个组成部分独立成为几门学科，包括教学概论、课程与教学论、德育理论、教育管理学等。其二，按照教育的层次，教育学分化为一系列次级教育学，包括学前教育学、普通教育学、高等教育学、职业技术教育学等。其三，对学校所教授的学科以及所组织的各种活动分别进行研究，形成了一系列教育学分支。如语文教育、数学教育、外语教育、艺术教育、科学教育等。其四，运用其他科学的理论和研究方法来研究教育，形成了一系列交叉性的教育科学分支，例如教育哲学、教育心理学、比较教育学、教育社会学、教育经济学、教育政治学、教育法学、教育史学、教育统计学、教育技术学、教育人类学等。①

近几年随着现代科技在教育实践中的广泛应用，教育技术学日益受到重视，2005 年整合技术的学科教学知识（Technological Pedagogical and Content Knowledge，简称 TPACK）这一新的概念被提出，体现了技术对教学的全面渗透，强调掌握技术知识对新时代教师的重要意义。作为一种教育现象，华文教育具有一般教育的普适特征，因此华文教师应该广泛涉猎上述教育学知识以及该学科领域的最新动态，学会从教育学的不同视角透视日常的华文教育教学活动。

2. 华文教育学知识

华文教育在海外的历史久远，早期的华文教育沿袭了中国古老私塾教育的形式，如 1696 年印度尼西亚巴达维亚创办了私塾，即"明诚书院"的前身。然而，将华文教育作为一个系统的科学来研究是近几十年

---

① 金一鸣. 教育原理.［M］. 合肥：安徽教育出版社，1995：16 - 23.

的事。1996 年，贾益民教授率先在"世界汉语教学研讨会"上宣读了题为《华文教育学是一门科学》的论文，提出了关于加强华文教育学学科建设的若干问题，指出"华文教育是一门跨国界、跨文化、跨语言、跨学科的边缘学科；华文教育是指面向海外母语非汉语的华侨、华人及其他外国人开展的中国语言文化教育"。1998 年，他在《华文教育学学科建设刍议——再论华文教育学是一门科学》一文中进一步指出："从学术角度讲，确定一个学术领域或教学科目是否是一门学科，主要标准有三个：一是要有独具的性质和特点，即学科的基本属性；二是要有独具的研究对象和范畴；三是要有本学科所承担的独特任务。华文教育学就其学术领域层面而言，显然它具有充分的理由和无可辩驳的事实，而理所当然地成为一门学科。"① 贾益民教授还对"华文教育学"做了界定：华文教育是教育的一个门类，华文教育学是关于华文教育作为对海外华人、华侨进行中国语言文化教学的科学，其研究对象包括语言理论、文化理论、教学理论和华文教育史等若干方面。② 这些开创性的工作奠定了华文教育学的学科基础，极大地推动了华文教育学的研究工作。特别是进入 21 世纪以来，随着《华文教育概论》等书籍的问世，华文教育的研究迈上了新的台阶。

华文教育学目前的研究涉及华文教育的发展形势和存在问题、华文教育的性质与特点、世界华文教育的产生与发展、华文教育的目标与原则、华文语言要素的教学方法、华文课型教学、华文教学技能、华文课堂教学、华文教学设计、现代华文教育技术、华文教学评估、华文教师、华文学校等方面。

此外，鉴于华文教育的特殊性，华文教育学知识还应包括华文教育的政策性知识，这包括两个方面。第一，所在国有关华文教育的相关政策。这是华文教师展开教育教学的政策环境，教师们要了解所在国基本国情、教育政策，特别要了解当地的华侨华人社会、华语使用状况和华

---

① 贾益民. 华文教育学学科建设刍议——再论华文教育学是一门科学［J］. 暨南学报（哲学社会科学版），1998（10）.

② 贾益民. 华文教育学学科建设刍议——再论华文教育学是一门科学［J］. 暨南学报（哲学社会科学版），1998（10）.

文教育现状。其次，要了解所在国的语言政策，包括法律政策中汉语的地位、对汉语课时的限制、对华文教师的政策等。第二，中国有关华文教育的政策与资源。比如，国家领导人讲话对华文教育的涉及，国侨办有关华文教育的政策，华文教育相关会议，华文教育新闻、动态，华文教育基地概况，等等。

（二）心理学知识

1. 普通心理学知识

心理学是研究行为和心理活动的学科。19 世纪末，心理学成为一门独立的学科，到了 20 世纪中期，心理学才有了相对统一的定义。心理学作为一门科学始于 1879 年，德国学者冯特受自然科学的影响，在莱比锡大学建立了第一个心理实验室，使心理学脱离思辨性哲学成为一门独立的学科，这标志着科学心理学的诞生。

普通心理学旨在研究心理学基本原理和心理现象的一般规律，是所有心理学分支的基础学科。普通心理学知识一般包括心理学的研究与发展、大脑与心理、行为动力、认知过程、情绪、智力与创造力、人格、个体心理发展、学习心理、人际交往心理和心理健康与辅导的相关知识。

2. 教育心理学知识

教育心理学是普通心理学的分支，所涉及的内容主要包括学习概论、知识的分类、陈述性知识的学习、程序性知识的学习、解决问题与创造、态度和品德的形成与改变、认知结构与迁移、认知发展与个别差异、学习中的动机因素、教学的方法与媒介、学习中的集体与社会因素、学习的测量与评价等方面。

在某种意义上，教育心理学的历史可以追溯到两千年前。"柏拉图和亚里士多德探讨过的诸如教师的角色、师生关系、教学方法、学习本质与顺序、学习中情感的作用等主题，仍是当今教育心理学研究的热点。"[①]先贤孔子提出"学而时习之""学而不思则罔，思而不学则殆"等一系列教学思想，深刻影响了后世教育者。20 世纪初，教育心理学的研究开始

---

① Anita Woolfolk，何先友等译. 教育心理学（第十版）[M]. 北京：中国轻工业出版社，2008：9.

从教室转移到实验室，研究更为科学化，经过一百余年的发展，教育心理学已经成为一门拥有自己的理论、研究方法、问题和技术的独立学科。

3. 华文教育心理学知识

伴随着华文教育在海外各国的逐步兴起，华文教育心理学也经历了从无到有的发展历程，此方面的专著相继问世，学者们从各自的角度对其进行了界定。连榕等人认为，"华文教育心理学是华文教育与教育心理学紧密结合的产物，是专门研究海外华人把汉语，特别是汉语作为外语或第二语言学习过程中所发生的学与教的心理现象及其变化和发展规律的学科，是教育心理学的一个分支。"① 唐燕儿认为，"华文教育心理学是关于华文教育和教学过程中教育者和受教育者心理活动现象及其变化和发展规律的科学"。② 学者们的界定不尽相同，但包含了以下共同元素：首先，华文教育心理学的服务对象是华教领域的教师和学生，即教育者和学习者；其次，华文教育心理学的研究内容是学与教的心理活动和发展规律。具体而言，"它分析华文学习者身心发展对教育条件的依从关系，探讨其知识、技能、智慧和个性的特点以及变化规律，研究华文学习者如何有效地学习，华文教师如何合理地指导，使华文教育和教学措施建立在华文教育规律，特别是汉语学习规律的科学基础上"。③ 华文教育心理学可以分为众多分支，包括华文学习理论、华校学生心理、华文教学心理、华文教师心理、华文课堂管理心理、华文学习结果的评价等方面。

一名合格的华文教师，经常要问自己如下问题：学生学习华文的兴趣和动机是什么？如何激发、培养和维持学生的华文学习动机？如何帮助华校学生更有效地掌握华文？如何提高自己课堂教学的有效性？如何依据职业生涯理论来促进自身的成长进步？如何走出华文教师的职业倦怠期？等等。对这些问题的解答，需要华文教师主动学习上述各种心理学的知识。

① 连榕等. 华文教育心理学［M］. 北京：教育科学出版社，2010：3.
② 唐燕儿. 华文教育心理学［M］. 广州：广东高等教育出版社，2011：4.
③ 唐燕儿. 华文教育心理学［M］. 广州：广东高等教育出版社，2011：4.

（三）教学法知识

1. 一般教学法知识

研究或从事华文教育离不开对教学理论和方法的研究、借鉴和使用，华文教师如果要更好地胜任华文教学工作，就必然要对教学理论和方法体系有基本认识。教学方法论由教学方法指导思想、基本方法、具体方法、教学方式四个层面组成。教学方法包括教师教的方法（教法）和学生学的方法（学法）两大方面，是教法与学法的统一。教法必须依据学法，否则便会因缺乏针对性和可行性而不能有效地达到预期目的。但由于教师在教学过程中处于主导地位，所以在教法与学法中，教法处于主导地位。

由于时代变迁，社会背景、文化氛围的不同，以及研究者问题视角的差异，中外不同时期的教学理论研究者对"教学方法"进行了不同界定与划分。有学者根据行为主义的"刺激—反应联结"理论将教学方法相应地归类为四种，即呈现方法、实践方法、发现方法、强化方法。有学者根据教师与学生交流的媒介和手段，把教学方法分为四大类：教师中心的方法，主要包括讲授、提问、论证等方法；相互作用的方法，包括全班讨论、小组讨论、同伴教学、小组设计等方法；个体化的方法，如程序教学、单元教学、独立设计、计算机教学等；实践的方法，包括现场和临床教学、实验室学习、角色扮演、模拟和游戏、练习等方法。

俗话说"教无定法，贵在得法"，对这些教学法理论派别、划分依据的了解，有助于华文教师更为深刻地看待自己的日常教学，做到"知其然，知其所以然"，对这些一般教学法知识的了解是有效华文教学的先决条件之一。

2. 华文教学法知识

华文教师的课堂教学效果在一定程度上取决于个人的教学法知识储备，其中包括对第二语言（外语）教学法主要流派的认识。教学法流派，"是指在一定理论指导下，在教学过程中逐渐形成的某一学科的教学法体系，这个教学法体系包括它的理论基础、教学目标、教学原则、教学方法、教学过程、教学形式、教学手段、评估方法，以及教师与学生在教学过程中的作用的认识等"。① 每一种语言教学法流派的形成，总是与当时的语言学理论等相关学科的研究发展息息相关，同时也与各国的政治、经济发展需求密切相关。第二语言教学法流派有几十种，可以大致分为经验派与认知派、人本派与功能派。前者包括语法翻译法、直接法、听说法、视听法、认知法和自觉实践法等；后者包括全身反应法、暗示法、团体语言学习法和交际法等。这些教学法理论在相互借鉴中获得了发展，并且将长期共存，以适应不同的教学目的、服务不同的教育对象。华文教师应了解这些教学法流派及其背后的理论支撑，学会在华文课堂教学中取长补短、综合应用。

当前，华文教学法的研究内容日益丰富，包括华文语言要素（语音、词汇、语法、汉字）的教学方法、华文课型（综合课、听说课、阅读课、写作课）的教学、华文教学技能（导入、提问、讲解、演示、结课）、华文教学设计、华文教学评估、多媒体辅助华文教学、网络辅助华文教学等，这既是华文教师入职前必须学习的知识，也是其入职后需要不断学习的知识。

五　华文教师的实践性知识

在研究教师知识的过程中，波兰尼的"个人知识"、施瓦布的"实践性样式"、舍恩的"反思性实践者"等概念的提出和相关研究奠定了教师实践性知识的研究基础。教师实践性知识是"教师通过观察或参与教育教学实践而获得的，在一定教育教学情境中，指导教师教育教学行为的程序性知识"。② 教师实践性知识具有实践性、个人性、情境性等特征，它并不是从单纯的理论知识和传授就能获取的，它来源于教师的个人生活史、日常教学实践、教学反思和进修培训。正如加拿大学者康尼利（Michael Connelly）和柯兰迪宁（Jean Clandinin）所言，"个人实践知识存在于教师以往的经验中，存在于教师现时的身心中，存在于未来的计

---

① 陈昌来．对外汉语教学概论［M］．上海：复旦大学出版社，2005：53.
② 胡韬，阳红，张金运，滕鲁阳．教师实践性知识的结构研究［J］．教学与管理，2011（12）.

划和行动中。个人实践知识贯穿于教师的实践过程，也即，对任何一位教师来说，个人实践知识有助于教师重构过去与未来以至于把握现在"。①基于中外研究者对教师实践性知识内容及结构的界说，本研究倾向于采纳北京大学陈向明教授对教师实践性知识的构成分析②，从六个方面来解读华文教师的实践性知识。

（一）华文教师的教育信念

如果说，华文教师的实践性知识是华文教师真正信奉的，并在其教育教学实践中实际使用和（或）表现出来的对教育教学的认识，那么华文教师的教育信念就是其实践性知识的内核。加拿大学者马克斯·范梅南（Max van Manen）认为，教师信念的形成通常受教师个人生活史（特别是学习经历、关键任务、事件和时期）的影响比较大，受外在教育理论的影响比较小。③

教师的教育信念具体表现为对如下问题的基本看法：教育的目的是什么？学生应该接受什么样的教育？什么是"好"的教育？"好"的教育应该如何实施和评价？如何看待教师职业？④ 基于此，华文教师的教育信念就表现在对华文教育的目的是什么、应该给学生什么样的华文教育、什么是"好"的华文教育、"好"的华文教育应该如何实施和评价、如何看待华文教师职业等问题的基本看法。对这些问题的回答构成了华文教师的教育信念，它沉淀于华文教师的认知结构，以无意识的方式支配着华文教师的教育教学行为。

例如，菲律宾侨中学院的一位十几年教龄的华文教师在教育反思中展现了她的部分教育信念，她写道："在本人所积累的经验中，我始终坚持'爱的教育'。每一个学生都是一块纯朴的玉石，需要老师加工雕刻才能成器，就犹如《三字经》里说的'玉不琢，不成器'。……在教学中，

---

① Connelly, F. Michael, & D. Jean Clandinin. Teachers as Curriculum Planners: Narratives of Experience [M]. New York: Teachers College, 1988: 25.

② 陈向明. 实践性知识：教师专业发展的知识基础 [J]. 北京大学教育评论，2003（1）.

③ 范梅南. 李树英译. 教学机智——教育智慧的意蕴 [M]. 北京：教育科学出版社，2001：113 – 116.

④ D. McIntyre & M. O'Hair. 丁怡，马玲译. 教师角色 [M]. 北京：中国轻工业出版社，2002：1.

本人一向采取'循循善诱'的方式来教育我的学生，以同理心对待我的学生。……在班上，时时体现关心和爱学生。在教育方面，一向都采取多鼓励、少责备的方式。"① 可见这位华文教师认为"好"的华文教育就是"爱的教育"，她以这样的教育信念支配其日常的华文教育教学工作。

（二）华文教师的自我知识

一般认为，教师的自我知识是指教师对自己特点（性格、能力、气质、个性等）和教学风格的了解。拥有良好自我知识的教师，能够运用"自我特点"进行教学，扬长避短，塑造自己的教学风格，还能够及时知觉自己的错误，并对自己的态度和行为做出有效调整。教师自我知识包括自我概念、自我评估、自我教学效能感、对自我调节的认识等。

华文教育的主战场是海外各国，特别是东南亚国家。然而，海外各国宏观语言环境较为复杂，华文教师所在国家的语言政策（提倡、排斥或漠视）、办学条件和社会舆论等都会影响华文教师对于自我价值的判断。在这种复杂多变的语言环境中，华文教师的自我知识尤为重要。此方面的知识主要包括三个方面，即"我是谁"（如何看待自己的职业身份）、"我是怎么教的"（如何看待自己的个人特质和教学风格）、"我教得怎么样"（自我教学效能感）。

在自己的职业身份认知方面，现有的一些国别研究表明，华文教师对此具有较为清晰积极的认识。针对印尼华文教师的实证研究表明，尽管在印尼教授华文工作辛苦而且工资不高，但只要能得到学校领导、同事和学生的认可，他们愿意继续教下去。他们觉得华语是华族的语言，他们负有华文教育的责任和义务。② 一项针对菲律宾华文教师心理的实证研究表明，菲律宾华文教师的工作满意度及各维度总体水平较高，广大华文教师满意自身职业，热爱华文教育事业。③ 在笔者于2015年进行的开放式访谈中，再次印证了这一研究结论。当问及"如何看待自己的身份"时，大部分菲律宾华文教师表示，自己是光荣的华文教师，肩负着

---

① 张碧玲．我的华文教育反思［Z］．华侨大学菲律宾硕士班课程资料，2015.

② 连榕．华文教育心理学［M］．北京：教育科学出版社，2010：355.

③ 连榕．华文教育心理学［M］．北京：教育科学出版社，2010：292.

传播中华民族语言与文化的使命。对于自己个人职业身份的认知，是华文教师不断自我提升的原动力。

在个人特质与教学风格方面，通常具有一定教学经验的华文教师对此会有比较清晰的认识，此方面自我知识的形成有赖于在长期的教学实践中不断进行教学反思，以及对其他教师进行教学观摩，在互相比较中逐步形成并确立自己的教学风格。教学效能感是华文教师对自己教学效果或有效性的基本感知，一般认为教学效能感的高低与华文教师的教学经验相关。教学经验丰富的优秀华文教师熟悉课堂教学的内容及环节，具有高超的应变能力，能从容自信地处理课堂教学中的突发事件，能有效掌控课堂的节奏，确保教学目标的达成，因此也具有较高的教学效能感。反之，新手教师尚处于对教学环境和内容的熟悉阶段，较为缺乏教学自信，教学效能感也较低。

（三）华文教师的人际知识

华文教师的人际知识，包括对学生的感知和了解（即是否关注学生、受到学生召唤时恰当地做出回应、有效地与学生沟通）、对学生的热情（即是否愿意帮助学生）以及对教书育人的激情（即是否有一种想要了解周围世界的渴求、一种想要找到答案并想向学生解释的欲望）。"教师与学生的关系具有一种特殊的个人品质：教师不仅仅是向学生传授知识，而且是以一种个人的方式体现自己所传授的知识。"①换言之，华文教师与学生之间的交际或交流，受到其一般交际原则及风格的影响。正如学者陈向明所言，"教师在与学生交往时会通过身体力行表达自己对某些人际交往原则（如公平、公正、分寸、默契）的理解。教师的人际知识还反映在课堂管理中，包括对学生群体动力的把握、班级管理惯例、体态语、教室的布置等"②。华文教师在与学生的交往中、在课堂教学及班级管理的方方面面体现其潜在的人际知识。

在针对柬埔寨华文教师的调查中，研究者揭示了这些教师的一部分

---

① Frederick J. Stephenson. 周渝毅、李云译. 非常教师：优质教学的精髓［M］. 北京：中国轻工业出版社，2002：161 – 164.

② 陈向明. 实践性知识：教师专业发展的知识基础［J］. 北京大学教育评论，2003（1）.

人际知识。在"应该从爱护学生的角度出发来管理学生""教师应尊重学生不同的意见""教师不应该对学生太过友善""教师与学生之间应保持距离，以维护教师威信"等有关人际知识的选项方面，教师们呈现不同观点。对于前两个表述的反馈均值较高，说明受访教师对此持趋于开放的态度；而对于后两个表述的反馈均值较低，说明对于师生间的交往距离问题，这些教师持较为保守的态度。对此，研究者认为，受到时代自由、民主开化等观念影响，尊重学生、爱护学生已成为这些教师的基本素养。而在处理师生关系方面，一方面受到教师自身所接受的传统教育影响，另一方面受到院方规定的管理，这些教师在师生交际方面偏向保守。[①]

（四）华文教师的情境知识

美国学者拉夫（Lave）对普通情境下的教学实践行为进行了长期观察和研究，她观察到同一个人在不同情境中有不同的反应：对问题的定义不同，得出的答案也不同。拉夫指出，学习和参与实践是同一个过程，在这一过程中，实践者对环境的回应不是单方面的，也不是局部的，而是"全人行动，人境互动"，在互动中形成辩证的关系，进而形成知识。[②]在拉夫看来，教师的工作在本质上是实践性的、情景性的，因此她把教师专业知识看作一种"情境知识"，而反对把知识看成个人所拥有的一成不变的东西，认为知识是随着环境的变化而变化的。

范梅南则运用现象学的观念和方法对教师的情境知识进行了描述，他认为"教师的情境知识主要透过教师的教学机智反映出来。教学机智是教师作瞬间判断和迅速决定时自然展现的一种行为倾向，它依赖教师对情境的敏感、思维的敏捷、认知灵活性、判断的准确、对学生的感知、行为的变通等。它不是一种按步骤、分阶段的逻辑认识过程，也不是一种简单的感觉或无意识的行为，而是教师直觉、灵感、顿悟和想象力的即兴发挥，在一瞬间把握事物的本质；同时表达了教师对学生的深切关

---

① 刘兰新.柬埔寨孔子学院汉语教师信念及其影响因素研究［D］.华侨大学硕士学位论文，2018.

② 邵光华.教师专业知识发展研究［M］.杭州：浙江大学出版社，2011：21.

注，是'有心'与'无意'的巧妙结合"①。无疑，教师的教学机智是其情境性知识在瞬间的体现，是教师在教学过程中面对特殊教育情境最富有灵感的"神来之笔"，在某些情境中，甚至能发挥"化腐朽为神奇"的力量。

事实上，许多华文教师具有一定的情境性知识，例如面对课堂突发事件能应对自如，对学生突如其来的提问，能够巧妙回答，既满足学生的好奇心，又能满足他们的求知欲；有的华文教师可能会在教学中出错，例如标错了拼音、写错了字，或说错了话，经常会被学生当场指出。在这个特殊而尴尬的情境中，具有教学机智的华文教师会表现得临危不乱，不急于改错，而是恰当地利用自己的错误，进行适当延伸，从而强化学生对某个知识点更深刻的记忆。

（五）华文教师的策略性知识

在心理学领域，策略性知识属于程序性知识的范畴，实质是一套如何学习、记忆、思维的规则和程序，它控制着人的学习、记忆和思维活动，是学习者在学习情境中对任务的认识、对学习方法的选择和对学习过程的调控。它是由学习方法、学习调控和元认知等要素构成的监控系统。学者陈向明认为，教师的策略性知识主要指教师在教学活动中表现出来的对理论性知识的理解和把握，主要基于教师个人的经验和思考。此类知识包括：教师对学科内容、学科教学法、教育学理论的理解，对整合了上述领域的教学学科知识（pedagogical content knowledge）的把握，将原理知识运用到教学中的具体策略（如比喻和类推），对所教科目及其目标的了解和理解，对课程内容和教学方式的选择和安排，对教学活动的规划和实施，对教学方法和技术的采用，对特殊案例的处理，选择学生评估的标准和手段，等等。②

我国心理学学者衷克定等人专门对教师的策略性知识进行了研究，分析了教师策略性知识的成分与结构特征、发展规律及影响因素，为此

---

① 范梅南．李树英译．教学机智——教育智慧的意蕴［M］．北京：教育科学出版社，2001：156.
② 陈向明．实践性知识：教师专业发展的知识基础［J］．北京大学教育评论，2003（1）.

方面的研究搭建了较为系统的分析框架。衷克定等人的研究表明，教师策略性知识在其工作的最初几年总体水平不高，变化并不突出，但其发展呈逐年递增趋势，随着教学年限的增加，在五年左右的时间会出现一次较大的变化。五年以上教龄的教师总体水平明显高于五年以下的。① 一名教师从新手到专家的发展历程必不可少地要经历策略性知识结构的建构过程。该研究发现，专家型教师的策略性知识结构远比新手教师来得完善和复杂，这表明教师的策略性知识是后天习得的，这为青年教师的培养提供了一条可以参照的科学途径。②

在汉语教学方面，严彦以衷克定对策略性知识的结构分类为理论框架，对241位汉语教师使用语音的教学策略进行了调查，分析了不同发展阶段汉语教师策略性知识的差异，认为在语音教学策略性知识中，思维导向策略和知识同化策略同为基础策略，过程监控策略是高级策略，是专家型教师与新手教师、熟手教师、资深教师的分水岭。③

华文教师策略性知识的研究相对较少，但上述研究的发现对华文教师也具有一定启示作用。通常，富有经验的华文教师由于教学实践的逐渐深入、理论水平的日趋提高、自身经验的不断总结，在策略性知识的丰富性和复杂性方面也理应高于新手教师。对此尚待相关实证研究的佐证。

（六）华文教师的反思性知识

所谓"反思"就是深思熟虑。教师的反思是一种实践取向的反思，表现为"对实践反思，在实践中反思，为实践而反思"。④ 专业教师能不断反思评价自己的教学行为，提炼经验，修正错误，创造性地解决问题。反思主要表现在教师日常"有心"的行动中。

由于华人社会汉语教学具有独特性，它既不同于中国国内的语文教育，也不同于汉语作为第二语言的教学，更不是纯粹的汉语国际教育。

① 衷克定，张溉. 教师策略性知识的发展规律及影响因素研究 [J]. 心理科学，2000（4）.
② 衷克定. 教师策略性知识的成分与结构特征研究 [J]. 北京师范大学学报（人文社会科学版），2002（4）.
③ 严彦. 汉语语音教学中教师策略性知识的发展研究 [J]. 华文教学与研究，2017（2）.
④ 陈向明. 实践性知识：教师专业发展的知识基础 [J]. 北京大学教育评论，2003（1）.

因此，教师能否在教育教学实践中形成适应当地华文教育特点的教学理论与方法，在很大程度上取决于教师的批判反思知识。

例如，柬埔寨华文教师在访谈中提到"我通过反思对教学进行指导，也通过反思改进教学设计，对我来说，反思是联系理论和实践的纽带，如果不反思，就没有现在的我，也不会有更好的我"①。研究者在对该教师的教学观察中发现，该教师的反思是多种形式的，既在失败和错误中反思，也在学习和实践中反思。该教师通过对自己两位老师的模仿，开始探索自己的教学之路。通过对自己教学的反思调整了自己上课时的精神状态。通过对课堂的反思，形成了自己的教学风格，提升了自己的教学能力。②

综上所述，华文教师的实践性知识在其知识结构中占有重要位置，特别对于专家型华文教师而言，对实践性知识大量占有是其成为专家的重要原因之一。从新教师成长为专家型教师，在华文教师成长的每个阶段，实践性知识都发挥着举足轻重的作用。

第四节　华文教师的专业能力

如果说华文教师的专业知识是其内在素养，那么其专业能力就是内在素养的外化表现。可以具体分解为华文教师的教育能力、教学能力、学习能力、科研能力和发展能力。

一　教师专业能力研究述评

（一）关于能力

"能力"或者说"技能"，是相对于"知识"概念的一个范畴。《牛津英语词典》对"能力"（ability）有两层定义，第一是对做某事的方法或技巧的掌握（possession of the means or skill to do something）；第二是指

---

①　刘兰新. 柬埔寨孔子学院汉语教师信念及其影响因素研究［D］. 华侨大学硕士学位论文，2018.

②　刘兰新. 柬埔寨孔子学院汉语教师信念及其影响因素研究［D］. 华侨大学硕士学位论文，2018.

在某一特定方面的才干、技能或精通（talent, skill, or proficiency in a particular area）。我国的《教育大辞典》中，"技能"被定义为"主体在已有知识经验的基础上，经练习形成的执行某种任务的活动方式。具有初步知识，经过一定的模仿和练习即可获得的是初级水平技能；在丰富经验和知识基础上经过反复练习，基本动作达到自动化水平的是技巧"①。一般认为，可以根据性质和特点，将技能分为智力技能和操作技能两类。"前者指在头脑中对事物分析、综合、抽象、概括等智力活动，如构思、心算；后者指由大脑控制机体运动完成的，如书写、舞蹈。在教学过程中，其形成一般以知识为基础，同时又是获得新知识的条件。"②

（二）教师专业能力研究现状

尽管没有教师知识研究那样的热度，国外关于"教师专业能力"的研究也有相当的积淀，他们的研究多采取实证的手段，通过对教师的个性特征、知识技能、人格品质等方面进行调查分析，提炼出教师应具有的能力。如美国佛罗里达州早在 20 世纪 70 年代就进行了一项教师能力的研究，该研究提出教师的 1276 项能力表现，主要有：量度及评价学生行为的能力、进行教学设计的能力、教学展示的能力、负担行政职责的能力、沟通的能力、个人发展能力、使学生自我发展的能力等。吉尔（Jill）等学者通过对有效教学的研究得出核心的专业能力包括：创设清晰且移情的学习环境的能力、迎合学生学习需要的能力、帮助学生认定学习结果的能力、自我发展的能力等。③还有许多学者做了类似的研究，虽然在字面表述上各有不同，但总体上都涵盖了教师工作的主要方面，即教育能力、教学能力和发展能力。另有一些西方学者将能力等同于知识和技能。露西亚（Lucia）和雷普辛格（Lepsinger）提出"能力是在特定组织中有效执行一个任务所必须具备的知识、技能或特性"④。这是由于"knowledge"一词在西方具有较为广泛的外延，它不但包括静态的陈述性

①　顾明远. 教育大辞典（第一卷）[M]. 上海：上海教育出版社，1990：147.
②　顾明远. 教育大辞典（第一卷）[M]. 上海：上海教育出版社，1990：147.
③　Jill Barrett, Robyn Daniels, Anne Jasman, Gary Martin & Beth Powell. A Competeney Framework for Effective Teaching [DB/OL]. https://eric. exeter. ac. uk/repository/handle/10036/17494. （2016 - 09 - 08）[2017 - 03 - 17].
④　宁虹. 教师能力标准理论模型 [J]. 教育研究，2010（11）.

知识，也包括关于怎么做的程序性知识。

我国学者也对教师的专业能力结构进行了划分和描述。在教师能力结构研究方面，自 20 世纪 80 年代以来，相继出版了《语文教学能力论》《教师的能力结构》《教学能力结构及评价》《教学能力训练导向》《教师能力学》等学术专著。在研究领域和研究方式上主要着眼于宏观和微观两个层面，采用实证研究和定性研究相结合的方法。

宏观层面的研究侧重从整体上讨论教师的能力结构。在此方面，叶澜教授于 1998 年提出新型教师应具备的专业能力，包括理解他人和与他人交往的能力、组织管理能力、教育研究的能力。① 心理学学者李孝忠提出了一个多维度、多层次、开放性的能力结构模型，认为教师的能力由一般能力（包括观察力、记忆力、思维能力等）和教育能力（包括思想品德教育能力、教学能力和组织管理能力）组成。②

在教师能力构成的微观研究层面，主要集中在对教师教学能力的研究上。由教育部师范教育司 2003 年组织编写的《教师专业化的理论与实践》一书将教师能力结构分为三部分：教学设计能力、教学实施能力和学业检查评价能力。③ 陈永明等人认为教师的教学能力包括教学设计能力、教学语言表达能力、课堂组织与管理能力、运用现代教育技术能力和课堂教学测量与评价能力。④

除了类别划分，也有学者给教师教学能力划分了层次。唐玉光教授较早将教学能力分为三个层次：第一层次为教学的基础能力，含观察力、记忆力、想象力、思维力和注意力；第二层次为教学的一般能力，包括自学能力、表达能力、组织能力、教育机智和专科能力；第三层次为教学的具体能力，包括教学设计能力、教学实施能力、学业检查评价能力。⑤ 罗树华、李洪珍的研究将教师的教学能力分为四个层次：第一层次包含掌握和运用教学大纲及教材的能力、选择运用教参的能力、编写教

①　叶澜. 新世纪教师专业素养初探［J］. 教育研究与实验，1998（1）.
②　李斌. 关于教师能力结构的分析研究［J］. 江苏教育学院学报（社科版），2005（6）.
③　教育部师范教育司组织编写. 教师专业化的理论与实践［M］. 北京：人民教育出版社，2003：62－63.
④　陈永明等. 教师教育研究［M］. 上海：华东师范大学出版社，2003：84－85.
⑤　唐玉光. 教师专业发展的研究［J］. 外国教育资料，1999（6）.

案的能力、说课的能力；第二层次包含因材施教、实现教学目标、选择运用教学方法、激发学生学习兴趣、指导学生学习方法、进行学习迁移的能力；第三层次包含课堂教学开讲、创设教学情境、教学设疑、教学举例、设计板书、教学反馈、教学应变、课堂教学的收结、复式教学、设置学科作业的能力；第四层次包含教学检测、制作教具、操作与示范、使用现代教育技术的能力。[①]

可以看出，国内的学者们在论述教师专业能力和教学能力时，并未对二者进行清晰的划分，不论是类别的划分还是层次的划分，二者在表述上时常出现"你中有我、我中有你"的情况。本研究认为，教育能力和教学能力并非同一概念，在内涵上，教育能力是教学能力的上位概念。应该首先对二者加以区分，在此基础上分别论述各自所包含的次级能力结构。

二　华文教师的专业能力结构

根据以上研究成果，结合华文教育的特殊性，透过华文教师全方位成长的视角，可以将华文教师的专业能力分解为五个方面：教育能力、教学能力、科研能力、学习能力与发展能力。教育能力在其中居于主导地位，按《易经·系辞上》的说法："形而上者谓之道，形而下者谓之器。"形而上者，泛指事物的一般规律、准则，即所谓道规；形而下者，指具体事物或操作，即所谓器用。二者是一对相互联系的范畴，非器则道无所寓，非道则器无所主。以此观之，教育能力可归于"道"，教学能力、科研能力、学习能力与发展能力可归于"器"。

（一）教育能力

教师的教育能力，"是指教师所独具的根据实际情况，灵活有效地实施和完成教育教学任务的现实力量。它是在教师的先天素质、后天所获知识的基础上，经过实践活动而形成的；是知识与智力的结合，认识与实践的统一。"[②]西方研究者曾做过探讨，他们对大学毕业的中小学教师考

---

① 罗树华，李洪珍. 教师能力学（修订版）［M］. 济南：山东教育出版社，2000：前言.
② 罗树华. 试论教师教育能力的价值［J］. 教育科学，1991（4）.

查的结果表明：一旦超出一定的智力和知识的"水平线"，教师的智力和知识水平就不再是影响教育教学效果的重要因素了。① 此时，教师的能力就成为决定性因素，首当其冲就是教师的教育能力。

中外学者们对教育能力的解读各有千秋，有些学者将其视为教师成功进行教育教学活动的所有能力之总和；还有些研究将其与"教师教学能力""教师能力""教师素养"等概念混淆，未做明确区分。本研究认为，教育能力是教师能力结构中的首要能力。正如韩愈在《师说》中所言，"师者，所以传道授业解惑也"，教育能力的提出旨在强调教师"传道"与"育人"的终极使命。习近平总书记也明确提出"'传道'是第一位的。一个老师，如果只知道'授业'、'解惑'而不'传道'，不能说这个老师是完全称职的，充其量只能是'经师'、'句读之师'，而非'人师'。一个优秀的老师，应该是'经师'与'人师'的统一。好老师心中要有国家和民族，要明确意识到肩负的国家使命和社会责任"②。华中理工大学前任校长杨叔子院士也提出，教师，既要治学，又要育人；在治学基础上育人，在育人前提下治学，而教师的首要任务是育人。③

"学高为师，德高为范"是海外华人社会对华文教师的期望，许多优秀的海外华文教师也正是师德的表率、育人的楷模和教学的专家。把海外华侨华人子弟培养成为知礼守节、勤劳勇敢、正直善良的华夏传人，应该成为华文教师的第一要务。而要实现这一目标，华文教师首先自己要成为表率，成为影响学生的重要他人；其次，华文教师要时刻肩负传承祖国文化的使命感，对华裔学生进行优秀中华价值观和道德观的培养，激发学生的华文学习兴趣、增强学生对中华语言文化的认同感；"亲其师，信其道"，好的华文教师应该成为学生的知音、严师和益友，与学生建立良好的人际关系，这样才能真正施加教育影响。

---

① 罗树华. 试论教师教育能力的价值［J］. 教育科学，1991（4）.
② 石中英. 教师高度决定学生高度［N］. 中国教师报，第 15 版，2016 – 10 – 19.
③ 杨叔子. 治学育人必正其风［J］. 高等教育研究，2003（9）.

（二）教学能力

对华文教师而言，传道是其华文教育能力的体现，授业与解惑则主要是华文教学能力的体现，"授业"即传授知识，"解惑"即答疑增智。从华文教师的教学环节入手，教学能力又可分解为教学设计能力、教学实施能力、教学评价能力、教学反思能力四个基本方面。

1. 华文教学设计能力

"华文教学设计能力"指的是在华文教学设计阶段，根据华文教学目的，设定教学目标，撰写教学计划、教案，深刻理解和掌握教材，进行课前构思，设计教学的能力。这是华文教学能力的基础和前提。在海外许多国家，华文教材相对缺乏，或者现有通用教材不适应当地学生的学习情况，这对华文教师的教学设计能力提出了极大的挑战。有的华文教师需要自行查找教学资料，甚至编写汉语教材；有的较为资深的华文教师还要负责整个学校的华文课程体系设计。因此，对于各地的华文教师而言，拥有过硬的教学设计能力是其展开成功教学的首要条件。

2. 华文教学实施能力

"华文教学实施能力"指的是华文教师在上课的整个过程中，对华文教学设计的实施能力，这包括组织、协调、监控课堂活动按照计划进行，或根据教学反馈进行适当微调。华文教学实施能力是华文教学能力的核心部分。华文教师的教学实施能力取决于其个人的教学技巧，包括导入技巧、强化技巧、变化刺激技巧、发问技巧、分组活动技巧、教学媒体运用技巧、沟通与表达技巧、结束教学的技巧、补救教学的技巧等。教学技巧是确保华文课堂更加活跃、流畅、高效的重要因素。

此外，华文教学活动的顺利实施还有赖于华文教师高效的表达能力，包括口头表达和书面表达两个方面。口头表达能力包括普通话、演讲技巧、课堂用语等方面；书面表达能力包括板书、写作、评语等方面。表达能力对于华文教师而言尤其重要，其华语表达要有一定吸引力，普通话发音标准，咬字清晰，课堂表达方式要具有感染力、生动性和亲和力，能带领华裔子弟领略华语之美。

最后，华文教学的实施也离不开各种教学辅助手段，如教具制作、课件制作等；有些华文学校还要求华文教师具备多种才艺，如书画、剪纸、武术、音乐舞蹈等，华文教师要努力把自己塑造为既会教华语又会教中华才艺的多面能手。在科技手段、网络技术日益发达的今天，华文教师还要善于利用现代科技手段和网络教学平台。

3. 华文教学评价能力

华文教学评价能力包括两部分，一是华文教师课后对自己上课表现进行评价的能力，即从教学目标和教学效果的对比来分析课堂教学中存在的不足；二是华文教师对学生学习结果的评价能力，即设计一些练习、测验或考试对学生阶段性华语学习成效进行评测的能力。以往，许多华文教师对教学评价没有给予足够的重视，简单将评价与考试相对等，殊不知"评价"比"考试"的内涵更加宽泛。华文教学评价具有诊断、激励和调剂等作用。

按照不同的划分标准，对华文教学的评价可分为不同类型。例如，按照评价标准的参照系，可将其分为绝对评价、相对评价和自我评价；按评价的功能，可分为诊断性评价、形成性评价、总结性评价；按评价的分析方法，又可分为定性评价和定量评价。常用的教学评价方法包括课堂练习、教学测验、作品展示、调查问卷、学习档案袋等。华文教师需要了解有关教学评价的知识，熟悉各种不同的教学评价方法，提高自己的华文教学评价能力。

4. 华文教学反思能力

"华文教学反思能力"是指华文教师对自己整个教学活动的认知、检验和深思能力。在内容方面，不仅包括华文教师对自身教学知识和行为的思考，还有对华文教学的社会及道德等因素的思考。华文教学反思的目的在于提高华文教师的教学智慧，这包括内容性智慧和方法性智慧，前者是感受判断新事物和新问题的洞察力，是把握教育时机、转化教育矛盾的机智，也是能够使学生愿意与老师进行心灵对话的教师魅力；后者即艺术化的教学技巧。

华文教师的教学反思能力在近年来受到关注。有研究者对马来西亚小学华文教师的教学反思行为进行了实践反思、认知反思、情感反思、元认知反思、批判反思、道德反思、课堂规范反思①七个方面的问卷调查，研究结果表明，这些教师的反思水平整体较高，不同反思类型得分顺序由高到低依次为：道德反思、课堂规范反思、实践反思、元认知反思、情感反思、批判反思、认知反思。此外，这些教师的反思水平个体差异较大。教学年限与实践反思呈正相关，与其他六种反思类型不显著相关；这些教师的学历与其反思水平无显著相关。②

（三）科研能力

华文教师还需要具有一定的科研能力。"科研能力"是指进行研究工作所需的各种能力的总称，是探究未知领域并产生创造性知识成果的能力。"教学情境充满着相当的动态复杂性与不确定性，教师仅仅按不合时宜的日常教学惯性运作，形成自我遮蔽，无法适应不断变革的现代教学要求。教师研究的可能性与必要性深深地根植于其专业场景的动态性与不确定性之中，其本意就在于使教学行为本身'内在地'成为有意义、有价值的事情，成为富有创造性的劳动。"③从世界范围看，在后现代主义思潮影响下，知识不再由少数专业权威所把持，来自实践领域和工作一线的知识受到前所未有的重视，教师做研究已经逐步演变成一种普遍现象，它意味着对自上而下的"知识生产机器"的挑战，发生着从研究对象到研究手段，再到研究主体的深刻转换。

问题是研究之源。加拿大著名学者迈克尔·富兰认为，"问题是我们的朋友，因为我们只有深入到问题之中，才能够提出创造性的解决办法。问题是通向更加深入的变革和达到更为满意的途径"④。对广大华文教师而言，有效的研究应该从自身出发，从华文教育教学活动中遇到的小问

---

① "实践反思"是指教师通过不同的方式对课堂教学进行的反思；"认知反思"是指教师对自己以参加学术会议或阅读专业书籍期刊等方式，达到个人专业发展目的的主动努力所做的反思；"情感反思"是指教师关于学生及其情感、认知状态的了解；"元认知反思"是指教师对自身的信念、个性以及对教学的根本看法和对教师职业的认知等方面的反思；"批判反思"是对教学的社会政治等方面的反思；"道德反思"涉及教师对自己价值观、移情、公平等方面的反思；"课堂规范反思"是指教师对课堂要求及既定规则的反思。

② 黄鹭萍. 马来西亚华文小学教师反思调查 ［Z］. 华侨大学硕士研究生课程论文, 2016.

③ 柳夕浪. 教师研究的意蕴 ［M］. 北京：教育科学出版社, 2007：13.

④ 迈克尔·富兰. 变革的力量——透视教育改革 ［M］. 北京：教育科学出版社, 2004：35.

题出发，通过研究小问题，逐步改善华文教育效果。华文教师应该做个善于发现问题、捕捉问题的"有心人"，对华文课堂教学过程中出现的各种问题、案例进行深入思考，并且能够结合语言学、教育学、心理学等专业知识对其进行学术分析和研究，进行从理论到实践，再从实践到理论的螺旋上升式循环验证，实现自我提升。在具体研究方法上，华文教师宜采用行动研究。

为了提高海外华文教师的华语教学和科研能力，促进华文教师教研相长，华侨大学率先面向全球华文教师展开研究能力培训，于2019年11月举办了第一期"'一带一路'华文教育研究青年人才培训班"，协助海外华文教育机构有计划、有方向地培养研究型华文教师人才，获得了海外华文教师的积极响应和广泛好评，引起了海内外华教界对华文教师研究能力的关注，为今后开展此类培训开了好头。

（四）学习能力

现代社会瞬息万变，各种新事物层出不穷，每个学科的知识也无时无刻不在变化中，因此，随着时间的演进不断充实自己就显得格外迫切。作为一名华文教师，在实际的教学过程中，只有不断学习新知识不断为自己"充电"，紧跟时势的变化与时俱进，才能源源不断地接受源头活水的补给，从而获得持续的专业发展。

当今，在建构主义、情境学习理论、社会文化理论等新学习概念的影响下，教师学习能力的重要性日益凸显。"在心理学中，学习与发展是一对孪生概念，有时边界并不清晰；在教师认知研究中，教师学习与教师发展也是如此。"① 可以说华文教师的学习能力是其专业发展的基础和前提，是自我成长的重要途径和必经之路。在终身教育背景下，华文教师要树立终身学习的理念，不断自我更新，将新的知识内化，使自己的知识结构不断完善，用新的知识去解决华文教育教学中出现的问题，探索新的解决问题方式。

对于华文教师应该学习什么这个核心问题，笔者认为，学会为师、学会教学、学会研究、学会学习、学会成长应该成为教师学习内容的五

---

① 刘学惠，申继亮.教师学习的分析维度与研究现状［J］.全球教育展望，2006（8）.

大支柱，其外显的学习结果正是本节论述的五种教师能力，即教育能力、教学能力、科研能力、学习能力和发展能力。

（五）发展能力

据费斯勒的教师生涯周期动态模式阶段理论，处于不同发展阶段的教师特点各不相同，所面临的困难、需要解决的问题和提升的素质侧重点也各不相同。不同阶段的不同需要，仅依靠职前教育是无法满足的。因此，要保证每个华文教师职业生涯的不断进阶，就需要华文教师拥有自我发展的能力。

对华文教师而言，在从事华文教育的整个职业生涯中，从职前阶段到职后阶段，都要不断自我提升，谋求专业发展。华文教师要具有发展能力，就要先具有自主发展的意识。"教师自主发展意识"是指教师个体对自己工作业绩和发展水平或现状的评价及其要求改变现状的意识。只有把自身的专业发展看作认识的对象和自觉实践的对象，教师才是完整意义上的自主发展的主体。华文教师的自主发展意识是华文教师发展的内在动力，是一切其他动力的源泉，是影响华文教师专业发展的关键所在。作为华文教师，要对自己当下的工作状态和专业成熟度有清晰的判断，要学会把自己的发展当作认识的对象，激发自身的内在动机，制定适合自己的专业发展目标，不断地进行自我研究和反思，有效选择适合自己需要的学习内容和学习方式，自觉学习，主动发展。

第五节　华文教师的专业情意

近年来，各种新型的教育观念层出不穷，对教师也提出了新的要求，除了教师知识结构和能力结构外，教师的专业态度和专业情感也逐渐被纳入教师素质的组成部分。这对于我们更好地理解华文教师的素质构成具有借鉴意义。

一　教师专业情意研究现状

（一）关于情意

在今天的教育界，"情意"是一个耳熟能详的语词，但对其内涵界定，学术界见仁见智，未能形成共识。布卢姆的教育目标分类将情意领域与认知、动作技能领域相并列，认为情意包含着诸如兴趣态度、价值观念等个性品质。我国心理学奠基人之一的潘菽教授认为，"情"和"意"实际上是紧密结合在一起而难于分割的。情由意生，由意生情。二者是实质相同而形式有异的东西，其实"情"也就是一种"意"。基于此，本研究不对"情"和"意"进行专门区分，仍将其合称为"情意"。

（二）教师专业情意

1. 国外关于教师情意的研究和实践

国外对于教师专业素质中的情意因素的研究关注较早。针对 20 世纪五六十年代行为主义影响下美国教师教育忽视教师的态度、人格等问题，从 60 年代末开始，在美国兴起了一种情感师范教育范式。这种范式认为教师的内在人格非常可贵，即教师对学生是否有爱心、能否注意和关心学生的情感发展、教师自身是否具备情感人格方面的条件。[①] 美国当代学者哈格里夫斯（Hargreaves）认为，教师专业发展不仅应包括知识、技能等技术性维度，还应该广泛考虑道德、政治和情感的维度。[②]

美国女性学者内尔·诺丁斯（Nel Noddings）更是大力倡导以"关爱"为主题的教育，呼吁教师的情感道德要以关爱为核心，要有关爱之心，时时处处表现出关爱。在儿童的生活中，他们身边的个人表现出来的关爱可能比任何课程或教育学模式更加重要。实证研究中所搜集到的学生对教师专业素质的要求也多半涉及情意维度。例如，在中美关于"好教师标准"的比较研究中，涉及的标准有：友善的态度、尊重课堂上的每一个人、客观地对待学生、耐性、公平公正、良好的品性、宽容、关心学生及班级、对学生能够理解和认同、与学生关系和善等，[③] 这些都超出了教师的知识和技能的维度。

各国政府在实践中也对教师"情意"提出了具体的要求。在美国，教师应该"敬业乐业，热爱儿童和青少年，乐于帮助学生，富于利他主

---

① 朱小蔓．谈谈"教师专业化成长"[J]．南通师范学院学报（哲学社会科学版），2001（1）．
② 卢乃桂，钟亚妮．国际视野中的教师专业发展 [J]．比较教育研究，2006（2）．
③ 徐富明．中美"好教师的标准"比较分析 [J]．中国教育学刊，1999（6）．

义精神；充分认识教育工作的社会意义和长远价值，有强烈的社会责任感；有良好的修养与和谐的人际关系，有得到进一步发展的个性……"①；在法国，要求"教师在道德方面，有良好教养，具有人道主义精神，尊重和关心他人，勇于奉献，做学问诚实；在情感方面，既敏锐又平和"，"作为职业的人，明了并热爱自己的职业，身心投入，把社会作用和职业责任结合起来。作为公职的人，了解自己的义务，有敬业精神……与学生关系融洽，态度热情，和家长及同事配合默契"；②在中国，要求教师"有理想、有道德、守纪律，热爱祖国，热爱教育事业，爱学生，富于献身精神……具有正确的世界观和教育思想……"③可见，教师情意已经成为教师素质结构的普遍维度之一。

2. 国内对教师情意的研究

相对于教师的专业知识和能力，国内学者对教师专业情意的理解要更为宽泛。专业情意被认为是情感和意志力④、一种深厚的感情⑤、一种精神品质⑥和职业境界⑦等。教育部师范司在《教师专业化的理论与实践》一书中较早对教师"专业情意"一词进行了全面的解读，认为它是教师在专业教学行为活动中形成的情感和意志力，反映教师对工作的一种热情程度或者说一种职业情绪。其具体指向是：对职业的认同感与责任感、信奉教师的道德准则、追求自我价值、评价学生的学习与行为、深刻理解学生的发展和具有对学生的爱、致力于学生道德养成的示范与引导、对所有学生负责等；⑧王秀香等认为"教师专业情意是基于对所从

① 陈永明. 理想的教师形象［C］. 国际师范教育改革比较研究，北京：人民教育出版社，2001：26.
② 陈永明. 理想的教师形象［C］. 国际师范教育改革比较研究，北京：人民教育出版社，2001：107 - 108.
③ 陈永明. 理想的教师形象［C］. 国际师范教育改革比较研究，北京：人民教育出版社，2001：2 - 3.
④ 何丽丽. 优秀语文教师的专业情意研究［D］. 首都师范大学，2004.
⑤ 胡东芳. 教师形象：从"公仆"到"专家"——创新教学呼唤教师专业化［J］. 教育发展研究，2001（11）.
⑥ 孙燕. 创新背景下的教师情意［J］. 保定师范专科学校学报，2007，（1）.
⑦ 王秀香等. 对辽宁省中学体育教师专业素质现状的调查与分析［J］. 辽宁师范大学学报，2005（9）.
⑧ 何丽丽. 优秀语文教师的专业情意研究［D］. 首都师范大学，2004.

事专业的价值意义深刻理解的基础上形成的奋斗不息、追求不止的精神，是教师在专业教学行为活动中形成的情感和意志力，也反映了对工作的一种热情程度或者说是一种专业情绪，从心理学意义上说是一种更高的职业境界；"① 胡东芳认为："教师的专业情意是教师对教育、教学专业的一种深厚的感情，教师专业化成熟境界意味着专业情意的健全"②；李建辉等人认为专业情意是教师专业素质中的非智力因素之一；③ 也有学者将教师专业情意界定为"专业知识和技能之外的情感、意志因素"④。

　　国内关于教师专业情意划分是在布鲁姆情感目标分类思想下进行的。2003 年教育部师范教育司把专业情意分为专业理想、专业情操、专业性向、专业自我四个方面；⑤ 宋广文等将教师专业情意的构成要素概括为专业情感、专业期望、专业价值观三个方面；⑥ 吴永军把其称为"德性维度"，认为它的主要内涵包括爱与关心、责任感、公平公正以及幸福感；⑦文雪认为，教师专业情意包括教师对待教育的意识、态度和专业精神。⑧综上所述，教师的专业情意体现了教师对教育教学工作倾注情感的浓度与深度，是教师专业素质的灵魂，教师一旦缺乏专业情意，整个教育教学工作将失去动力与激情。

二　华文教师的专业情意结构

　　在国内外关于教师专业情意研究的基础上，本书把华文教师专业情意界定为，除知识能力之外，华文教师所具备的态度、情感、理念、意志、人格、精神等的总和，它具有内在稳定性和一致性。华文教师的专

① 王秀香等. 对辽宁省中学体育教师专业素质现状的调查与分析［J］. 辽宁师范大学学报，2005（9）
② 胡东芳. 教师形象：从"公仆"到"专家"——创新教学呼唤教师专业化［J］. 教育发展研究，2001（11）.
③ 李建辉，王志广. 简论师范生的教师专业情意、态度与价值观［J］. 福建师范大学学报（哲学社会科学版），2013（5）.
④ 孙燕. 创新背景下的教师情意［J］. 保定师范专科学校学报，2007（1）.
⑤ 教育部师范教育司，教师专业化的理论与实践［M］. 北京：人民教育出版社，2003：53.
⑥ 宋广文，魏淑华. 论教师专业发展［J］. 教育研究，2005（7）.
⑦ 吴永军. 论教师专业发展的德性维度［J］. 教育发展研究，2008（10）.
⑧ 文雪. 教师的教育信念及其养成［J］. 当代教育科学，2010（9）.

业情意所囊括的内容众多，本书将重点论述以下四个方面。

（一）职业道德

正如救死扶伤是医生的职业道德，教书育人、为人师表被公认为教师的职业道德。"华文教师的职业道德"是指一般社会道德在华文教师职业生活中的具体体现，是华文教师在从事其职业的过程中形成的一种内在的、非强制性的约束机制。

"学博者为师，德高者为范"，华文教师的专业道德是其在道德认识、道德情感、道德意志、道德行为上的稳定特征的综合，它包括华文教师的敬业精神、道德修养、人际关系和团队精神、合作意识等方面。华文教师所从事的是推广与传承华语语言文化的职业，其工作对象绝大多数是海外的华侨华人子弟，因此，华文教师不但要能公平公正地对待每个学生，做到"有教无类""学而不厌，诲人不倦"，还要能从博大精深的中华文化中汲取精神食粮，平衡语言教育的工具性与文化性，实现"以德育人"。

（二）职业情操

"华文教师的专业情操"是指他们对工作环境中的人、物或事的相当稳定的爱憎或好恶，是华文教师对教育教学活动带有理智评价的情感体验，它是构成华文教师价值观念的基础。华文教师的职业情操包括热爱中华文化，热爱华文教育事业，具有推广和传承中华语言及文化的责任感、使命感及奉献精神，等等。

在一项针对马来西亚华文教师的华文教育态度的调查研究中，"您为何从事华文教育"的多项选择中，76.3%的教师选择了"兴趣与热爱"，63.2%的教师选项为"推广华文教育"，仅有7.9%的人选择"华文教师待遇好"；"您是否对中华文化感兴趣"的单项选择中，71%的老师选择"非常感兴趣"，29%选择"感兴趣"。[①] 在一定程度上说明这部分教师热爱中华文化，将推广华文教育作为其工作的根本动力，具有比较积极的工作态度，绝大部分教师并非为了好的待遇来选择华文教师这一职业，

---

① 常宝文．马来西亚华文教师的华文教育态度调查研究——以"华文教育骨干教师研习班"为例［Z］．华侨大学研究生课程论文，2017.

这种内在的从业动机更能长久地激发与维持华文教师的工作热情。

（三）价值观念

"华文教师的价值观念"是指华文教师对客观事物及自己的行为结果的意义、作用、效果和重要性的总体评价，是对什么是好的、是应该的的总体看法。它带有较为稳定的倾向性，是华文教师处理事情、判断对错、选择取舍的内心准绳。不同的价值观念会产生不同的行为模式。例如，具有"关怀"价值观的华文教师，在外在行为上会表现出对学生的主动关心，了解学生的学习困境，对学生更具有同理心；强调"平等"价值观的华文教师在课堂上会给予所有学生公平的学习机会，更能接纳学生所指出的问题和不足，在师生交往中也不会表现过多的个人权威。可以说，华文教师的基本价值观念会指导其学生观、教师观、教学观、课程观、学科观等多个方面。

例如，在对一位柬埔寨华文教师的多次访谈中，当谈到学生学习汉语的问题时，"平等"一词出现了 20 余次，体现了她"课堂为公，是为大同"的教学价值观，她认为"课堂不只是老师的课堂，也不只是学生的课堂，更不是个别学生的课堂，课堂是大家的课堂，只有每个人都在这个课堂中找到了自己的位置，他们才会更有归属感，班级才会有凝聚力。"[1] 教师的言传身教无不受到其价值观念的指导，学生们在课堂上不但学习汉语及文化知识，还会模仿学习教师的行为方式。因此，华文教师在传授中华语言文化知识和能力的同时，要将积极的情感和正确的价值观念自然融入汉语课堂教学过程中，起到润物细无声的教育效果。

（四）人格魅力

"华文教师的人格魅力"是华文教师的性格、气质、能力及道德品质对他人产生的吸引力和感召力，是华文教师综合素质的灵动体现。古语云，"亲其师，则近其道"。苏联著名教育家苏霍姆林斯基说过："教育是人与人心灵上最微妙的接触。"在这一接触的过程中，教师自身的人格对于青少年学生成长和人格的形成无疑具有深刻的影响，这是任何教科书、

---

[1] 刘兰新．柬埔寨孔子学院汉语教师信念及其影响因素研究［D］. 华侨大学硕士学位论文，2018.

任何道德箴言以及任何奖惩都无法代替的。《论语·子路》中记录孔子曾说："其身正，不令而行；其身不正，虽令不从。"中国的大教育家孔子在其漫长的教育实践中，不仅重视言教，更重视身教。他最早倡导以身作则，以教师自身的人格魅力感化学生。

数百年来，奋斗在海外一线的华文教师作为华文教育的传道授业解惑者，在弘扬中华民族优良文化方面发挥了承前启后、继往开来的巨大作用，而这在很大程度上源于每一位华文教师的人格魅力对一代代华裔子弟的影响。

第二章　华文教师的专业发展阶段

华文教师专业发展是一个动态的成长过程，华文教师在不同的专业发展阶段会呈现不同的表现、规律、特征和发展诉求。华文教师的专业发展过程起步于职前的准教师阶段，逐步经历职后的新手阶段、熟手阶段、能手阶段乃至专家阶段。对华文教师专业发展阶段的研究有利于华文教师对自己正确定位，帮助华文教师确定各阶段的发展目标，并且对自己的专业发展进行合理规划。

第一节　教师专业发展阶段研究述评

一　国外教师专业发展阶段研究

有关教师发展阶段问题的研究，始于20世纪60年代末的美国，研究者们从不同视角对教师专业发展的过程及其规律进行了研究，目前已发展成为一派竞相争辉的理论体系。20世纪60年代富勒（Fuller）开创教师专业发展阶段研究这一新领域，为后继研究奠定了基础；70～80年代是国外教师专业发展研究的黄金阶段，出现了以卡茨、伯顿、费斯勒、休伯曼、司特菲为代表的多种教师专业发展理论；90年代开始，随着美国PDS（Professional Development Schools）政策的推行，关于教师专业发展的研究重心转移到探索教师专业发展的途径上。①

---

① 罗晓杰．国内外教师专业发展阶段研究述评［J］．教育科学研究，2006（7）．

（一）国外教师发展阶段研究分阶段阐述

1. 20 世纪 60 年代

美国学者富勒是教师专业发展阶段研究的开拓者，其"教师关注阶段理论"主宰了整个 20 世纪 60 年代。富勒编著了《教师关注问卷》，他以教师所关注的事物在其成长中的更迭为研究对象，采用问卷调查研究形式，提出了职前教师专业发展阶段理论，他认为教师专业发展要经历以下阶段。第一，执教之前关注阶段（pre-teaching concerns）。这一阶段属于职前培养时期，处于这一阶段的师范生仍然扮演着学生角色，对于教师角色仅仅是想象，没有教学经验，只关注自己。第二，早期关注求生阶段（early concerns about survival）。这一阶段教师初次接触教学工作，他们最关注的是自己的生存问题，比如，对课堂控制的情况、是否被学生和同事肯定和接纳、上级的评价如何等，处于这一阶段的教师压力很大。第三，关注教学情景阶段（teaching situational concerns）。这一阶段教师关注的焦点是教学和这种教学情境之下如何完成教学任务，而不是学生的学习。第四，关注学生阶段（concerns about pupils）。这一阶段教师适应了教学的角色和负荷，真正进入关怀学生阶段，全面关注学生的学习、品德乃至情绪需求。①

就关注对象而言，富勒的"教师关注阶段理论"可以总结为自我关注（self concerns）、任务关注（task concerns）和影响关注（impact concerns）三个发展阶段。② 富勒的研究对教师发展阶段理论的发展起到了奠基作用。"自我关注—任务关注—影响关注"的发展模式也是教师生涯发展的一般规律。

2. 20 世纪 70 年代

20 世纪 70 年代的研究以卡茨（Katz）和伯顿（Burden）为代表。1972 年卡茨采用访谈和问卷法研究学前教师的培训和发展，提出了"教师发展时期论"，把教师的发展分为四个时期，依次为：求生存时期

---

① Fuller, F. Concerns of Teachers: A Developmental Conceptualization [J]. American Educational Research Journal, 1969（2）.

② 尹弘飚. 课程改革中教师关注阶段理论的研究述评 [J]. 比较教育研究，2004（8）.

（survival）、巩固时期（consolidation）、更新时期（renewal）和成熟时期（maturity）。该理论对洞察教师发展的不同阶段具有重要的理论价值，其理论虽以学前教师为研究对象，但其内容对中小学教师培训需求、协助教师专业成长同样具有十分重要的借鉴意义。但该理论对于教师的生涯过程、教师的挫折感、倦怠期，以及是否陷入停滞、是否继续追求专业上的卓越与继续成长等方面研究不深，这也是教师发展阶段早期研究的共同的缺陷。

1980年，美国俄亥俄州立大学的纽曼（Newman）、伯顿（Burden）等人对处在不同教学生涯发展阶段的教师进行了严密有序的大样本访谈研究，提出了"教师生涯循环发展理论"。他们认为教师发展经历三个阶段[①]。

第一，求生阶段（survival stage）。这一阶段教师刚进入一个新环境，没有实际教学经验，因而对于教学活动及环境只有非常有限的知识，对所面对的各种事物都在适应过程中。这一阶段的特点决定了他们所关注的是做好教学工作，他们开始注意了解学生，但是不愿尝试新的方法以增强教学效果。第二，调整阶段（adjustment stage）。通常在教师生涯的第2~4年，教师的知识比较丰富，心情也较轻松，教师开始有精力了解孩子们的复杂性，更多地关注学生，此时也会寻求新的教学技巧与解决问题的新方法，以满足不同学生的需求。第三，成熟阶段（mature stage）。教师进入第5年或5年以上的教学时期之后，其经验更加丰富，对教学活动驾轻就熟，并且对教学环境已有充分的了解。因而这一时期教师可以放心地、专心地处理教学中所发生的事情，能不断追求并尝试新的方法，更为关心学生，更能满足学生的需求。

伯顿等人的研究率先以数据的收集、整理为基础开展，得出的研究结果无疑更具有严密性和科学性。大样本的数据，突破了以往访谈对象少、地区分布不均的限制。但与卡茨一样，也未能对教师成熟期之后的发展加以研究。

---

① Newman, Katherine K., Burden Paul R., & Applegate, Jane H. Helping teachers examine their long-range development [J]. The teacher educator, 1980 (4).

3. 20 世纪 80 年代

进入 20 世纪 80 年代后，关于教师专业发展阶段的研究更为细化，此阶段的代表人物有费斯勒（Fessler）、司特菲（Steffy）、休伯曼（Huberman）等人。

（1）费斯勒的"教师生涯循环论"

1984 年美国约翰·霍普金斯大学的费斯勒从生命的自然老化过程及生命周期的角度，对不同生涯发展阶段的教师进行研究，通过观察、访谈、调查以及梳理人类生命发展阶段文献等方法来研究教师专业发展的历程，从"教师生涯循环论"的角度将教师的发展分为八个阶段，依次为：第一，职前教育阶段（pre-service）；第二，入职阶段（induction）；第三，能力形成阶段（competency building）；第四，热心成长阶段（enthusiastic and growing）；第五，职业挫折阶段（career frustration）；第六，稳定和停滞阶段（stable and stagnant）；第七，生涯低落阶段（career wind down）；第八，生涯退出阶段（career exit）。费斯勒把教师的职业周期放在个人环境和组织环境之中来考察，教师实际经历的职业周期是教师作为发展中的人与这两类环境影响因素相互作用的结果，他提出教师职业周期是动态、灵活的，而非静态、线性的发展模式。其"教师生涯循环论"提供了一个较为完整的纵贯教师生涯的理论框架，对教师的职业生涯规划以及各个阶段的发展具有重要的参考价值。

（2）司特菲的"教师生涯人文发展模式"

1989 年，司特菲根据人文心理学派的自我实现理论，建立了"教师生涯人文发展模式"。司特菲将教师的发展划分为五个阶段。第一，预备生涯阶段（anticipatory career stage）。通常为新上岗的老师，他们需要 3 年时间才能度过这一阶段。第二，专家生涯阶段（expert master career stage）。这一阶段教师已具有较高水平的教学能力和技巧，他们能够获得多方面的信息，对学生抱有高的期望，同时掌握学生的一举一动，在工作中能够有意识地激发自己的潜能，有效地控制课堂教学的进程。第三，退缩生涯阶段（withdrawal career stage）。处于这一阶段的教师往往表现为倦怠感，很少致力于教学革新，守旧心理很严重，需要得到帮助。这一阶段的退缩程度可以分为初期退缩、持续退缩、深度退缩三个层次。第四，更新生涯阶段（renewal career stage）。对退缩征兆采取较为积极的应对措施，比如参加研讨会、进修课程等，因而这一阶段的教师又会呈现预备生涯阶段朝气蓬勃的状态，有活力，肯吸收新知识，进取向上，致力于追求专业的继续成长。但这一阶段的教师仍需要外在的支持。第五，退出生涯阶段（exit career stage）。教师到了退休年龄，或由于其他原因而离开教育岗位。①

司特菲指出教师在更新生涯阶段可采取积极应对措施度过低潮，转而继续追求专业成长，这是对费斯勒理论的超越。司特菲的理论比其他模式更完整，比较真实地描述了教师发展的历程，着重讨论了教师进入成熟期之后可能出现的低落、停滞并重新进入发展阶段的问题。

（3）休伯曼的"教师职业生活周期论"

1989 年休伯曼等人通过对瑞士教师的调查研究，结合教育心理学和社会心理学的研究方法，提出了著名的"教师职业周期主题模式"。他将教师职业发展分为七个阶段：入职期（career entry）、稳定期（stabilization phase）、实验和歧变期（experimentation and diversification）、重新估价期（reassessment）、平静和关系疏远期（serenity and relational distance）、保守和抱怨期（conservation and complaints）、离职期（disengagement）。休伯曼等人的研究更加具体细致，他们探究了每一阶段的发展主题，并且依照教师对发展主题的不同认识和理解，提出针对性的发展路线。

4. 20 世纪 90 年代

进入 90 年代后，关于教师专业发展阶段的研究更加呈现多元化的趋势。1991 年，舒尔（Shuell）从知识、经验和技能获得的角度，将教师发展分为三个阶段：新手阶段、中间阶段与高水平阶段。1992 年，伯林纳（Berliner）以教师经验的形成为考察依据，提出教师发展的五个阶段。第一，新手（novice）阶段。新手阶段的教师是师范生或者刚进入教学领域的教师。这一阶段教师的任务是学习一些陈述性知识，如一般教学原理、教材内容和教学方法等，并熟悉课堂教学的步骤和各类教学情景，获得

----

① Steffy. Teacher Career Development Pattern [J]. Teacher Development, 1990 (3).

初步的教学经验。第二，高级新手（advanced beginner）。具有 2 年和 3 年教龄的教师多处于这一阶段，这一阶段教师从教学活动中积累了一些经验，意识到教学情景的相似性，能把过去所学的知识与现在所遇到的情景与问题相联系，运用一些教学策略来调节和控制自己的行为。第三，胜任（competent）阶段。这一阶段教师拥有了更多的教学经验并且尝到了成功的喜悦，大多数高级新手有望进入胜任阶段，并能够对所做的事情承担更多的责任。第四，能手（proficient）阶段。这一阶段教师一般拥有 5 年教龄，有一定教学经验，教师对教学情景产生敏锐的直觉感受。他们能够从积累大量丰富经验中综合识别出情景的相似性，从截然不同的事件中考虑到事物的相互联系。这种综合识别能力的提高使教师能够更加准确地预测事件。第五，专家（expert）阶段。有一定教学经验的教师可以发展到能手阶段，而进一步发展到专家阶段的老师数量不多，专家阶段的老师对教学情景不但有直觉的把握，而且能够以灵活流畅的方式理智地做出合适的反应。[1]

1992 年左右，加拿大学者利斯伍德（Leithwood）突破了前人对教师发展的单一的关注模式，提出了"专业智能、心理发展和职业周期三维模式"，以心理发展为标准来划分教师职业发展的阶段，把自我发展、道德发展和概念发展等方面的观点加以汇总，来综合描述教师的发展阶段。其中职业周期发展被分为五个时期：第一，入职期（on-boarding）；第二，稳定期（stationary phase）：形成深思熟虑的专业志向阶段；第三，分化期（new challenges and concerns phase）：形成新的挑战和关注；第四，平台期（plateau phase）：专业发展进入停滞不前状态；第五，准备退休期（retirement preparation phase）。[2]

（二）国外教师发展阶段研究总结

20 世纪 60 年代，美国学者富勒提出了"教师关注阶段论"，以著名

---

[1] Deborah A. McIlrath and William G. Huitt. The Teaching-Learning Process: A Discussion of Models [EB/OL]. http://teach.valdosta.edu/whuitt/papers/modeltch.html? （2011 - 1 - 7） [2016 - 09 - 24].

[2] Fullan, M. Hargreaves, A. Teacher Development and Educational Change [M]. London: The Falmer Press, 1992: 86 - 103.

的《教师关注问卷》揭开了教师专业发展阶段研究的序幕，此后的相关研究逐渐走向成熟，并呈现百花齐放的态势。研究者们普遍认为，教师作为从事教育教学工作的专业人员，通常要经历由不成熟到相对成熟的发展过程，需要通过不断的学习与实践来提高专业水平。研究者们从不同理论角度对教师的专业发展过程进行了划分，体现了教师发展阶段性的共同内核，也凸显了教师发展阶段的不同特征。上述国外学者对教师专业阶段的研究可以通过表 2-1 进行简单比较。

表 2-1　国外学者教师专业发展阶段研究简表

学者	时间	理论	划分情况	具体内容
富勒	1969	教师关注阶段论	四阶段论	执教之前关注阶段；早期关注求生阶段；关注教学情境阶段；关注学生阶段
卡茨	1972	教师发展时期论	四阶段论	求生存时期；巩固时期；更新时期；成熟时期
伯顿等	1980	教师生涯循环发展论	三阶段论	求生阶段；调整阶段；成熟阶段
费斯勒	1984	教师生涯循环论	八阶段论	职前教育阶段；入职阶段；能力形成阶段；热心成长阶段；职业挫折阶段；稳定和停滞阶段；生涯低落阶段；生涯退出阶段
司特菲	1989	教师生涯人文发展模式	五阶段论	预备生涯阶段；专家生涯阶段；退缩生涯阶段；更新生涯阶段；退出生涯阶段
休伯曼	1989	教师职业生活周期论	七阶段论	入职期；稳定期；实验和歧变期；重新估价期；平静和关系疏远期；保守和抱怨期；离职期
舒尔	1990	知识、经验和技能获得	三阶段论	新手阶段、中间阶段与高水平阶段。
伯林纳	1992	教师经验的形成	五阶段论	新手阶段；高级新手；胜任阶段；能手阶段；专家阶段
利斯伍德	1992	以心理发展为标准	五阶段论	入职期；稳定期；分化期；专业发展平台期；准备退休期。

通过分析表 2-1 可以看出，国外研究者对教师专业发展阶段的划分采取了不同标准，研究趋势由单一到多样，逐渐走向全面，凸显了教师在不同阶段具有不同的专业发展水平、需求、心态、信念等，反映了教师专业发展阶段研究的历程和面貌，并且能够为教师个人规划自己的教

学生涯、政府制定教师继续教育政策提供有益参考。

二　国内教师专业发展阶段研究综述

国内对教师专业发展阶段的研究始于 20 世纪八九十年代，很快发展成为教育学、心理学理论工作者、教育决策者和广大教师关注的焦点。早期的研究者林崇德、申继亮等人从认知心理学角度对教师素质结构进行研究，唐玉光、叶澜等人从教育学、伦理学视角构建了教师专业化的理论框架，这些学者为我国教师专业发展阶段的研究奠定了理论基础。

吴康宁从教育社会学视角审视教师职业的专业化，在其 1998 年出版的《教育社会学》中把"教师职业社会化"这一过程划分为两个阶段。第一，任教前的预期职业社会化（anticipatory socialization）阶段，也就是教师的师范教育阶段。第二，任教后的继续职业社会化（continuous socialization）阶段，是指个体在承担教师这个职业角色之后为了更好地扮演这个角色而进行的社会化。继续职业社会化的途径不仅包括教师工作实践，而且包括进入教师进修院校脱产学习的过程。[①]

1999 年学者唐玉光在总结了国内外许多本领域专家的研究成果之后，提出了教师专业发展的"三位一体化"理论，把教师专业发展分为三个阶段。第一，职前专业准备阶段。是教师准备阶段，发展重点是通过普通文化、专门学科、教育专业理论和实践等课程的学习，掌握基本的教育理念和教学技能。第二，教师入职辅导阶段。是教师入门阶段，发展目标是适应新环境和新岗位，熟悉学校工作程序，学会与同事交往共处，掌握一般的工作技能。第三，在职教师教育阶段。这是教师专业成长阶段，发展重点是发挥个人长处和更新自我知识，增强专业决策和解决专业实践问题的能力，提高教师的专业发展水平。[②] 唐玉光的教师专业发展理论是对以往理论的概括性综述，是综合性的论断。对以后国内本领域的研究起到了推动作用。

进入 21 世纪后，大陆学者们的研究更加活跃，研究结果也更加深入

---

① 吴康宁. 教育社会学 ［M］. 北京：人民教育出版社，1998：215 – 221.
② 唐玉光. 教师专业发展研究 ［J］. 外国教育资料，1999 (6).

及细化，出现了个别大规模的实证研究。例如，邵宝祥对全国 20 多个省市的 3000 多名中小学教师进行研究，提出了教师专业成长的"四阶段论"，即适应阶段、成长阶段、高原阶段和成熟阶段。[①] 台湾和香港学者对教师专业发展阶段的研究整体略早于大陆学者，其中影响较大的学者有王秋绒、饶见维、徐碧美等人。限于篇幅，难以一一赘述，现将一些较有影响力的研究按照时间顺序整理归纳，详见表 2 - 2。

表 2 - 2　我国学者教师专业发展阶段研究简表

学者	时间	划分	具体内容
王秋绒[②]（台湾）	1991	三阶段	师范生阶段；实习教师阶段；合格教师阶段
饶见维[③]（台湾）	1996	三阶段	职前师资培训阶段；初任教师导入阶段；胜任教师精进阶段
吴康宁[④]	1998	两阶段	任教前的预期职业社会化；任教后的继续职业社会化
唐玉光[⑤]	1999	三阶段	职前专业准备阶段；教师入职辅导阶段；在职教师教育阶段
钟祖荣[⑥]	2011	四阶段	准备期（新任教师）；适应期（合格教师）；发展期（骨干教师）；创造期（专家教师）
叶澜等[⑦]	2001	四阶段	"非关注"阶段；"虚拟关注"阶段；"生存关注"阶段；"任务关注"阶段
申继亮等[⑧]	2002	四阶段	学徒期或熟悉教学阶段；成长期或个体经验积累阶段；反思期；学者期
陈琴等[⑨]	2002	五阶段	准备阶段；求生阶段；巩固阶段；更新阶段和成熟阶段

① 邵宝祥等．中小学教师继续教育模式的理论与实践［M］．北京：教育出版社，1999：68 - 70．
② 王秋绒．教师专业社会化理论在教育实习设计上的意义［M］．台北：师大书苑出版社，1991：33 - 48．
③ 饶见维．教师专业发展——理论与实务［M］台北·五南图书出版公司，1996：4．
④ 吴康宁．教育社会学［M］．北京：人民教育出版社，1998：215 - 221．
⑤ 唐玉光．教师专业发展研究［J］．外国教育资料，1999（6）．
⑥ 钟祖荣．《易经》乾卦的过程思想与教师发展阶段理论［J］．北京教育学院学报，2011（3）．
⑦ 叶澜，白益民．教师角色与教师发展新探［M］．北京：教育科学出版社，2001：278 - 302．
⑧ 申继亮，费广洪，李黎．关于中学教师成长阶段的研究［J］．天津师范大学学报（基础教育版），2002（9）．
⑨ 陈琴，庞丽娟，许晓辉．论教师专业化［J］．教育理论与实践，2002（1）．

续表

学者	时间	划分	具体内容
徐碧美（香港）①	2003	四阶段	教学新手珍妮；较有经验的教师艾娃；较有经验的教师婧；专家型教师玛丽娜
傅树京②	2003	五阶段	适应；探索；建立；成熟；平和
傅道春③	2003	八阶段	职前成长阶段；进入教育工作领域阶段；能力建立阶段；热心和成长阶段；职业退缩阶段；更新阶段；生涯低落阶段；退休阶段
陈永明④	2003	五阶段	适应和发现期；稳定期；试验和重新评价期；平静和保守期；退出教职期
罗琴等⑤	2005	四阶段	适应期；发展期；成熟期；持续发展期——终身学习的反思
裴跃进⑥	2008	八阶段	准备期；初始期；适应期；胜任期；成熟期；创造期；稳定期；退隐期
赵昌木⑦	2011	五阶段	准备阶段；适应阶段；迅速发展和稳定阶段；停滞和退缩阶段；持续发展阶段
李壮成⑧	2013	六阶段	专业预备期；专业适应成长期；专业成熟期；专业高原期；专业创造期；专业退出期
殷凤⑨	2014	四阶段	新手型；经验型；成熟型；专家型

　　整体而言，自20世纪90年代至今，大陆及港台学者有关教师专业发展阶段的研究内容不断细化，研究层次逐渐从宏观到微观，从静态到动态、从政策到实践等方向演变。研究范式和方法逐渐多元化，研究视角从外在延伸到内在。多数研究者从教师专业水平角度概括出教师专业发展阶段为新手、胜任、能手、专家等几个级别。在研究对象上，对"新手"和"专家"教师的研究较多。尽管学者们对教师专业水平和职业生

① 徐碧美．追求卓越——教师专业发展案例研究［M］．北京：人民教育出版社，2003．
② 傅树京．构建与教师专业发展阶段相适应的培训模式［J］．教育理论与实践，2003（6）．
③ 傅道春．教师的成长与发展［M］．北京：教育科学出版社，2003：9-11．
④ 陈永明．现代教师论［M］．上海：上海教育出版社，2003：186-188．
⑤ 罗琴，廖诗艳．教师专业发展的阶段性：教学反思角度［J］．现代教育科学，2005（2）．
⑥ 裴跃进．教师专业发展阶段基本内涵的探究［J］．重庆文理学院学报（社会科学版），2008（1）．
⑦ 赵昌木，教师专业发展［M］．济南：山东人民出版社，2011：59-77．
⑧ 李壮成，教师专业发展阶段探析［J］．四川文理学院学报，2013（6）．
⑨ 殷凤，教师专业发展阶段研究及实践推进［J］．教育研究与评论：中学教育教学，2014（5）．

涯阶段的划分见解不尽相同，但教师专业发展阶段的规律性是一致的，即教师专业发展总是从不成熟到逐渐成熟直至成为专家，而且教师专业发展的路径不是线性的、单向度的，而是有波折乃至倒退或停滞不前的，是有高潮、有低谷的动态发展过程。

三　汉语教师专业发展阶段的研究

对于汉语教师专业发展的阶段划分，汉语教育领域的学者做了一些初步的研究。王晓华认为，传统的对外汉语教师专业素养并不能满足教育工作需要，应该认识对外汉语教学的社会属性，从职前培训出发，以入职教育为纽带，重视在职培训。[①] 王晓华参照叶澜等人的"教师专业发展阶段"理论构筑了对外汉语教师专业发展阶段，将对外汉语教师专业发展分为三个阶段：第一，职前培养（包括"非关注"阶段和"虚拟关注"阶段）；第二，入职教育（包括"生存关注"阶段）；第三，在职培训（包括"任务关注"阶段和"自我更新"阶段）。郭睿也依据叶澜等人的"教师专业发展阶段"理论来阐释对外汉语教师专业发展阶段，认为对外汉语教师的专业发展也要经历"非关注""虚拟关注""生存关注""任务关注"和"自我更新"五个阶段。[②]

王恩旭根据国际汉语教师专业发展的特点，将汉语教师专业发展简单分为职前、职初和职后三个阶段。职前阶段包括汉语教师第一次赴海外教学前的职前教育和职前培训两部分；职初阶段，对于国际汉语教师来说，是从第一次踏入海外国家或地区的那一天算起，到完全适应当地工作、教学和生活为止，大概需要 1～2 年的时间，这是汉语教师自主发展的关键时期；职后阶段从汉语教师入职后的 2～3 年开始，一直持续到整个职业生涯的结束，这个阶段汉语教师专业发展时间最长，成效也最大，除了能为社会培养大批的优秀人才之外，还能将自己的知识和经验转化为科研成果，成为教育教学改革的动力，推动汉语国际教育事业不

①　王小华. 对外汉语教师专业发展模式初探［J］. 浙江工商大学学报，2006（4）.
②　郭睿. 汉语教师发展［M］. 北京：北京语言大学出版社，2010：69－71.

断前进。① 这种阶段划分的视角较为符合中国外派汉语教师的情况。

可以看出，这些研究在很大程度上借鉴了教育界学者对教师专业发展阶段的研究，教育学领域对于教师专业发展阶段的研究较为成熟，为其他领域的教师研究提供了坚实的理论基础和丰富的学术养料，也为华文教师专业发展阶段的划分提供了参考。

四 华文教师专业发展阶段的提出

通过国内外关于教师专业发展阶段的研究可见，我国教师专业发展的研究多吸收了国外教师专业发展的理论，其中以职业/生命周期、教师"关注"内容和教师专业化水准来划分教师专业发展阶段的研究占大多数。对于华文教师专业发展而言，本研究参考伯林纳于1992年提出的教师发展阶段划分依据，并把华文教师的职前教育阶段纳入考量，拟将华文教师的专业发展过程划分为五个基本阶段，即准教师阶段、新手阶段、熟手阶段、能手阶段和专家阶段，这五个阶段又可依次对应准教师、新教师、合格教师、优秀教师和卓越教师的称号。

华文教师专业发展的"准教师阶段"是其专业准备阶段，这一阶段的华文教师还未正式进入教学岗位，通常都在接受正式的华文教育专业学习或者职前师资培训；"新手阶段"是指华文教师刚刚进入华文教育工作领域的一个时期，通常会持续1~2年的时间，这一时期他们需要完成由准教师向合格华文教师的角色转变；"熟手阶段"指华文教师已经进入持续稳定的发展阶段，对待工作得心应手，有了较为明确的发展目标和发展动机，新教师通常需要3~5年的经验积累才能完全适应手头的工作；"能手阶段"的华文教师在教学上能够做到游刃有余，对自己的教学风格较为清晰，对华文教育及教学有自己的初步看法和反思，有明确的发展目标，这样的教师通常具有6年及以上的工作经验；"专家阶段"的华文教师也就是我们通常所说的"资深教师"或"专家型教师"，他们通常具有10年左右，甚至几十年的教学经验，有自成一体的实践性知识，能够给新教师进行指导和培训。下文将依次对每个阶段华文教师的概况

① 王恩旭. 国际汉语教师专业发展的三个阶段［J］. 现代语文（学术综合版），2014（5）.

和特征进行简要阐述。

第二节　华文教师专业发展的准教师阶段

一　准华文教师阶段概况

"准教师阶段"是教师专业发展中的角色准备阶段，此阶段教师还未正式进入教学岗位，对教师角色仅仅出于想象，因为未曾经历过教学实践，教师关注的重点只能是自己，因此这一阶段又被称为"非关注阶段"或"执教前关注阶段"。对于华文教师而言，职前阶段是指正式进入华文教育领域之前的教学准备阶段。此阶段的准华文教师对于汉语基本教学技能，比如板书、教学用语、课件制作等不熟练；对汉语教师职业的认识较为模糊，也缺乏明确的专业发展意识。职前阶段的华文教师在职业选择时经常受到关键人物（如父母、亲人或朋友、某位喜欢的教师）或者关键事件（如某项华文教育政策的颁布、婚姻的缔结、子女的教育等因素）的影响。

就目前海外华文教师的来源来看，职前阶段的准华文教师通常分为两种，一种是已经有一定工作经验甚至其他学科的教学经验，但没有接受过长时间华文教师专门培养的准教师；另一种则是在各个高校接受专门系统化培养的各类华文教育师范生。对他们的职前教育方式也可以相应分为两种，即短期培训和长期培养。

（一）准华文教师的短期培训

由于海外华文教师普遍专业化程度不高，华文教师在入职前通常都会接受一定的职前培训。培训的对象主要是从事华文教育的海外本土教师和外派的中国教师。

首先，对于海外从事华文教育的本土教师而言，他们的汉语专业知识和学历往往不高，年龄偏大，许多人之前是公司职员或家庭主妇，还有一些人曾在中国教过语文或其他科目，但不熟悉华文教学工作。这部分教师在就职后通常认为自己是"半路出家"，所以在职前阶段需要给予他们不同方式和内容的短期培训，旨在培养这些教师的专业知识和教学能力，构建华文教师专业发展过程中所需的基本学科知识和教学技能。

其次，对于从中国外派的华文教师而言，他们大多是国内从事语文、英语相关学科教学的小学、中学或者大学教师，学历层次较高，专业知识和理论修养以及教学经验都相当丰富。因此，在成为海外华文教师之前只需要进行短期的华文教育理论知识、跨文化交际、海外环境适应以及突发事件处理等相关方面的培训。

短期职前培训具有时间短、针对性强、见效快的特点，目的是让"准华文教师"能够在短时间内学会华文教学的基本技能和技巧，尽快适应海外华文教育工作。短期职前培训一般通过专家讲座、参与式培训、案例学习、课堂观摩等途径展开，理论学习和实践操练相结合。

（二）准华文教师的长期培养

长期培养的对象就是各国华文教育等相关专业的本专科学生，这些师范生在走上工作岗位后通常被冠以"科班出身"的名号。职前阶段就是通过各种具有师范教育性质的专业学习，把这些师范生培养为能够胜任海外华文教育教学工作的人才，重点掌握汉语言、心理学、教育学等专业知识以及课堂教学技巧、教学管理等教育教学能力。目前，海外多个国家如泰国、印尼、马来西亚、新加坡等国的大学，陆续开设了中文或汉语教育专业，旨在为本国培养更多的本土华文教师，促进本国华文教育的可持续发展。例如，印尼亚洲友好国际学院开设的华文系，设师范汉语、商贸汉语和旅游汉语三个专业方向，其师范汉语的专业目标就是培养既具备扎实的汉语言知识，又具有高水平的汉语交际能力，从事汉语教学工作的专业人才。为了帮助海外国家实现本土华文教师的"造血计划"，中国政府专门在两所国侨办直属大学，即华侨大学和暨南大学开设了华文教育专业，此专业仅招收海外各国，特别是东南亚地区的留学生，学生毕业后都要回到各自国家从事华文教师工作。

二　准华文教师特征

（一）对华文教师的基本知识进行集中学习

准教师阶段的华文教师需要集中进行知识和技能的储备，这也是华文教育等专业对师范生的培养要求。就中国国内面向海外招生的华文教育专业而言，其培养要求包括掌握教育学科理论知识；掌握汉语言文化、语言研究、语文教学的基本方法；了解教育发展史、华文教育史、华侨史以及相关学科的发展历史，熟悉中国文化、了解当代中国；运用教育学、心理学基本原理，运用现代教育技术从事华文教学和教育管理工作的能力；汉语口语、文字表达能力；了解教育改革；掌握文献检索与利用等理论知识。① 海外一些国家的相关专业都有类似的培养要求。对于中国国内汉语国际教育等专业的学生而言，学习内容还涉及海外生活、社会、教育等方面，通过专家讲座、培训指导等方式学习掌握跨文化交际、海外教学、生存技巧等方面的内容。总之，职前阶段的华文教师以掌握广博的通识性知识、扎实的本体性知识为主，以学习条件性知识为辅，实践性知识几乎处在空白状态。

（二）对华文教育教学能力进行初步操练

若要胜任华文教师的工作，仅有理论知识无异于纸上谈兵，华文教师在职前阶段还要进行初步的教学实践，具体方式包括课堂观摩、试讲、模拟教学、见习、实习等。对于华文教育专业的学生而言，在整个大学阶段最大的挑战之一就是教学实习，教学实习之后，他们不仅能掌握基本的教学技能和技巧，而且会在一定程度上转变自己对华文教师职业的观念和看法。通常华文教育专业的高年级学生会先在大学进行广泛的听课，观摩资深汉语教师的课堂，然后进行试讲和说课等练习，有条件的学生还会对低年级的留学生进行辅导，积累教学经验，在经过这些锻炼之后，学生们最后需要在自己国家的学校进行实习，在实际教学环境中操练华文教学能力和班级管理能力。

（三）对华文教师职业进行初步体验

在从事华文教师职业之前，有相当一部分"准华文教师"缺乏对华文教育领域的全面认识，对华文教师职业处于一种"虚拟想象"状态。通过职前的师资培训以及见习、实习等环节，"准华文教师"对华文教师职业具有了初步的体验，开始修正或调整自己先前持有的教育教学观念，

① 马跃. 华文教育专业的定位与海外华文师资素质需求分析［J］. 暨南大学华文学院学报，2007（1）.

开始思考华文教师的工作特性，以及成为华文教师所需的基本知识和能力。"准华文教师"们对于自我认知、教学效能感都有了初步的体验，这些认知和体验将持续影响他们在随后阶段的工作态度。

第三节　华文教师专业发展的新手阶段

一　新手阶段概况

华文教师的新手阶段是指华文新教师刚刚参加工作的时期，通常持续 1~2 年。在此阶段，华文教师刚进入华文教育新环境，因而对于教学活动及环境只有非常有限的认识，对所面临的华文教学环境、教学对象等，都在适应过程中。个别教师可能因华文教育教学工作遭遇重挫、工作环境不适应等问题而丧失信心。这些是所有新教师在入职过程中都会面临的考验，鉴于此，联合国教科文组织早在 1996 年就发布了名为《加强教师在多变世界中的作用之教育》的建议书，提出"应该对刚开始从事教师职业的教师给以特别的关注，因为他们的最初职位及他们将要进行的工作，对其以后的培训和职业具有决定性的影响"[①]。

华文新教师在入职的过程中所面临的困难具有复杂性和多元性，但总结起来，如果从问题的产生原因看，又可以划分为个人问题与工作环境问题，前者如新教师个人的压力感、孤立感等问题，后者如与同事、领导、学生建立良好人际关系等问题；如果从是否与教学相关的角度看，这些问题可以被划分为教学问题与教学以外的问题，前者如教学方法欠缺、学生不遵守纪律等，后者如人际关系欠佳等。除了教学方面的挑战外，华文新教师在许多国家还面临制度保障缺失的问题，例如，柬埔寨华文教师的待遇过低，导致新教师缺乏职业发展动力，留任率低，该国华文教师或将出现断层。[②] 类似的情况也出现在菲律宾，工作的复杂性和

---

① 赵中建主译. 全球教育发展的历史轨迹：国际教育大会 69 年建议书 [M]. 北京：教育科学出版社，1999：530.

② 柬埔寨华文教师缺乏问题紧迫 [EB/OL]. http://www.360doc.com/content/13/0326/17/7146309_274060527.shtml.（2013 - 03 - 26）[2020 - 02 - 11].

生活的压力迫使华文新教师很难专心从事华文教育工作。① 这些现实的因素导致一些国家的华文新教师离职率高、流动性高。

二　新手阶段特征

（一）职业角色由"准华文教师"向"华文教师"转变

新手阶段的华文教师或刚刚走出校园，或刚从其他领域转入华文教育界，他们都需要实现从"准华文教师"阶段向"华文教师"的转变。他们在教学过程中关注的问题包括自身形象、教学方法、课堂管理技能等。尽管在身份上已经获得了华文教师的名号，但实际工作能力和心理状态尚在建构之中。他们的思想认识、行为举止离合格的华文教师职业素质要求尚存在一定差距。所以，初上任的华文教师通常需要一两年的时间才能度过这一阶段，真正实现角色的转变。

（二）职业心态由理想向现实转变

在真正进入课堂教学之前，许多华文教师对教学任务、课堂教学情景等的认识还只是源于自我想象。在入职阶段，他们可能发现原来学习的汉语言本体性知识或者教育教学的条件性知识并不能完全胜任教学工作。初任教师原有的各种对华文教师职业的幻想、理想和新奇感，在复杂多变的海外华文教育实践情景中往往显得无助、无奈，个别教师可能因工作遭遇重挫而丧失信心。有的新手华文教师在开始工作时理想远大、热血沸腾，可是随着教学问题的不断出现，在连续性失误或者挫折面前就会对自己的工作能力产生动摇，并对自己从事华文教育的合理性产生怀疑。而且，由于海外许多国家的华文教师工资水平不高，华文教师的流动性较大，华文教师的地位并不高，福利保障体系有待提高，于是一些初任华文教师在任教一段时间之后很容易因理想差距太大而产生失落感。

（三）成长方式以自我体验和观摩他人为主

在进入华文教育领域之前，"准华文教师"主要从理论学习中获取教学知识，多是一些陈述性知识，如一般教学原理、教材内容和教学方法

---

① 菲律宾华文教师培训问题探析［J］. 职业时空，2006（22）.

流派等。初任教师进入正式工作之后，开始熟悉工作环境，把积累的理论知识应用于实践，探索课堂教学的步骤，获得初步的教学经验。他们对自己职前阶段从正规学校教育或者入职培训中所掌握的理论知识、教学技能和方法充满信心，普遍表现出对教育工作的热情，不过很快他们会发现，实际的华文教育工作并非如此简单。对于工作中出现的问题和困难，新手华文教师一方面通过在"教中学"的方法自行摸索解决；另一方面也积极寻求他人的帮助，特别是观摩能手型、专家型华文教师的课堂，积极模仿和借鉴前辈的教育教学方法。

（四）工作目标以自我生存为主

初任华文教师在刚步入华文教育领域时通常会遇到以下问题：一是华文教材缺乏必要的教学参考，因此对教学重点、难点把握不够准确；二是华文课堂教学方法不够成熟和灵活，不能很好地掌控课堂并调动学生学习的积极性；三是教学语言（普通话）不够流利，容易出现讲解失误；四是汉语言本体知识掌握不够扎实，汉字、语法等教学效果欠佳；五是不了解华裔青少年的心理特征和学习需求，难以做到因材施教；六是课堂管理能力差，不能很好地组织全体学生投入课堂学习；七是尚未与上级和同事之间建立圆熟融洽的人际关系。总之，如何把握教学的重点和难点、如何组织教学材料、如何管理课堂、如何获得新同事接纳、如何通过领导的认可等问题常常让新手华文教师倍感压力。因此，此阶段华文教师关注的是自己的生存问题，即能否在新的教学环境中生存下来。

第四节　华文教师专业发展的熟手阶段

一　熟手阶段概况

这里所说的"熟手阶段"也就是伯林纳描述的"高级新手"阶段，是指华文教师入职之后的 3～5 年，这一时期他们需要完成由初任教师向正式华文教师的角色转变，适应复杂的华文教育工作，包括维护华文课堂的纪律、处理不同语言背景学生的华文学习状况、激发学生学习华文的动机、对教学进行评价和自我反思等。华文教师经过新手阶段的经验积累之后，教学能力和专业素质不断提高，逐渐能够掌控课堂，把握班级的整体状况和学生的个体差异，并且基于华裔学生发展需求和教学内容有效地达成教学目标。在这一阶段，华文教师教育教学能力的成长非常迅速。

需要指出的是，在熟手阶段的末期，华文教师中通常会出现两极分化的现象，一部分华文教师对华文教育工作有了更为深刻的认识，对自己的工作赋予了价值感，确立了较为明确的专业发展目标，逐步向能手阶段过渡；而另一部分华文教师在适应了新的工作环境、完成了新工作的挑战之后，对华文教师工作失去了新鲜感，工作热情可能会逐步丧失，日常工作限于简单的重复，有些华文教师产生了难以抑制的倦怠感，职业发展陷入高原期，通常在经过一段时间的自我调适和外部帮扶之后才能重燃工作热情，也可能逐渐成长为能手教师。

二　熟手阶段特征

（一）专业角色逐渐形成，专业素质逐步完善

此阶段的华文教师已经完成了教师角色的过渡，教学技能进一步成长，关注中心已经从对自己能否掌控课堂教学转移到对教学效率、自身理论与实践能力的关注，专业素质结构逐步完善。首先，从华文教师理论知识角度来说，熟手阶段的华文教师开始对自己的理论知识体系进行不断反思和更新，不仅包括汉语言本体知识的巩固和提高，也包括对华文教育、心理学、教育学等条件性知识体系的更新；其次，随着现代教育技术的提高，华文教师还注重现代教育技术在其教学中的应用，包括教学设计时教学媒介和手段的选择等；最后，这一阶段的华文教师在教学风格、教学监控策略以及教师科研素养方面都有进步，华文教师能够从华裔学生特点、教学目标、教学内容和教学环境等角度来进行华文教学设计与实施，实践性知识不断累积。

（二）教学经验日益丰富，研究意识逐步养成

随着教学经验的积累，华文教师开始学会依据教学目标、课程要求和学生特点，灵活运用多种教学方法和技能调动学生参与课堂活动的积极性，教学方法使用上日趋多元化，教学风格也日趋稳定。华文教师学

会从具体的教学情境中不断反思和总结，不断积累教育教学经验。随着实践经验的日益丰富，华文教师已经能够熟练应对常规的教学活动。为了进一步发展，有些华文教师还会选择性地参加相关专业发展活动，或是选择性地借鉴其他华文教师的先进经验，并逐渐发展出自己的教学智慧和个性。熟手阶段的华文教师处于事业的上升期，一部分教师会表现出充沛的精力和蓬勃的干劲，他们一般会在这一时期苦练基本功，提高教学效能感，在教学经验积累的同时向专业领域的深度、广度和前沿进军。个别华文教师开始注重"教研相长"，其研究意识与教学经验同步提升。

（三）工作重心由"关注生存"到"关注学生"

熟手阶段的华文教师已经摆脱了新手阶段对课堂教学环境无所适从的状态，开始关注教育教学的外部条件。他们逐渐能够跳出自我"生存关注"的局限，开始逐渐关注华裔学生状况，能够从整体上把握班级状况和学生个体差异，并且基于华裔学生发展需求和教学内容有效进行讲授、讨论、提问、示范、小组学习、探究性教学、个别辅导等多样化的教学活动，激发学生的求知欲望，达到最佳的教学效果。此外，作为学生的引导者，此阶段的华文教师更加注重在华语教学中渗透文化教学，不仅关注学生的智力发展和学习进步，而且开始注意观察学生的心理变化和人格特质，关心学生的情感发展和价值观的形成。

第五节 华文教师专业发展的能手阶段

一 能手阶段概况

能手阶段的华文教师能够在大量的教学实践中熟练掌控教学技巧，这类华文教师的入职时间通常在 6 年以上。能手阶段的华文教师基本上形成了自己独特的教学风格，对教育教学问题有自己独到的见解。对华文教学内容的设计，能够在比较、鉴别的基础上进行自我优化。这类华文教师对教学情景具有敏锐的观察力，能从大量的实践案例中识别出共性规律，也能从截然不同的教学事件中考虑彼此之间的相互联系。这类华文教师会逐渐认识到华文教育的独特价值和意义，并且体会到华文教师的职业乐趣，能从华文教育实践中获得专业满足感，形成较为成熟的职业生涯规划；能够开创具有创新意识和自我风格的教学方法；能够独立、自主地开展复杂的教育教学工作，承担更多的角色。有些能手型华文教师甚至开始担任华文学校的领导者或管理者职务，并且能够游刃有余地在多种角色之间进行转换。

与熟手阶段相似，能手阶段的华文教师在趋于稳定的同时也可能出现职业倦怠、热情消退等负面情绪。因此，每一个能手阶段的华文教师仍然需要保持终身学习的心态，树立成长为专家型华文教师的远大目标，将自我价值的实现融入华文教育事业发展的时代潮流。

二　能手阶段特征

（一）教学能力趋于成熟，教学风格趋于稳定

这个阶段的华文教师积累了丰富的教学经验，教育教学能力处于成熟阶段，能够独立自主地开展复杂的教学工作。他们对课堂教学、教材以及教学方法等方面的处理得心应手，并且能够关注学生的个别差异，灵活处理教育教学问题，体现出较高的教学效能感；能手阶段的华文教师开始注重开发自己的科研潜能，通过行动研究等教研结合的方式来促进教学，及时解决教育教学工作中的问题，总结和升华自己的工作经验；有些能手型的华文教师寻求打破常规，开始探索新的教学模式，进而形成独到的见解和稳定成熟的教学风格。同时，他们也希望能与新手教师分享自己多年的教学经验，一些华文教师成长为本校、本地区甚至是本国的优秀华文教师。

（二）注重师生关系，激发学生学习动机

能手型的华文教师能够更为游刃有余地处理师生关系，妥善处理课堂教学过程中发生的各种情况，能够更加关心学生。在日常交往中，更为倡导师生之间的平等交流，在教学设计和实际教学中，更为考虑学生的学习需求。此阶段的华文教师能够基于华裔学生发展需求和个性特点，通过多种途径和方法来营造有利于华文学习的环境，实施适合学生特点的动机激发策略，调动华裔学生的学习积极性。比如：满足学生的个别

化学习需求，强化华文教育对学生的长远影响，等等。能手型华文教师在课堂上熟练扮演引领者、合作者、指导者等多种角色，更多地以平等的身份与学生进行交流。

（三）部分华文教师专业发展步入停滞期

此阶段部分华文教师也会因为经验丰富而在教学中陷入思维定式，产生教学上的路径依赖，从而制约自身的进一步发展。具体表现为教学缺乏激情、事业意识淡薄、职业能力停滞等。这点可以从教师问卷的开放性问题回答中找到印证。正如新加坡一名华文教学主管在访谈中所言："我入行 10 多年了，目前较缺乏持续动力和新鲜的教学模式，想继续深造相关专业知识，定期开展小组研讨会，讨论、反思和分享教学计划和教学心得。"[①] 因此，能手阶段的华文教师需要在其职业生涯中激发新的成就动机，获得新的发展动力。在此方面的主要应对措施分为三种：一是为能手型华文教师提供更具有针对性的进修或培训机会，更新其专业知识结构和能力体系，令其以新的眼光来审视习以为常的教学工作，找回教学的新鲜感；二是鼓励能手型华文教师参加各类教学观摩与学术活动，特别是增加海外各国华文教师彼此间的专业交流，激发其追求更高的专业发展目标；三是在各个华文学校或华文组织有条件的情况下，在物质与精神方面给予能手型教师更多的关心和支持，肯定他们为华文教育所做的贡献，并激励他们突破自我，继续成长为专家型华文教师。

第六节　华文教师专业发展的专家阶段

一　专家阶段概况

这一阶段的华文教师具有高超的教育教学水平，其专业知识结构日臻完善，教育能力、教学能力、科研能力和发展能力都得到了极大的提升。他们具有鲜明的教育教学风格，对华文教育的认知和情感都已全面

---

① 陈巧芳. 新加坡私立托儿所华文教师专业发展途径调查研究——以 C 托儿所为例 ［D］. 华侨大学硕士学位论文，2019.

升华，他们将华文教育事业视为其毕生的志业，对华文教育教学理论、学科建设方面有卓越的见解，对华文教育决策的制定、华文学校的发展、华文教师专业化等重要问题形成了自己的见解。华文教师的专家阶段是整个华文教师发展阶段中的最高阶段，也是华文教师职业生涯中的制高点。专家型华文教师的教育经验最为丰富，教学功底最为扎实，他们是广大海外华文教师的杰出代表，是华文教育事业的宝贵财富，应该合理利用，充分地发挥这些专家型华文教师的积极作用。事实上，这些专家型教师往往也是海外各个华校的校长、学科带头人、华文项目负责人、教学标兵，甚至是一个地区或国家的华文教师培训者。

　　发展为专家型的华文教师通常需要 10~20 年甚至更长的时间。国务院侨办在 1999 年 8 月举行的"第三届国际华文教育研讨会"时首次表彰了一批优秀海外华文教师，自此，每届研讨会都会对一千多名华文教师进行表彰。教师评选条件中的硬性要求之一就是教龄累计须在 10 年以上。① 通常历届受表彰的华文教师中，近半数的教龄都在 20 年以上，部分教龄在 30 年以上的教师会获得"海外华文教师终身成就奖"称号。② 由此可见，教龄是成为专家型华文教师的一个必要标准，但并非充分标准，华文教师还必须热爱华文教育事业，教学成绩突出，在师生中具有较高威信。因此，并非从教时间久就能自然而然地成长为专家型教师，专家型教师的成长是一个不断反思自我、不断突破自我的化茧成蝶的过程。

二　专家阶段特征

（一）善于组织深层知识结构

　　专家阶段的华文教师具有比较完善的知识构架，专业知识广博，善于组织深层知识结构，既包括华文本体知识，也包括教育学、心理学、社会学等方面的条件性知识，还包括来自多年教育经验的实践性知识，

---

① 海外优秀华文教师［EB/OL］. http://www.hwjyw.com/dictionary/terms/200803/t20080325_14634.shtml.（2008 - 03 - 25）［2020 - 02 - 11］.

② 国侨办表彰 1599 名海外优秀华文教师［EB/OL］. http://www.xinhuanet.com/2017 - 12/19/c_1122136715.htm.（2017 - 12 - 19）［2020 - 02 - 11］.

其中实践性知识在其知识结构中占有重要位置。专家型华文教师既能够将海外华文教育实践知识"理论化"，又能将华文教育本体知识"实践化"，这种双向互动的思维结构能够使得专家型华文教师善于在常规教学中创造性地解决问题。特别在教学设计及教材组织方面，能够针对学生的心理特点以及海外华文教育教学对象的特殊性，依据自身已有的知识，对多样化的海外华文教材进行科学化与艺术化的处理，从而形成清晰的教学思路，达到满意的教学效果。

（二）具有高度教学监控能力

教学监控能力是华文教师为了保证顺利达到教学目标，在整个教学过程中将华文教学活动本身作为意识的对象，不断对其进行检查、评价、反馈、控制和调节的能力。专家型华文教师的教学经验丰富，具有高度的教学监控能力，善于监控自己的认知执行过程，在接触实际教学问题时，他们能够随着教学情境的改变，对自己的教学方法和教学行为进行评价，并且做出相应调整和完善。他们养成了自我评估的习惯，对学生具有高度敏感性，能够通过言语和非言语的方式与学生交流反馈，一旦发现问题及时弥补。

（三）具有高度职业承诺水平

职业承诺是个人承受某种职业责任的允诺，它是一个人与其所从事的职业之间的一种心理联系。华文教师的职业承诺就是华文教师个人对华文教师职业的认同和情感依赖，是对华文教师职业的投入与忠诚，它是华文教师个人内心与自己所从事的华文教师职业签署的"心理契约"。专家型华文教师的教龄很长，他们中很多人将自己的大半生投入于华文教育事业，从中实现了自我的人生价值，因此对自己职业的承诺和认同度很高。能用长远的眼光看待工作中的一时得失，能用理性的心态对待华文教育教学中出现的问题。

（四）兼顾教师工匠性与专业性

专家型华文教师身上体现了作为"匠人"的教师和作为"专家"的教师的两种特质。专家型华文教师的工作具有匠性的一面，他们每一次上课无不是对课堂的用心雕琢。如同匠人打磨一件器物一样，他们用精心设计的教学、熟练的教学技能、深厚的知识储备认真打磨每一节课、每一个微小的教学技能，例如正确的汉语发音、漂亮工整的板书、流畅的提问等；他们还兼具专业人员的特质，能用高度复杂的专业知识与技术来处理课堂教学的每一个细节，对课堂上随时产生的变化做出专业判断，用反思性和研究性的视角来审视自己的教育教学行为，体现出反思性实践的高度专业性。

综上所述，华文教师职业生涯的发展会经历不同阶段，每个阶段的华文教师都面临不同的挑战和困难，具有不同的学习需求，这就要求华文教师对自己有明确的认识，学会利用华文教师专业发展的相关知识来定位自身所处的阶段，找准自己的定位，明确自己的长处和不足，制定科学合理的职业发展规划，及时弥补自己当前最需要填补的学习空白；也要求侨务部门、华教机构在组织华文教师培训时，能充分意识到华文教师专业发展的阶段性特征，找准不同培训对象的发展痛点和学习需求，从而更有针对性地设置培训课程体系，使培训活动有的放矢，改善培训效果，更为有效地推动海外华文教师的专业化发展。

第三章 华文教师专业发展的影响因素

华文教师专业发展是一个动态的过程，贯穿其职业生涯的始终，其间会受到多种因素的影响，既有个人和家庭的因素，也有学校和社会的因素。按照费斯勒的动态研究框架来分析，又可以分为个人环境因素和组织环境因素，前者主要对华文教师的职前阶段发挥影响，后者则主要对职后阶段发挥影响。

第一节 教师专业发展影响因素研究述评

关于影响教师专业发展因素的研究有很多，从促进教师专业发展的角度来看，目前此方面的研究大致可以分为静态研究和动态研究两类。

一 教师专业发展影响因素的静态研究

对教师专业发展影响因素所做的静态研究，国外较有影响力的成果出自麦克劳林（Maclaurin）和泰尔伯特（Talbert），他们提出了影响教师发展的五种情境因素：社会与社区对教师的评价，学校系统内的教师督导、评价及培训，学校文化与领导风格，教学小组或院系的同事，最后是课堂。他们认为这五方面因素以一种复杂的方式彼此作用并最终影响教师的发展。随后，格拉特霍恩（Glatthorn）进一步补充了麦克劳林和泰尔伯特的研究，提炼出影响教师专业发展的三方面主要因素：个人因素、情境因素和特殊介入活动因素。其中个人因素包括认知发展、生涯发展、动机发展；情境因素包括社会与社区、学校系统、学校、教学小组或院系、教室；特殊介入活动指对教师的实践指导等具体的协助指导活动。① 格拉特霍恩看到了教师个人在其发展中的作用，弥补了麦克劳林和泰尔伯特研究的不足。

我国学者相关研究也很丰富，赵昌木在博士论文中指出，就教师成长而言，个人因素中包括认知能力、职业道德、需要和动机、自我分析和评价等因素；环境因素中包括国家教育政策、学校管理、教师文化、学校氛围等。② 傅道春主编的《教师的成长与发展》一书把教师职业生涯的影响因素归为社会因素、家庭因素、职业发展的个人因素以及职业发展的组织因素等几方面。③ 刘洁认为，在教师专业化背景下，影响教师专业发展的因素涉及社会、学校和家庭的环境因素以及教师个体专业结构特点等多个方面。社会因素具体包括教师的社会地位和职业吸引力、教师资格制度、教师评价与培训制度；学校因素主要指校长的影响、民主管理风格、合作性教师文化的影响；个人因素包括家庭结构及家庭成员对教师工作的态度、教师个体的教育信念、知识结构、能力素养、从业动机与态度以及自我专业发展的意识与需要等。④ 胡定荣认为影响优秀教师成长的因素有很多，第一是优秀教师成长的个人背景因素（性别因素、教龄因素、学段因素、学科因素、学历因素、家庭因素、入职学校类型）；第二是优秀教师对影响个人成长因素的归因（对职业成功因素的归因、对影响职业成功的个人因素的归因）；第三是关键事件因素。⑤

台湾学者吴清山将影响教师专业发展的因素归为四类：个人因素（个人兴趣、抱负、意愿、价值观、成就感、自信心、健康和婚姻等）、家庭因素（家庭角色期望、家庭成员健康、家庭经济状况等）、学校因素（校长领导方式、组织和文化气氛、校内人际关系、学校工作负担和行政规定等）和社会因素（社会变迁、压力团体的介入、教师社会地位和声

① 杨秀梅．费斯勒与格拉特霍恩的教师发展影响因素论述评 [J]．外国教育研究，2002 (5)．
② 赵昌木．教师成长研究 [D]．西北师范大学，2003．
③ 傅道春．教师的成长与发展 [M]．北京：教育科学出版社，2001：6－8．
④ 刘洁．试析影响教师专业发展的基本因素 [J]．东北师范大学学报（哲学社会科学版），2004 (6)．
⑤ 胡定荣．影响优秀教师成长的因素 [J]．教师教育研究，2006 (4)．

望），并认为学校因素对教师专业发展的影响最大。[①] 而另一位台湾学者饶见维将影响教师专业发展的因素分为校内和校外两类，校内因素包括学生、教师、教育目标与课程教材、教学资源、教学活动、辅导与班级活动、校长与学校行政、学校组织文化与人际网络因素，其中特别强调学校组织文化与人际网络对教师专业发展的影响；校外因素包括教育行政机构、相关制度与政策、社区、相关人员对教师的角色印象与期望、相关人员对教育的基本理念、社会情境与文化六个因素。[②]

上述中外学者的主要观点详见表 3-1。

表 3-1　教师专业发展影响因素静态研究观点汇总

	代表人物	主要观点
外国学者	麦克劳林和泰尔伯特	社会与社区对教师的评价；学校系统内的教师督导、评价及培训；学校文化与领导风格；教学小组或院系的同事；课堂
	格拉特霍恩	个人因素；情景因素；特殊介入活动因素
中国学者	赵昌木	个人因素；环境因素
	傅道春	社会因素；家庭因素；职业发展的个人因素；职业发展的组织因素
	胡定荣	个人背景因素；个人成长因素；关键事件因素
	刘洁	社会因素；学校和家庭的环境因素；教师个体专业结构特点
	吴清山	个人因素；家庭因素；学校因素；社会因素
	饶见维	校内因素；校外因素

观察表 3-1 可以发现，绝大部分学者认为教师个人因素会影响其专业发展，以当事人视角来看，这些影响因素可划分为个人与个人之外两个领域，在个人之外的影响因素中，学校、社会和家庭被认为是重要的影响源，个别学者还强调了"特殊活动"和"关键事件"这样的偶发事件对教师专业发展的影响。

二　教师专业发展影响因素的动态研究

与静态研究不同，教师专业发展影响因素的动态研究将教师职业生

---

① 吴清山. 教师生涯发展之探讨 [J]. 迈向 21 世纪的师范教育，台北师大书苑有限公司，1995：34.

② 饶见维. 教师专业发展——理论与务实 [M]. 五南图书出版公司，1998：133.

涯的阶段性纳入考虑范围，认为处在不同发展阶段的教师受到的影响源存在差别。关于影响教师专业发展的动态研究虽然起步晚，但非常活跃。国内外许多学者对此进行了积极的探索，提出许多具有开创性的观点。学者们的研究主要是围绕着教师专业发展阶段展开的，分析在教师发展的不同阶段影响教师专业发展的因素。不同的研究者依据各自的标准将教师专业发展划分为不同的阶段，并对不同阶段的影响因素进行了分析。

较具特色的是美国约翰普金斯大学的费斯勒教授运用社会系统理论提出的动态的、弹性的教师生涯发展循环理论。在这个理论研究的过程中，费斯勒对影响教师发展的因素做了系统的论述与详细的说明，形成了教师生涯发展影响因素论。费斯勒把影响教师专业发展的因素归为个人环境因素和组织环境因素。认为教师在入职前主要受个人环境因素影响。（1）家庭因素：家庭是影响教师发展的一个重要个人环境因素，费斯勒认为家庭作为一个内部支援系统，可以促进教师专业的发展，也可能会阻碍教师专业的发展。（2）积极的关键事件：积极的关键事件可以以多种形式体现，如美满的婚姻、孩子出世、宗教信仰等。这些积极事件会成为安全与支援的基础，转移到教师的职业生活中去。（3）个人的性情：每个人都有不同的行为特征、不同的阅历经验，以及不同的价值观，这些都会影响到教师的职业生涯。（4）兴趣与爱好：教师的兴趣与爱好一方面可为教师发挥才智取得成就提供途径，同时也可弥补教师在教学以外的知识，还可满足教师在教学中所不能满足的需求。（5）重要他人：教师在职前的生活经历和教育经历中，可能会遇到某一个或某几个对他的价值观、人生观和世界观产生重要影响的人，这个人或这些人就成为影响其职业选择和专业发展的重要他人。（6）生命阶段：个人所处的生命阶段对于职业生涯的发展有着重要影响。在生命的每一个阶段都会遇到不同的境遇，根据不同时期的不同变化，都会对职业、家庭、生活目标等进行反思，继而重新评价自己的职业选择。

入职后主要受组织环境影响。（1）学校的规章制度：教师们受学校、地区及国家规章制度的约束。规章制度通常是对学校的秩序与结构的规定，同时也反映了学校教育系统、社区以及国家的教育目标与价值取向。（2）管理风格：学校的管理风格会对教师个人的职业生涯产生重要影响。

如果管理者营造了一种信任与支持的氛围，并给予教师更多的自主权，为教师追求教学方面的成长提供更多机会，教师的反应必然是积极的。相反，如果管理者一味地以一种专治而缺乏信任的、上级对下级进行检查监督的方式进行管理，则易使教师对教学丧失热情，对工作敷衍塞责，这样教师的发展也会面临挫折。（3）公共信任：公共信任的气氛对于教师的职业抉择与工作表现有着深刻的影响。如果在一种公共信任、支援的氛围中，教师与学校都会表现出信心与干劲。尤其会使教师具有高度的自尊感，以及把教学视为一种可追求的事业从而对其抱有积极、肯定的看法。（4）社会期望：社会对于学校所寄予的期望也会以多种方式影响到教师及其专业发展。社区的目标、价值观、期望与要求都将对学校及教师产生影响。（5）专业组织：教师们经常可从专业组织那里获得领导职位及专业成长的机会，这将有助于提升教师的成就感、满足感，因而会驱动教师的进一步发展。（6）教师协会：教师拥有自主权，这是教师获得专业发展的一个重要指标，而教师协会能够维护教师的权益并为争取教师的自主权而斗争。[①] 另外两位学者格伦迪（Grundy）和鲁滨逊（Robinson）总结了促进教师专业发展的两个推动力：一是教师个体自身的推动力，受到教师职业生涯发展阶段和生活经验的影响；一是来自系统的推动力，包括社会和学校因素的影响。[②] 凯尔克特曼（Kelchtermans）认为教师专业发展是教师个体与情景交互作用的结果。这种情境可以从空间和时间两个维度来考虑。教师专业发展的空间情境是指教师所处的社会、组织和文化环境。教师专业发展的时间情境由教学生涯和教师个人生活经历构成。[③]

　　国内较具代表性的研究成果是教育部师范司编写的《教师专业化的理论与实践》一书，该书分别从师范教育前、师范教育阶段和任教后三个阶段列举了影响教师发展的因素，认为在师范教育前，教师幼年与学生时代的重要他人（主要指父母和老师）对其职业理想的形成及职业选

---

①　杨秀梅．费斯勒与格拉特霍恩的教师发展影响因素论述评［J］．外国教育研究，2002（5）.

②　卢乃桂，钟亚妮，国际视野中的教师专业发展［J］．比较教育研究，2006（2）.

③　卢乃桂，钟亚妮，国际视野中的教师专业发展［J］．比较教育研究，2006（2）.

择有重要影响，此外，青年的价值取向、教师社会地位与待遇的高低、个人的家庭经济状况等对教师任教意愿的形成和职业选择等的影响也不容低估；在师范教育阶段，师范生形成的对教师形象、学生角色、专业发展等问题的看法，以及教学环境、班级气氛、同辈团体、社会生活等多种因素交互作用形成的潜在课程，对师范生的影响作用不容忽视；任教后，教师的生活环境（时代背景、社会背景、社区环境、学校文化、课堂气氛）会更多地影响教师的发展；另外，教师还受到个人的、社会的、学校的及文化的等多个层面的多种因素的交互影响。① 我国学者张爱红认为，在教师职前培养阶段，个人对教师职业的情感、态度、所接受的师范教育质量会影响教师发展，在职后阶段，学校环境（主要是学校对教师从事教育科研的激励机制）会影响教师的发展。② 另一位学者李进在其主编的《教师教育概论》一书中强调，在教师入职后，影响教师社会化的环境因素第一是学校组织环境（包括学校组织环境和学校校长的领导方式）；第二是教师人际关系（同事的关系、带教老师和师生关系）；第三是教师生态环境（自主性、实效性、互动性）；第四是专业成长环境；第五是家校合作环境。③

上述研究都肯定了教师发展的阶段性，以及不同阶段主要影响因素的差异性，学者们的主要观点详见表3-2。

表3-2　教师专业发展影响因素动态研究观点汇总

	代表人物	教师专业发展影响因素的主要观点
国外	费斯勒	个人环境因素；组织环境因素
	格伦迪、鲁滨逊	个体自身的推动力；系统的推动力
	凯尔克特曼	从时间和空间看是个体教师与情景交互作用的结果
国内	教育部师范司	从师范教育前、师范教育阶段和任教后三个阶段分析影响教师专业发展的因素
	张爱红	从职前培养阶段和职后学校环境两个方面分析教师专业发展的影响因素

① 教育部师范司编．教师专业化的理论与实践［M］．人民教育出版社，2003：72-73.
② 张爱红．中小学教师专业发展障碍探析［J］．教育评论，2002（5）.
③ 李进．教师教育概论［M］．北京大学出版社，2009：46-51.

续表

	代表人物	教师专业发展影响因素的主要观点
国内	李进	学校组织环境；教师人际关系；教师生态环境；专业成长环境；家校合作环境

通过表 3 - 2 中中外学者的观点汇总可以看出，教师的发展是一个连续的、动态的演变过程，受到多种因素的综合影响。因此，应该采取全面的、多角度的方法来促进教师的专业发展，要实现从"宏观"到"具体"的转变，准确定位不同发展阶段教师所受到的影响源，切实为教师专业发展提供有效的外部社会环境，制定合理的帮扶政策，关注教师的培训与经费投入，关心教师的生活和兴趣爱好，提升教师自我发展的意识，从而进一步促进教师专业化的良性发展。

纵观国内外众多教师专业发展的研究成果，对华文教师专业发展的影响因素而言，笔者认为，较宜采用费斯勒的动态研究框架来进行分析。本书将按照华文教师职前和职后两大阶段，依次探讨影响其专业发展的个人环境因素和组织环境因素。

第二节　华文教师专业发展的个人环境因素分析

华文教师在入职前主要受个人环境因素影响，包括家庭因素、积极的关键事件、个人性情、个人兴趣与爱好、重要他人、生命阶段六个方面。

一　家庭因素

家庭因素是影响华文教师职前职业选择的首要因素之一。家庭对每个人都有潜移默化的影响，其中父母对子女的角色期望会影响子女的职业选择。因此对华文教师而言，原生家庭不仅会影响其职业选择，还会对其日后的专业发展起到促进或阻碍作用。当父母家人对华文教师职业选择表示认同时，当事人会相应得到家庭的支持与鼓励，其从业热情和决心都会得到加强；当父母家人对华文教师职业选择不认同或反对时，当事人可能会萌生退意，顺从家人的意愿。因此，取得家庭的支持与鼓励对华文教师专业发展而言至关重要。

针对家庭因素对华文教师专业发展的影响，笔者对两类教师群体做了问卷调查和访谈等实证研究。一类是对华文教育师范生的调查，另一类是对在职华文教师的调查。通过对华侨大学184名华文教育师范生的问卷调查，发现家庭因素与华文教育师范生的专业选择呈显著相关。

在随后对这些师范生进行的访谈中，笔者发现华文师范生的专业选择普遍得到家里的支持。来自华裔家庭的学生，其华人身份及其家庭成员对其专业选择和日后的从教动机有着更加深刻的影响。在被问及"为什么选择华文教育专业"时，华裔家庭的学生这样回答：

我来中国是想更了解汉语，毕竟是一个华人。

——W同学（华侨大学华文教育专业2019级菲律宾留学生）

因为我是华人，我父母也希望我读这个专业，因为他们不希望我不会说或者不懂自己的母语。他们希望我多了解一些中国，不要忘记中国。

——C同学（华侨大学华文教育专业2019级印尼留学生）

我奶奶是华人，她想让我来中国学习汉语，回国当汉语老师。

——C同学（华侨大学华文教育专业2019级泰国留学生）

我的爸爸妈妈是华人，因为我是华人的后代，然后也拿到了华文教育的奖学金，所以来学华文教育。

——L同学（华侨大学华文教育专业2019级缅甸留学生）

在针对100多位在职华文教师的问卷调查中发现，这些教师有78.2%来自华人家庭，25.5%的家庭成员中有从事华文教师工作的，这些数据都说明在职的华文教师受家庭因素的影响明显。在随后的访谈中，当被问及"为什么会当华文教师"时，有些华文教师回忆道：

当初是什么原因促进我选择华文教师这个工作呢，可以说一部分是由于我的父母亲吧，因为他们觉得说，一个女孩子如果选择教师行业，一来比较单纯，二来有一些休息时间，有寒暑假吧。

——X 老师（菲律宾侨中学院华文教师）

由此可见，华人家庭较为认同女性从事教师职业，这种根深蒂固的观念对华文教师的职业选择发挥了影响，此外，还有的华文教师的家庭成员也是教师，他们是华文教师生活中的榜样，对华文教师后来的职业选择发挥了积极影响。

我们家的那个成员呢，大都是也是从事于教育工作的。

——Z 老师（菲律宾籍华文教师）

可以发现，在华文教师入职前，其家庭成员，特别是父母对他的职业选择具有重要影响，家庭也将在华文教师日后的专业发展中继续发挥影响作用。而家庭的结构调整、家庭和谐与否、家人的事业变化等，也都会影响华文教师的专业发展动力和方向，在一定的发展阶段甚至会产生决定性影响。

二　积极的关键事件

所谓"关键事件"是指教师个人生活中的重要事件，教师要围绕该事件做出某种关键性的决策，它会促使教师按特定发展方向做出某种特定的行为选择。"关键事件"并非仅限于教师所经历的专业发展中的急剧变化，多数教师体验到的专业发展过程是一个渐进的过程，他们对某些曾经对他们产生影响的经历或情境记忆犹新。这些经历就构成其专业成长中的关键事件。

关键事件可以分为积极的关键事件与消极的关键事件。积极的关键事件，比如婚姻的缔结、孩子的出世、信仰的确立等；在华文教师回忆自己的从教历程时，许多教师会描述自己在职前阶段经历过的"积极关键事件"；消极的关键事件可能是本人或家人患病、婚姻破裂、经济纠纷、法律纠纷等。在职前阶段，对华文教师发挥重要影响的是积极的关键事件，这些事件的发生能给个体带来愉悦、感悟、自信等情感体验，能增强信心和自我效能感，使他们能获得基本的安全感和归属感，继而转向投入内心向往的职业生活中去，寻求更高层级的自我价值的实现。

三　个人的性情

"性情"的英文为"disposition"，《英汉大词典》把它解释为"决定一个人思想或行为的心情或情绪"①。《心理学词典》所做的专业界定是"一个人的心理和身体方面任何一种假定的组织结构，这种组织结构被说成是在广大的环境范围内表现出特定行为模式的一种稳定的、始终如一的倾向"②。美国全国教师教育鉴定委员会（the National Council for Accreditation of Teacher Education）在其 2001 年发布的教师评价标准中也专门对该词做了解释："性情是价值观、投入和职业道德，它影响到教师对待学生、家长、同事和社会的行为，并影响到学生的学习、动机和发展以及教师自身的专业成长。性情受信仰和态度的指导，这些信仰和态度与关爱、公平、诚实、责任和社会公正等价值观念有关。例如，性情可能包括一种认为所有学生都能学习的信仰，一个具有挑战性的高标准的视野，或者对营造一个安全互助的学习环境的投入。从这个解释可以明显看出，美国全国教师教育鉴定委员会给'性情'一词赋予了价值和态度的意义，希望它能反映出教师对大小道德问题的姿态，大到政治层面的'社会公正'，小到人际关系层面的'关爱'。"③

海外华文教师来自不同的领域，具有不同的阅历、经验以及价值观，也就形成了不同的性情，每位华文教师专业发展之旅都会受到个人性情的影响。例如，有些年轻的华文教师由于涉世尚浅，未能对于自身所从事的工作产生深刻的洞见，缺乏责任感与使命感，对学生也缺乏应有的关爱与耐心，因此缺乏专业发展的内在动力；而许多已经成家的华文教

① 吴光华. 英汉科技大辞典 [Z]. 上海：上海交通大学出版社，2000：701–702.
② 阿瑟·S·雷伯. 心理学词典 [Z]. 上海：上海译文出版社，1996：238.
③ 李欣. 美国教师评价"性情"标准探微 [J]. 全球教育展望，2009（3）.

师，生活的阅历使其性格更为平和包容，因此，对学生也更有为人父母者的爱心和责任感。对工作多年的投入，也使他们对华文教师的价值产生了很强的认同感，他们能够意识到自己所肩负的传播中华文化的责任，乐于为华裔青少年学生营造积极的华文学习氛围，并相信自己能够对自己学生的成长产生影响。

四　个人兴趣爱好

个人的兴趣与爱好对其职业发展发挥着直接或间接的影响。有的人对教育工作具有天生的热情，或对所要教的学科具有极高的兴趣。个人兴趣与爱好对华文教师的专业发展尤为重要，是教师能够克服从教初期困难挑战的原动力。

在对华文师范生的问卷调查中，大部分学生表示对汉语有兴趣。在随后的访谈中，被问及"为什么选择华文教育专业"时，大部分师范生表示自己"对汉语感兴趣"。

> 当初我是还蛮喜欢汉语的，所以选择了华文教育专业。
>
> ——W 同学（华侨大学华文教育专业 2019 级巴基斯坦留学生）

在针对在职华文教师的问卷访谈中也有类似发现，家庭的影响对其职业选择虽然有积极影响，但发挥决定性影响的往往是个人对华文和华文教育的兴趣爱好。

> 对我个人来说，在我踏入华文教师行业之后，我发现这是一个非常崇高的职业吧，作为父母最初帮我的选择，最后自己热衷、喜欢上这个职业，应该是慢慢地有这么一个过程。
>
> ——X 老师（菲律宾侨中学院华文教师）

个人兴趣爱好还可以涉及体育、艺术、文学、计算机、社会活动等方方面面，良好的个人兴趣爱好一方面可以使教师保持身心健康，为教师发挥个人才智提供途径，从而获得价值感和自我认同，另一方面能够弥补教师的知识能力结构，最后会反馈到华文教育教学活动中来。一位爱好唱歌的华文教师谈到将自己的嗜好与华文教学相结合的尝试：

> 我本身是学习声乐出身的，我很想在我的教学过程中将教中文、传播中国文化和自己的声乐结合在一起。菲律宾的小孩们能歌善舞，他们喜欢听老师唱歌，我也愿意唱歌给他们听。我的专业和学生们的爱好可以融汇到一起。每个星期抽出半节课教一首朗朗上口的、能传播正能量的歌曲给他们，让他们从中可以对中文产生兴趣。①
>
> ——L 老师（菲律宾光启学校华文教师）

由此可见，华文教师应该积极拓展个人良好的兴趣爱好，这能够使他们积累广博的知识储备，形成独特的人格魅力。如果个人兴趣爱好能与华文教学工作巧妙结合，更是能够形成独树一帜的教学风格。

五　重要他人

很多华文教师在专业化发展过程中都提到，在自己求学过程中个别老师对自己产生了重大的影响，他们在提及这些老师时，往往充满了感激和崇敬，他们以自己的老师为榜样。有的人选择华文教师职业的初衷甚至正是源于对老师的爱，他们希望将这种爱传递给更多的孩子。菲律宾的一位师范生就这样说到对自己有重大影响的中文老师：

> 她上课很活泼，她经常会给我们看电影，然后比如说她要讲一个生词，她不会只告诉你那个意思，她会请同学去表演，……我印象最深刻是她每一节课课间时候，都会播中文歌曲，我就是在那个时候听了很多中国歌曲，她有一个规定，是她不让我们说汉语以外的语言，如果我们说了，她听到的话，就要罚抄写生词。
>
> ——C 同学（华侨大学华文教育专业 2019 级菲律宾留学生）

---

① 我的华文教育反思［Z］. 华侨大学菲律宾硕士班课程作业，2015.

另一位印尼的华文教育师范生这样说：

> 来自天津的老师，她不仅课教得很好，对自己要求特别严格，在我们印尼很多老师来讲课的时候不准时，这位老师，这个中国老师特别准时，从来没有迟到过，我发现中国人对时间那么珍惜，我受他的影响，就说一定要来中国学习他们的语言、他们的文化、他们一些很好的东西，然后，我在网站看了很多关于中国的文化啊、生活习惯啊，等等，后来我发现中国真的很好。

> ——Z 同学（华侨大学华文教育专业 2019 级印尼留学生）

每位华文教师都会在自己的学生时代遇到很多位教师，其中那些敬业而充满爱心的人会成为影响他们职业选择和发展的重要他人，华文教师还会在教学风格上对重要他人进行潜意识的模仿乃至超越。

六 生命阶段

"个人所处的生命阶段对于职业生涯发展有着重要影响。比如，处在多变的'成人'这一阶段，人们经常会对诸如职业、家庭、生活目标等进行反思。"[1] 当一个人初入社会的时候，或许并不清楚自己适合什么工作，以及人生的意义，有些人在重新审视自己的职业选择时，可能会放弃现有的工作而步入教师行业，在获得从教的成就感之后更加坚定自己的事业道路，以更大的热情对待工作并进行自我提升。

例如，一位菲律宾土生土长的华裔在职场拼搏了九年之后毅然放弃了高薪的工作，选择当一名华文教师，在当华文教师的过程中找到了自己人生的意义。她在反思中这样写道：

> 光阴似箭，我在菲律宾这所学校已从教十二年了。我万万没想到自己会喜欢上教书这个行业。我从小的愿望是在一家大公司工作，

---

① 杨秀梅. 费斯勒与格拉特霍恩的教师发展影响因素论述评 [J]. 外国教育研究，2002 (5).

赚很高的月薪，而且成为一位很出名、很成功的白领。因此，我的大学专业是法律以及企业管理。毕业后自然而然就去了一家大公司工作。我一共在三家大公司工作了九年，赚了很多钱。虽然我没出名，但也算得上是一个很成功的白领。然而我每天上下班的目标都是为了等每个月领薪水，每天像机器人一样早去晚归，根本就不高兴，也没有成就感。有一天，由于在公司里发生了一些不愉快的事情，因此我鼓起勇气递了辞职信，并且开始寻找我人生意义的旅程。①

反之，有的华文教师在成年早期由于不清楚自己的人生定位，可能仅把当华文教师当作解决就业问题的权宜之计，那么当他到了人生较为成熟的生命阶段，也许会受生活阅历和工作经验的影响，特别是受到一些突发事件的影响，重新评估自己的职业选择，从而离开华文教师队伍。而当华文教师步入中、晚年以后，其生活重心不可避免地会发生变化，按照费斯勒等学者对于教师职业发展阶段的划分，此时的教师逐渐进入职业生涯的退出阶段，虽然离职的可能性低，但对自我专业发展的积极性逐渐消退。

第三节　华文教师专业发展的组织环境因素分析

华文教师在入职后主要受到组织环境因素影响，具体包括学校规章制度、管理风格、公共信任、社会期望、专业组织五个方面。

一　学校的规章

华文教师的专业发展受所在国家、地区以及学校规章制度的制约。"规章制度通常是对学校的秩序与结构的规定，同时也反映了学校教育系统、社区以及国家的教育目标与价值取向。"② 学校的规章首先受到国家

---

① 在菲律宾从事华文教学的心路历程［Z］．华侨大学菲律宾硕士班课程作业，2015.
② 杨秀梅．费斯勒与格拉特霍恩的教师发展影响因素论述评［J］．外国教育研究，2002（5）.

教育政策的制约。"教育政策是国家和政府制定的调整教育领域的社会问题和利益关系的公共政策，是为实现一定历史时期的教育任务而制定的行动准则。"① 对于海外华文学校和开办华文课程的非华校而言，所在国对待华文教育的政策与广大华文教师的专业发展休戚相关。如果一个国家在教育政策层面排斥华文教育，连华文教师最基本的生活需要和工作条件都无法保障，何谈华文教师的发展，又怎能吸引大批的有为青年从事华文教师职业？如果一所海外学校在规章制度层面挤压华文课程的空间，无法为华文教师提供受尊重的工作环境，何谈华文教师的专业发展？

国家的教育政策、地区和学校的规章制度，对华文教师的专业发展起着导向作用。一个国家对待华文教育的政策是影响华文教师发展成长的宏观环境，它为教师发展成长提供基本的物质和精神层面的保障，赋予华文教师基本的权利和义务，直接影响华文教师的生存和发展。理想的教育政策要为华文教师的专业发展营造良好的社会氛围、创造健康的社会环境。除了保障和提高华文教师的待遇之外，还必须形成尊师重教的社会风尚。在学校层面，也要为华文教师创设积极宽松的制度空间，让华文教师感受到应有的体面和敬意，才能激发他们的自我提升和专业发展。

二 管理风格

华文教师所在学校的高层管理者，特别是校长的管理风格会对华文教师个人的专业发展产生重大影响。如果学校管理层能够营造出一种信任与支持的氛围，给予华文教师更多的自主权，那么华文教师就会进行更为积极的专业发展，并且把自己个人的发展融入学校的发展中，积极投身学校远景规划的实现。反之，如果学校的管理层对华文教师缺乏信任和支持，甚至管理层内部矛盾重重，派系冲突不断，管理方式僵化，缺乏民主对话机制，缺少对全校教师的引领和支持，长此以往就会使华文教师丧失工作热情，更严重者会导致华文教师的离职。

下面是一位具有 15 年教龄的华文教师在回忆自己工作的三所华校

① 赵昌木. 教师成长研究 [D]. 西北师范大学, 2003.

时所做的陈述，从中可以管窥学校管理风格和学校氛围对教师成长的影响。

　　我曾经任职过三间华校。在我心灵上都留下不可磨灭的记忆，伤害和打击也占据着我内心的一部分。任职的第一间华校，任期四年，职务华语老师，离开学校的原因是背负莫须有罪名。学校很明显分派，一些老实本分的就尽管做好自己事情，尽管两派人怎么拉拢，我都无动于衷，结果就成里外不是人，那天学校宣布去留老师名单，我没被留下，原因是拉帮结派，就这样我离开了工作岗位，没有得到任何的解释，既然冤枉了就冤枉吧，很坦然地离开了。在这间华校工作期间是让我活的最累最苦的一段时光，现在回想起来让人要窒息的感觉。

　　任职的第二间华校，职务是中文主任。刚上任，一切都不熟悉，好在董事会的支持和鼓励，给了我信心。学校规模很小，硬件设备也奇缺，师资不够，这些我都克服了，尽管自己既当老师也管校务，工资还不高，但是日子上过得还算是开心，经常苦中自寻乐子。这样一待就是七个年头。离开那一年是董事会换届，自己也想换个工作环境，于是选择另找工作单位。

　　任职的第三间华校，职务也是中文主任。学校规模大，硬件设备齐全，师资力量雄厚，各方面都是比较好的，看到这一切环境觉得有自己的发展空间，暗自下决心要好好努力干出一点成绩来。一上任中文部事情都自己一手抓，从课程设置到人事安排，每一个细节都是亲力亲为。两年来从原有的基础上屡创佳绩，学生拿到创校以来首个菲律宾菲华杰出学生奖；组织周边学校参加本校作为考点的 HSK 考试，参考人数二百多人，成绩出来非常不错；每年参加华教中心的统考（HDC），成绩一年比一年提高，最振奋人心的是获得了中国侨办授予的"华文教育示范学校"这一殊荣。英文部在英文校长领导下也年年创佳绩。可是董事会新任董事长由于太年轻经验不足，性格偏执，领导不力，偏听偏信，给学校造成了小人得势的局面。我和校长万般无奈的情况下同时辞职了。①

这位华文教师的描述生动地印证了学校管理风格对教师发展的影响。当学校管理不善导致人事纷繁时，华文教师被笼罩在消极的学校氛围里难以发展；而当华文教师被充分信任和授权时，就会积极实现自我发展并推动学校的发展。

三　公共信任

"公共信任"是一种特殊的信任类型，它总是"与人类社会的共同生活或者公共生活相伴随，不管是在农业社会还是在工业社会，被统治者对统治者应该承担的社会责任的期待、公民对执政党社会责任的期待、社会公众对社会组织基本功能的期待都是存在的"②。华文学校或其他实施华文教育的机构作为面向社会的教育组织，势必承载着公众的期待，公共信任对于华文教师的职业抉择、工作表现与专业发展有着巨大的影响。

"在一种公共信任、支援的氛围中，教师与学校都会表现出信心与干劲。尤其会使教师具有高度的自尊感，以及把教学视为一种可追求的事业从而对其抱有积极、肯定的看法。"③20 世纪 90 年代以来，新加坡政府制定了一系列支持华族发展母语的规划和具体措施，旨在促进华文教育及华语在新加坡的生存和发展。新加坡国内重视华文教育，保持东方文化的伦理观，李光耀指出"如果我们放弃双语政策，我们就必须付出巨大的代价，使自己沦落为一个丧失自己文化特性的民族，我们一旦失去了这种感情上和文化上的稳定因素，我们就不再是一个充满自豪的独特社会"④。在这样一种公共信任的环境中，新加坡华文教育得到了保留，华文教师的地位也逐渐赢回了公众的尊重。

---

① 我的华文教育心路历程 [Z]. 菲律宾硕士班学员资料，2015.
② 谢新水. 论公共信任及公共信任问题 [J]. 首都师范大学学报（社会科学版），2012
（6）.
③ 杨秀梅. 费斯勒与格拉特霍恩的教师发展影响因素论述评 [J]. 外国教育研究，2002
（5）.
④ 向远菲. 略论新加坡的华文教育 [J]. 广西社会科学，2006（7）.

相反，"对学校长期的抨击与批评，必然会使得教师作为职业人，在评价自身时受到这种不良影响的冲击，从而极易导致教师的教学士气低落甚至产生挫败感，进而对自己的职业选择也产生怀疑，对自己未来表示担忧，而这无疑是不利于教师的成长与发展的。"① 20世纪50年代，菲律宾政府开始接管华侨学校，并规定华侨学校必须修读菲律宾学校规定的课程，且必须按菲律宾国立、私立中小学课程标准施教，除中文课程外，英、菲文皆为必修科目，许多华侨学校学生因不堪双重课程重负，被迫退出中文课堂。随着"菲化"过程的加快，菲律宾华文教育的地位一落千丈。② 至今，菲律宾的华文教师都无法得到公众应有的尊重。众所周知，印尼的华文教育发展历史跌宕起伏，这都与当时的公共信任环境有很大关系。

四　社会期望

教师专业化通过促进教师个体发展，提高教育水平，改善人才培养质量，最终促进社会的进步和发展。从社会学角度来说，教师专业化是一种社会现象，与社会有着复杂的关系，与社会诸多要素相互促进、相互制约。③ 社会舆论氛围会对教师的职业生涯和工作绩效产生深刻的影响，积极的氛围有助于教师提高自尊并以积极的态度看待教师工作，相反，抨击或批评的氛围会对教师的自我评价产生消极的影响。④ 华文教师这一社会群体，其职责在于教授华语并传播优秀中华文化，社会对华文教师的期望会以不同方式影响华文教师及其专业发展，尊重与认可他们的社会环境是壮大华文师资队伍、促进华文教师成长的重要动力。

华文教师的社会地位应该受到尊重，而社会是否给予了华文教师应有的体面和敬意，这在很大程度上体现在华文教师的经济待遇方面。在访谈中，一位来自印尼的留学生这样说："担心在印尼，作为一位华文老

① 杨秀梅.费斯勒与格拉特霍恩的教师发展影响因素论述评［J］.外国教育研究，2002（5）.
② 黄耀东.浅谈菲律宾华文教育［J］.东南亚纵横，2006（9）.
③ 傅骏蕃.浅析影响教师专业化的社会学因素［J］.华章，2009（21）.
④ 周赞梅.专家教师研究［M］.知识产权出版社，2006：179.

师的地位不是很好，然后工资也不是那么高，最担心这个。"①华文教师待遇不高的情况在海外非常普遍。这在很大程度上反映出一个国家的国民对华文教师群体的社会期望。早在 1966 年，联合国教科文组织就在《关于教师地位的建议》中提出：教师的工资应保证教师本人及家属的合理的生活水平并为教师通过进一步进修和文化活动来提高素质提供条件。②因此，笔者认为经济保障是促进华文教师专业发展必要的物质基础，各国社会都应该对华文教师群体抱有期望，认可他们工作的价值和意义，为华文教师提供良好的经济待遇和安心舒适的专业发展环境。

五　专业组织

在公共信任和社会期望都难以确保的条件下，专业组织对华文教师专业发展的重要性就会凸显。"专业组织"也被称为"专业团体""专业协会"等，由一定领域内的专业人员组成，在遵照国家相关法规的前提下，按照自愿、自主、自治的原则组建起来的一种旨在精进某种专业、维护组织成员利益以及公众利益的群体，通常都是非营利组织。

在海外国家，影响华文教师发展的专业组织主要包括各国华文教师协会、华文学校联盟、华文学校联合会等华教机构。它们是为海外华文教师提供专业支持的非政府机构，是促进当地华文教师交流学习的平台，在华文教师与华文学校之间、华文教师与当地社会之间、华文学校与当地政府之间充当了协调者的角色，为维护和确保华文教师或华文学校的利益发挥了巨大作用。在某些海外国家，华文教育的非正式组织甚至发展为左右所在国华文教育发展的重要力量。华文教师在加入专业组织后不但可以获得专业成长的机会，有的教师还能在专业组织里担当领导职位，被授权和尊重的体验会激励他们为专业组织做出更大的贡献。

目前，在海外许多国家建立起了非官方、非营利性的华教组织。例如，马来西亚的董教总、菲律宾华教中心、全英中文教师联合会等。这些专业组织极大地弥补了所在国政府对华文教育支持的不足，成为海外

---

① 华侨大学 2011 级华文教育专业学生访谈录音文字资料.
② 陈方. 影响我国教师专业发展的社会因素分析 [D]. 上海师范大学，2005.

华文教师的"避风港"和"加油站"。近年来，中国政府对海外华文教育日益重视，这些专业组织也纷纷与中国国务院侨办等部门密切联系，或与中国华侨大学、暨南大学等资深侨校牵线搭桥，开展华文教师合作培养，极大地提高了各国本土华文教师的专业化水平，推动了所在国华文教育的发展。例如，华侨大学与菲律宾华教中心合作，在菲律宾开办华文教师硕士班，结束学习的老师们纷纷表示自己的教学思路得到拓展、教学方法得到提升、专业能力获得进步。一位学员这样写道：

> 在菲律宾从事华文教学工作十几年来，一路经历一路成长。2009～2013年参加中国暨南大学华文学院和菲律宾华教中心举办的"华语与华文教育"本科函授学历，圆了我们的大学梦。现在我们又更上一层楼参加厦门华侨大学和华教中心举办的"华语与华文教育"硕士研究生班。感谢所有对我付出的人们，我将将我所学到的知识投入到菲律宾华教事业上。[①]

综上所述，华文教师的专业发展在入职前和入职后受到不同因素的影响，入职前的影响因素在其入职后依然发挥影响，任何一位华文教师在其专业发展的生涯中都会或多或少受到上述因素的影响，但对处于不同发展阶段的华文教师，这些影响因素的作用大小亦有所不同。有关华文教师专业发展影响因素的系统研究尚处于起步阶段，此方面的研究内容有待深入与细化。

---

① 我的华文教育心路历程［Z］. 菲律宾硕士班学员资料，2015.

第四章 华文教师专业发展模式

华文教师专业发展模式是华文教师专业发展活动的构成要素及其相互影响和运行的方式。其构成要素包括活动场域、活动主体、华文教育共同体和华文教育中介物。以活动场域的差异为依据，可以把华文教师专业发展模式分为大学本位的模式、大中小学相结合的模式和以校为本的模式。此三种模式各有侧重，相得益彰，贯穿华文教师职业生涯的始终。

第一节 教师专业发展模式研究述评

近年来"模式"一词已然成为人文社科学术研究中的一个高频词。学者们在谈论"模式"的时候究竟在谈什么？"模式"在英语中对应哪个词？本节将首先尝试对此问题进行解答，辨析它与其他几个相关概念之间的关系，最后总结出教师专业发展模式的内涵，并对华文教师专业发展模式进行解读。

一 关于"模式"的界定

"模式"一词近年来在各种学术话语体系中出现的频率很高，有必要对其内涵进行深入分析。《现代汉语词典》（第六版）对"模"的解释为：①法式、规范、标准；②仿效；③模仿。现代汉语中"模式"的定义是：某种事物的标准形式或使人可以照着做的标准样式；与"模式"相近的词为"模型"，其本义是"依照实物的形状和结构按比例制成的物品，多用于展览或实验"，随后被引申为"数学公式或图形等显示事物的抽象结构或系统"。① 有学者认为"模型"主要运用在自然科学领域,"模式"主要运用在人文社会科学领域。② 因为"模型"主要是指自然科学中的事物模型,而"模式"更倾向于指人文社会科学领域中的非实物的模型。"教师专业发展"属于人文社会科学领域,因此用"模式"更恰当。

国内学者对"模式"一词的英译也存在争议,使用较多的有三个词,"mode""model"和"pattern",究竟哪个词与中国学者对"模式"的理解更为接近,则需要对这几个英文单词进行词义解读。英文版《牛津英语大词典》(1989 年版)中,对"model"有八种释义,对"pattern"有十三种释义,"pattern"的释义中使用了"model",而"model"的释义中未使用"pattern",这在一定程度上说明"model"比"pattern"一词外延更大。③《牛津高阶英汉双解词典》对"mode"的解释为"一种特别的方式、风格、样式"(a particular way,style,type),对"model"的解释是"对某事物的复制,一种特别的设计或产品类型,对一种体系的简单描述,能够被其他人复制的体系",对"pattern"的解释是"常规方式、优秀范例、一套图形设计、一小片材料或纸张"。④ 所以,根据上述解读,把"模式"翻译成"model"更恰当。

对"模式"这一概念的使用始于系统论,随着研究的深入和系统论科学的发展,不同的研究领域对"模式"有了不同的认识,本研究主要关注教育领域对"模式"的认识。《国际教育百科全书》对"模式"的定义为:"对任何一个领域的探究都有一个过程。在鉴别出影响特定结果的变量,或提出与特定问题有关的定义、解释和预示的假设之后,当变量或假设之间的内在联系得到系统的阐述时,就需要把变量或假设之间的内在联系合并成为一个假设的模式。"⑤ 从中可以看出,这里对"模

① 中国社会科学院语言研究所词典编辑室编.现代汉语词典(第六版)[Z].北京:商务印书馆,2012.

② 查有梁.什么是模式论[J].社会科学研究,1994(2).

③ 查有梁.什么是模式论[J].社会科学研究,1994(2).

④ 霍恩比,牛津高阶英汉双解词典 Advanced Learner's English-Chinese Dictionary(第六版)[Z].北京:商务印书馆与牛津大学出版社联合出版,2004.

⑤ 中央教育科学研究所比较教育研究室,国际教育百科全书[M].北京:教育科学出版社,1990:6.

式"的定义是基于"变量"和"假设"之间的关系提出的，是"变量"和"假设"之间的内在联系。这个定义似乎更适合可以精确量化的自然科学领域。

然而，学者查有梁认为："模式是一种重要的科学操作与科学思维的方法，它是为解决特定的问题，在一定的抽象、简化、假设条件下，再现原型客体的某种本质特性；它是作为中介，从而更好地认识和改造原型客体、构建新型客体的一种科学方法。从实践出发，经概括、归纳、综合，可以提出各种模式，而模式一经被证实，即有可能形成理论；也可以从理论出发，经类比、演绎、分析，提出各种模式，从而促进实践发展。"① 查有梁在文中特别指出，"教育模式，推上有理论基础，推下有操作程序，模式处于理论与应用的中介，意义重大"②。由此可看出查有梁认为的"模式"更像是"理论"和"实践"的中间环节（如图 4 - 1 所示），是"实践"发展到"理论"的必经之途，也是"理论"指导"实践"的具体形式。

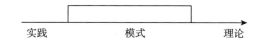

图 4 - 1 "模式"与"理论"和"实践"之间的关系

还有学者认为模式就是各种因素及其关系构成的结构，认为"模式是根据观察所得，加以概括的框架和结构，是围绕某一主题涉及的各种因素和相互关系提供的一种完整结构，"③ 认为"模式的灵魂是其内在构成要素所组成的结构，要素之间的不同关系就决定了模式的实质内容，起主导作用的要素就体现着这一模式的特征"。④

对于模式的理解各有千秋，参考学者靳希斌总结的模式基本特征，可以得出"模式"具有如下特点：（1）模式是一套标准规范；（2）模式的形成需要一个过程；（3）是对客观事物或对象的抽象和简化；（4）具有与客

① 查有梁，什么是模式论［J］. 社会科学研究，1994（2）.
② 查有梁，什么是模式论［J］. 社会科学研究，1994（2）.
③ 冯克诚．实用课堂教学模式与方法改革全书［M］. 北京：中央编译出版社，1996：前言．
④ 潘海燕．中小学教师继续教育培训模式及其构建［J］. 湖北教育学院学报，2001（3）.

观事物或对象相同或相似的结构及内在联系；（5）可以被反复验证。①

二　"教师专业发展模式"的界定

国外最早对教师专业发展模式进行研究的是美国的奥恩斯坦（A. C. Ornstein）和贝哈尔（L. S. Behar），20世纪90年代，他们对过去一些学者的研究进行了总结，把教师的专业发展模式归纳为五种类型，分别是：个人自我指导模式、观察与评估模式、参与发展及改进过程模式、培训模式和探究模式。② 其归类视角是教师专业发展活动的类型。

国内最早在标题上把"模式"与"师资"放在一起研究的文章出现在1996年，是李瑾瑜的《美国的"学校本位"师资培训模式》，该文主要介绍了美国中小学10种教师专业发展校本模式的具体形式和做法。③ 也就是在这个时期，已经在美国得到广泛应用的校本模式被引进国内。对于教师专业发展模式是什么，沈蕾认为，教师专业发展模式是开展促进教师素质提升活动的各种方式，以及这些方式之间的配合关系。④ 靳希斌对于教师教育模式的界定对于理解教师专业发展模式具有启发意义。他认为，教师教育模式是教师教育的构成要素及其相互影响和运行的方式，即从事教师教育的教育和培训主体、受教育和培训主体、管理主体之间为教育与培训教师而构成的教师教育理念、目标、教育中介物等之间形成的交互复杂的关系及其运行方式（见图4-2）。⑤

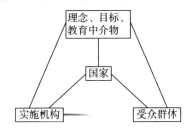

图4-2　教师教育模式（转引自靳希斌）

---

① 靳希斌. 教师教育模式研究［M］. 北京：北京师范大学出版社，2009：3-4.
② 李碧雄. 国外教师专业发展模式及对我国的启示［J］. 湖南教育（教育综合），2007（8）.
③ 李瑾瑜. 美国的"学校本位"师资培训模式［J］. 中小学管理，1996（11）.
④ 沈蕾. 农村中小学教师专业发展模式初探［J］. 铜陵学院学报，2010（3）.
⑤ 靳希斌，教师教育模式研究［M］. 北京：北京师范大学出版社，2009：3-4.

这个教师教育模式是由"国家""理念、目标、教育中介物""实施机构""受众群体"四个要素构成的四面体，四个要素一旦形成教师教育模式后，便具有比较稳固的结构。如果其中任何一个发生变化，整个教师教育模式中的其他要素也会相应发生变化，各种要素经过博弈达到新的平衡、稳固，因而也就形成了新的模式。

"教师教育模式"与"教师专业发展模式"有相似也有区别，不同在于前者侧重专门的师范教育，而后者包括教师职前和职后一体化的终身发展。上述构图较为注重"实施机构"的主体性和权威性，无论是师范生还是接受培训的教师，作为"受众群体"，他们在这种模式里似乎都只是被动的、被改造的客体，丧失了主动性和创造性，不符合当今建构主义理念关照下的教育实践。因此，本书尝试性地生成一种新型的教师专业发展模式图，以教师专业发展活动为依据，将"理念、目标、教育中介物"精简为"教育中介物"，将"实施机构"变成"活动场域"，将"受众群体"变成"活动主体"。

"教育中介物"是指在受教育者与教育者之间起桥梁作用的物质和意识形态的东西，包括了一个国家的教育理念、教育目标和教材等；"活动场域"是指教师专业发展活动发生的场所，这类活动可以是在大学等高等教育机构，可以是大中小学联动进行，也可以是校本的；在现代科技手段的辅助下，活动场域可以是实体的，也可以是虚拟的；"活动主体"是指教师专业发展活动的参与者，既包括教师教育者或培训者，也包括接受教育或培训的教师，他们地位平等。据此可以构建出教师专业发展模式图，如图4-3所示。

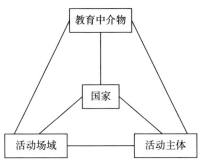

图4-3 教师专业发展模式

此外，还须引起注意的是，很多人会把教师发展模式与教师发展阶段、方法、途径等混为一谈。正如学者李碧雄所言，"关于教师专业发展模式的研究，相对于教师专业发展的内涵及其过程规律来说，起步较晚，还不成熟，但也有不少提法，有的称为促使教师专业发展的方式或者途径，有的称作促进措施，但近年来普遍称作模式的比较多"。① 因此，本书在文献收集与分析整理的过程中，有意将模式研究与途径研究区分开来，紧扣教师专业发展模式要素，将教师专业发展途径研究放在第五章专门探讨。

三　"华文教师专业发展模式"的提出

华文教师专业发展模式具有普通教师专业发展模式的共性，也有自身的特殊性。这主要表现在：第一，以华语为教学目的语；第二，在非华语环境下教华语；第三，教学对象主要是华侨华人子弟。鉴于此，可以构建华文教师专业发展模式图（如图4-4所示）。

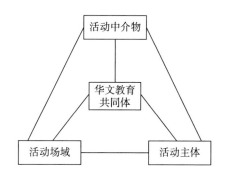

图4-4　华文教师专业发展模式

在华文教师专业发展模式中，"华文教育共同体"概念取代单一"国家"概念。华文教师的专业发展活动不再局限于某一个国家，可能是在两个甚至多个国家进行，可能是政府组织的活动，目前许多华文教师专业发展活动是由中国政府主导、海外华教组织和机构协调运行的；也可能完全由民间华文教育机构组织运行。因此，姑且将其统称为"华文教

---

① 李碧雄. 国外教师专业发展模式及对我国的启示 ［J］. 湖南教育（教育综合），2007（8）.

育共同体"。"活动中介物"指华文教师专业发展活动中在受教育/培训者与教育/培训者之间起桥梁作用的物质和意识形态的东西，包括了华文教育共同体的教育理念、教育目标和教学材料、工具等；"活动主体"不仅包括作为培训对象的海外华文教师和职前阶段的华文教育师范生，还包括作为培训者的海内外华文教育专家学者。二者居于平等地位，通过平等对话和意义协商来实现共同学习，都是专业发展活动的活动主体。"活动场域"是华文教师专业发展活动开展的场所，目前的情况看，这样的活动不仅在高校进行，也在中小学进行，还有的是大中小学联手开展的。

综上所述，华文教师专业发展模式是华文教师专业发展活动的构成要素及其相互影响和运行的方式。其构成要素包括活动场域、活动主体、华文教育共同体和教育中介物。正如图 4 - 4 所示，华文教师专业发展模式是由"华文教育共同体""活动中介物""活动主体""活动场域"四个要素构成的四面体，其中任何一个要素发生变化，其他要素也要相应地发生变化，就会产生新的教师专业发展模式。例如，如果专业发展活动的"活动主体"是华文师范生及其培训者，那就是职前华文教师发展模式。如果"活动场域"在高校，就是大学本位的教师专业发展模式；如果是在华文学校等教师工作的场所，就是以校为本的专业发展模式。本书对华文教师专业发展模式的研究正是聚焦"活动场域"的变化，分别探讨大学本位模式、大中小学相结合模式和校本模式。

第二节　大学本位的华文教师专业发展模式

一　教师专业发展的大学本位模式

大学本位的教师专业发展模式，一言以蔽之，就是以师范院校或综合大学为基本活动场域的教师专业发展模式，主要用于教师专业发展的学历教育。目前，这种模式仍是世界范围内最主要、最基本的一种教师专业发展模式。

教师专业发展的大学本位模式的产生有其时代背景。二战后由于经济发展、科技进步，对人才素质要求提高，世界各国纷纷普及义务教育，

迫切需要大量合格教师，教师职业日益成为一种专门的事业，客观要求
教师成为专业人员。教师专业发展的大学本位模式产生的基本理论假设
为：教师所需要的知识大多是在大学里获得的，教师专业化的实现、教
学知识的掌握和能力的形成，都必须以系统的理论学习为基础，只要教
师或预备教师掌握了一定的理论知识和教育实践原则，他们就能够应用
这些知识解决教育实践过程中存在的具体问题；大学本位阶段的未来教
师必须先接受理论知识的学习，然后在短暂的教育实习中证实所学的学
科知识和教育理论，从而形成专业技能。[①]

　　教师专业发展的大学本位模式又可分为封闭式（定向性）的教师专
业发展模式和开放式（非定向性）的教师专业发展模式，前者主要以独
立设置的师范院校为主体，后者主要以综合大学、文理学院和其他专门
高等院校为主体。从教师专业发展角度来说，大学本位模式的任务主要
是帮助教师掌握系统的理论知识并形成一定教学技能。

　　近年来，由于教师专业发展大学本位模式在发展过程中暴露出种种
弊端，受到人们质疑，其在美国遭受了诸多批评。有学者指出，美国的
教育学院近年来遭到严厉的批评，因为他们的教师培养课程太理论化，
无法向未来教师提供足够的真实世界经验。[②] 如学者张济州指出，由于教
师数量短缺和质量下降双重困局，美国"大学本位"教师教育遭受自创
建以来的最大危机，出现了诸多问题，如教师教育培养质量低劣、课程
设置缺乏实效性、大学教育学院强调学术性而忽视专业性等；同时，"大
学本位"模式受到美国教师教育解制运动的抨击，美国教师教育重心下
移，弱化"大学本位"教师教育合理性。[③] 2004 年，波士顿公立学校主
管佩森特（Payzant，T.）在美国教师教育学院协会研讨会上竟提出教师
教育是否一定在大学中进行的质疑。[④] 哥伦比亚大学师范学院前院长、伍

---

①　赵昌木. 大学本位教师教育模式：理念、实施与反思 [J]. 山东师范大学学报（人文社
　　会科学版），2004（4）.
②　赵昌木. 大学本位教师教育模式：理念、实施与反思 [J]. 山东师范大学学报（人文社
　　会科学版），2004（4）.
③　张济州. 美国"大学本位"教师教育危机及其改革走向 [J]. 课程·教材·教法，2011
　　（9）.
④　王文岚，皇甫全. 美国大学本位教师教育改革的争议与新动向 [J]. 江苏高教，2008（2）.

德罗·威尔逊国家基金会主席莱文（Levine, A.）为了对美国当前大学本位教师教育模式进行系统的审视和反思，历经四年，调查了全美1206所教育学院，撰写成专题报告《学习专任教师的培养》，简称"莱文报告"，具体结论如下：目标不够清晰，课程缺少一致性和均衡性，教师队伍鱼龙混杂、参差不齐，研究水平不高，财政支持薄弱，入学要求偏低，毕业标准过低，缺少持续性评估。①

　　由以上文献可知，大学本位的教师专业发展模式存在诸多问题，已经到了亟待改革的时刻，为此很多文章提出了改善办法。如美国卡内基基金会于21世纪初推行的"新时代教师计划"，致力于大学本位教师专业发展改革。② 该计划包括，强化一线教学实践，未来教师应该在导师的监督下度过两年的驻校实习期；调整传统师范课程，增加教学方法课程和教师社会责任课程；文理学院全面参与培养，与大学教育学院、中小学校等机构合作，共同担负起培养未来教师的任务。未来教师培养的重心应当从传统意义上对教师的教育转变到注重教师教育过程中学生的学。③ 美国大学教育学院则通过提倡合作理念，走向专业学院，重建教育教学知识基础，整合教师教育课程等措施来化解教师教育危机。④ 我国学者宋萑、钟秉林提出，在大学本位框架下，要基于专业基础知识的临床实践方式来强化未来教师的专业知识和实践经验。可以说中美两国大学本位的教师专业发展模式在发展过程中都遭遇了危机，美国主要通过大学与中小学校合作方式来化解，中国主要通过在现有的大学本位模式框架中强化实践课程来化解。⑤

　　虽然大学本位教师专业发展模式在美国整体陷入困境，但是莱文报告也指出，教师专业发展的大学本位模式还是十分有价值的。从以上研

① Levine, A. Educating School Teachers［R］. Research Report Prepared by The Education Schools Project, 2006.

② 高展鹏，洪明. 美国大学本位教师教育的新近变革——"新时代教师计划"（TNE）在大学教育学院的推进［J］. 外国教育研究，2012（9）.

③ Levine, A. Will Universities Maintain Control of Teacher Education［J］. Change, 2006（4）.

④ 张济州. 美国"大学本位"教师教育危机及其改革走向［J］. 课程·教材·教法，2011（9）.

⑤ 宋萑，钟秉林. 走向实践与技艺化危险：中美教师教育模式改革研究［J］. 高等教育研究，2011（9）.

究可知，教师专业发展的大学本位模式要想摆脱困境，专业知识素养和实践经验必须齐头并进，理论和实践必须深度融合。在未来教师培养中，还必须把如何帮助学生学习作为根本目标。

二　华文教师专业发展之大学本位模式的提出

华文教师专业发展的大学本位模式与普通教师专业发展的大学本位模式相比，具有一定共性，也具有自身特性。大学本位的华文教师专业发展也是依托师范院校或者综合大学培养，主要功能为职前及职后的学历教育。从海内外华文教师培养的实际情况来看，大学本位的华文教师专业发展有些是依托外语学院或者国际学校，还有些是依托文学院或教育学院；既有职前学历教育，也有职前或职后的非学历教育。

华文教师专业发展的大学本位模式的产生有特殊的背景。华侨华人遍布全世界，华裔家庭比较重视子女的教育，具有传承中华文化、延续中华血脉的强烈意识。改革开放后，中国的综合国力攀升，在世界上的影响力逐步提升，更加增强了华侨华人学习华语的渴望和信心。在文化和经济的双重影响下，世界范围学习华语的人数不断增多，对华文教师的需求日益增加，全球范围内迫切需要高素质的华文师资。在这样的背景下，华文教育、华文师范、中文师范、汉语国际教育等专业应运而生，并成为目前占主导的、培养高素质华文教师的主要模式。

华文教师专业发展之大学本位模式的基本理论假设为：华文教师所需要的知识大多可以在大学里获得，华文教师专业化的实现、华文教育与教学知识的掌握、教学能力的形成，都必须以系统的理论学习为基础，只要职前华文教师掌握了一定的理论知识和教育实践原则，他们就能够应用这些知识解决教育实践过程中存在的具体问题。在此模式中，职前华文教师必须先接受理论知识的学习，然后在短暂的华文教育实习中应用所学的学科知识和教育理论，形成华文教育教学的专业技能。

从华文教师专业发展角度来说，大学本位模式的任务主要是帮助职前华文教师掌握华文教育的系统理论知识，并形成一定的华文教育教学技能。华文教育系统理论知识具体分为通识性知识、本体性知识、条件性知识和实践性知识四个板块，其中涉及语言类课程、汉语及中华文化课程、教育理论课程和实践课程等。

三　华文教师专业发展大学本位模式的三种亚型

大学本位的华文教师专业发展模式主要包括三种亚型：本土模式、外援模式、合作模式。

（一）本土模式——以曼德勒云华师范学院为例

第一种是本土模式，即海外各国的高等院校自行设置华文教师培养专业，这是一种立足本土资源、服务本土需求的师资培养模式，也是当下较为倡导的一种模式。缅甸的曼德勒云华师范学院就是该模式的典型代表，有效承担了当地部分华文教师的培养任务。

1. 学校概况简介

曼德勒云华师范学院于 2013 年 9 月正式开班，在缅华社会各界的大力支持下，综合集成国内外各方资源，由曼德勒云南同乡会创办，与昆明华文学校合作办学。该校集教学和文化交流于一体，是小学至高中基础教育相结合的综合性公益学校，其办学宗旨是"开展华文教育，培养华校教师，服务缅华社会，促进缅中交流"。[①]

云华师范学院的师资来源广、学历层次高、配置较为齐全。首任院长李暾曾任第 9 届中国国家督学、云南师范大学教授，曾获全国五一劳动奖章、全国十佳校长等荣誉称号，具有学校管理的丰富经验。根据 2016 年的统计，该院 33 位教师中来自中国的外派教师有 15 人，本土教师多于外派教师。所有教师均具有本科以上学历，均来自大专院校或知名中小学，其中副教授 3 人、中学高级教师 1 人、助教 3 人、讲师 3 人，具有丰富的一线教学经验，普通话水平在"二乙"以上。教学法课均由这些经验丰富的教师授课，保证了师范生的教学业务能力。[②]

2. 发展愿景

为解决缅北地区华校师资缺乏，特别是小学数学教师紧缺的问题，

---

① 宝翠兰. 云华师范学院为培养合格的华文教师不断探索和创新 ［EB/OL］.（2015 – 12 – 12）［2017 – 10 – 12］. http://www.mhwmm.com/Ch/NewsView.asp? ID = 8040.

② 李欣，吕子态. 缅甸华侨华人办学现状调查 ［C］. 华侨华人研究报告（2017）. 北京：社会科学文献出版社，2017：365 – 366.

云华师范学院以培养华校小学语文、数学教师为主要目标。其发展愿景为"创建现代化、科学化、规范化，有显著特色、有示范作用，全缅一流、东南亚知名的现代教育优质师范品牌学院"①。

3．招生情况

该校面向全缅华校特别是边远贫困华校教师和华裔高中毕业生，开展汉语言专业的大专学历教育。云华师范学院 2013 年 9 月招收师范生两个班 60 人，师范生在学期间，学院和昆明华文学校对家庭贫困的学生实行"两免一补"（即免学费和住宿费，补贴伙食费）。2014 年招收师范生两个班 93 人，大部分来自缅北贫困地区。云南同乡会为大部分困难师范学生提供助学金帮助，来自缅北华校的 43 名师范新生实行全免费培养，另有 20 名师范生得到了中国云南省侨办的助学金资助，还有的学生享受当地侨团的赞助，其余为自费生。学院于 2015 年除正常招收普通师范专业班外，春季增招一个师范专科预科班，以加强学生对文化基础知识的学习。

4．课程设置

该校的基础部使用中国人教版语文、数学、科学、物理、化学、生物教材，师范部使用华侨大学华文教育专业的教材，学制模式与国内一致。在语言教育方面，除开设中文课程外，还增加了一门缅文课和一门英文课，缅文课由专业的缅文教师任教，英文课由专业英文教师任教，并聘请外教担任口语教师，旨在培养学生的中、缅、英三语能力。学校为全日制授课，周一至周五每天上课 8 小时，周六早上 4 小时。春节放假 30 天左右，暑假有 45 天左右。②

该校根据学生实际情况，实行分层教学，分理科班和文科班，对成绩优秀的学生进行强化辅导，在夯实学科基础知识的同时，不断提高学生的知识水平和教学能力，以培养出合格的华校教师。

---

① 李欣，吕子态．缅甸华侨华人办学现状调查［C］．华侨华人研究报告（2017）．北京：社会科学文献出版社，2017：365－366.
② 李欣，吕子态．缅甸华侨华人办学现状调查［C］．华侨华人研究报告（2017）．北京：社会科学文献出版社，2017：365－366.

5. 教育实习

为帮助学生提升综合能力，把课堂学习与教学实践有机地结合起来，云华师范学院把二年级的师范生充实到幼儿班、小学进行实习，在外派教师的帮助指导下，定期反馈教学信息和心得体会。通过近三个月的实践，这些未来的华文教师，从教积极性很高，深受学生的喜爱，在教学中既锻炼了自己，更增添了学习的兴趣，把所学到的知识及时运用到实践当中。学校方面也从实习生的实践和反馈中发现课程设置上的不足，及时进行调整，强化了音、体、美教学，增加了教育学、心理学等课程，不断完善课程设置。

6. 小结

曼德勒云华师范学院容幼儿班、小学班、大专班为一体，便于师资班进行实习，理论联系实际，真正达到学以致用。其师资班不仅解决了边远贫困华校教师和华裔高中毕业生进一步升学受教育的问题，也缓解了缅甸华文师资短缺的情况。2015 年 7 月，首届师范生毕业后，已赴缅甸仰光、东枝、腊戍等地的华校任教，为缅甸华文教师队伍补充了本土的新鲜血液。

（二）外援模式——以华侨大学的华文教育系为例

第二种是外援模式，即中国的大学专门设置华文教育专业，致力于为海外培养华文教师师资储备。目前中国国内仅有统战部直属的华侨大学和暨南大学开设了华文教育专业，归于教育学类目下。该模式体现了中国政府对海外华文教育发展的关注和扶持，是海外华文教师"造血计划"的有机组成部分。由于两所高校的师资力量较为雄厚，该模式的人才培养质量相对能够得到保障。但是由于学生需要来中国就读四年，因此该模式的教育成本较高。下文以华侨大学为例，对该模式进行简要介绍。

1. 学校概况简介

华侨大学创办于 1960 年，直属于国侨办，以"面向海外、面向港澳台"为办学方针，坚持"为侨服务、传播中华文化"为办学宗旨，以"会通中外、并育德才"为办学理念，是中国面向海外开展华文教育的重要基地。2018 年的各类在校生 3 万余人，其中包括来自 70 多个国家和中国港澳台地区的学生 4627 人，是拥有境外生最多的中国高校之一。① 华侨大学从事留学生汉语教学的专门机构是坐落于厦门的华文学院，华文学院是中国教育部首批公布有资格招收外国留学生的单位和国务院侨务办公室面向海外开展华文教育的主要基地之一，承担了中国支持周边国家华侨华人汉语教学的专门任务，并设有 HSK 考点，其办学特色为"培养汉语技能、传播中华文化"。

华侨大学华文学院下设三个专业：汉语国际教育专业、华文教育专业和汉语言专业。其中华文教育专业是专门面向海外招生、培养海外华文教师的本科专业，2006 年首届招生。

2. 华文教育专业的培养目标及入学要求

华文教育专业旨在培养具备系统的教育学、心理学和第二语言教学理论，具有扎实的汉语言语能力与言语交际能力，掌握汉语基础理论与基本知识、熟悉中国国情与社会文化且能够胜任华文教育工作的师范型人才。具体要求如下：

（1）具备系统的教育学、心理学和第二语言教学理论。

（2）言语技能及教学能力：熟练掌握汉语听、说技能，具有较高的读、写能力，并具有口译、笔译能力；具有良好的华文教学能力。

（3）语言知识：要求准确掌握汉语普通话的全部声、韵、调，正确而熟练地掌握 3500 个常用汉字和 8000 个词语，并系统学习汉语语音、文字、词汇、语法和修辞的基本知识。

（4）文化知识：掌握汉语交际文化知识，熟悉中国国情，了解中国的地理、社会、政治、经济及中华优秀传统文化。

在入学要求方面，该校要求申请者是具有一定的华文基础，有志于从事华文教育，品学兼优、身心健康的海外华裔青年，年龄一般不超过30 周岁。

3. 华文教育专业的课程设置及毕业要求

从课程类型角度，分为校公共课、学科基础课、专业必修课、专业

---

① 华侨大学 2018 年面向海外及港澳台地区招生简章［EB/OL］．http：//zsc. hqu. edu. cn/info/1004/2272. htm. （2018－03－23）［2020－02－11］.

选修课和实践课五种课型，共计155学分，各种课程类型的具体名称和学分占比，如表4-1所示。

表4-1　基于课程类型的华侨大学华文教育专业课程设置

课型	课程	学分	占比
校公共课	初级汉语，初级口语，初级听力，初级阅读，体育，计算机基础	43	28%
学科基础课	中级汉语，中级口语，中级听力，中级阅读，中级写作，高级汉语，高级听力，高级口语，心理学，中国现当代文学，教育学，中国古代文学，中国文化	75	48%
专业必修课	现代汉语语音，现代汉语词汇，现代汉语语法，华文教育概论，汉语教学法	9	6%
专业选修课	手工制作，中国音乐，中国书法，中国画，中华武术，汉语成语，中级报刊阅读，中国民族舞蹈，中国民族乐器，中国历史，高级报刊阅读，汉语交际文化，中文影视欣赏，中国地理，中国概况，商务汉语，中国旅游文化，中国戏曲欣赏，古代汉语，论文写作技巧，现代教育技术，心理咨询与辅导，儿童心理学，汉字文化，中国民俗，中西文化比较，中国诗词欣赏，课堂模拟教学，中国经济，中国法律，中国哲学，教育管理学，儿童教育活动设计与指导，中国热门话题，华人华侨史	17	11%
实践课	语言实习，毕业实习，毕业论文	11	7%
总计		155	100%

如果从课程内容的角度分析，可将上述课程分为语言类课程、教育类课程、文学文化类课程和实践类课程四类，涵盖了华文教师所应具备的本体性知识、通识性知识、条件性知识和实践性知识，如表4-2所示。

表4-2　基于课程内容的华侨大学华文教育专业课程设置

课程内容	知识类型	学分	占比
语言类课程	本体性知识	114	73.5%
文学文化类课程	本体性知识 通识性知识	17	11%
教育类课程	条件性知识	13	8.4%
实践类课程	实践性知识	11	7.1%
总计	——	155	100%

从表 4-2 可以看出，该专业较为重视华文师范生的语言类课程（73.5%）和文学文化类课程（11%）。该校要求华文师范生达到如下标准方能毕业：第一，修完规定课程，拿到不少于规定的最低学分 155 个学分；第二，教育实习合格；第三，用汉语撰写不少于 8000 字的学位论文一篇。

4. 小结

华侨大学的华文教育专业在培养华文师资方面，具有培养体系完善、培养目标明确、课程完备、实力雄厚、培养经验丰富、师资队伍综合素质高等优点，积累了培养华文师范生的教育经验，先后培养了数以千计的毕业生，为补充海外华文师资新鲜血液、缓解华文师资短缺、提升华文教师队伍素质做出了重要贡献。除了本科阶段的华文师资培养，华侨大学的华文学院、华文教育研究院还肩负着海外华文教师在职学历教育和在职培训的重任，充分发挥了其大学本位华文教师专业发展模式的功能。

除了来华接受完整的教育外，考虑到教育成本、教师学习时间等因素，华侨大学等中国高校还在海外多地开办函授教学点，开展本科层次的学历教育。根据《世界华文教育年鉴（2016）》统计，暨南大学华文教育专业函授本科英国教学点的学员于 2015 年顺利毕业，这是在英国培养的第一批本土华文教育本科师资。继暨南大学和华侨大学之后，湖南师范大学首届印度尼西亚华文教师汉语言本科函授学历班也顺利毕业。同时，华侨大学华文教育第五期本科学历班在泰国开班，暨南大学在印度尼西亚巴厘岛也新开设了远程华文教育本科专业教学点。[①]

本科和研究生层次的学历型师资培养是海外华文师资培养的主流方向，是提升华文教育师资整体水平的重要途径。中国高校面向海外华文教师的硕士研究生人才培养项目也在稳步进行，以华侨大学为例，目前在日本、越南、老挝、缅甸、菲律宾、印尼、美国等多个国家开设了华语与华文教育或汉语国际教育的在职硕士研究生班，[②] 并且新的教学点还在不断开办中，以满足海外华文教师对研究生教育的学习需求。

---

① 贾益民. 世界华文教育年鉴（2016）[M]. 北京：社会科学文献出版社，2017：21.

② 华侨大学研究生院. 境外教育布点 [EB/OL]. http://grs.hqu.edu.cn/info/1042/1008.htm. (2016-09-01)[2020-02-11].

（三）合作模式——以印尼智星汉语师范学院为例

第三种大学本位的华文教师专业发展模式是合作模式，即海外院校与中国的高校联合办学，立足海外，共同为当地培养华文教师的模式。该模式能够有效弥补海外院校教学资源和师资力量的不足，能够以相对较低的教育成本获得较高的培养质量。印尼智星汉语师范学院是该模式的典型代表。

1. 学校概况简介

印尼智星汉语师范学院从属于智星大学，智星大学由印尼教育发展基金会（YPPI）于 1986 年建立，至今有 30 余年历史。该大学开设企业专业和语言专业。其中汉语系于 2001 年创立，开设商贸汉语和汉语教学两个专业，课程设置采用六个学期（三年）的学制。智星大学于 2007 年成立汉语师范学院，并设置汉语师范专业。[①] 2013 年该院新增汉语教育四年制本科专业，开始与中国的重庆师范大学进行合作，采取"2 + 2"培养方式。[②]

2. 培养目标及培养方式

该院致力于培养能够掌握教育能力、具备扎实的汉语基础、对中国文化与艺术有较全面的了解，并能全面系统地掌握汉语专业知识和应用能力，且具有一定研究能力的华文应用型人才。

在培养方式方面，该院采用 2 + 2 的培养方式，即学生前两年先在泗水的智星汉语师范学院学习基本的华文知识，培养学生的华语听说读写能力，打好扎实的华语基础；后两年再到中国重庆师范大学学习教育教学方法，培养学生的教学技能，在第四学年中有 2 个月时间，要求学生回到印尼参与教育实习。最后获得由双方大学颁发的双联学制学士学位。

3. 课程设置及毕业要求

在第一和第二学年，汉语师范生主修公共课和汉语专业相关课程，其中汉语专业课包括汉字课、汉语口语课、汉字听力课、汉语写作课等

① 谢延婷．汉语国际推广中本土汉语教师的培养研究——以印尼智星汉语师范学院为例［D］．重庆师范大学，2014.

② 荀舒婷．印尼汉语师范院校的汉语教学现状调查与对策研究——以印尼泗水智星大学汉语师范学院为例［D］．广东外语外贸大学，2013.

课程，公共课包括宗教、思想品德、英语、领导才能等课程。到了第三、第四学年，师范生主要学习师范教育、中国文化和中高级汉语教学，开设的课程包括教学及学习方法、对外汉语教学法、中国文化、中级汉语听说和高级口语等课程。全部课程比例分配为：汉语专业课程约占30%，师范教育课程约占40%，公共课程约占30%。

在实践课程方面，印尼智星汉语师范学院采取国内实习与国外观摩相结合的方式。在第三学年，重庆师范大学会为智星汉语师范生提供到中小学观摩教学的机会，让学生观察以汉语为母语的教师如何教授汉语，并与中国中小学汉语教师进行交流讨论。第四学年，学生须回国进行两个月的教育实习。实习单位由学生自行联系，但是学生必须积极参与实习单位的每个教学安排和活动安排，例如进行全程跟班听课，在指导老师的帮助下，完成教案编写、实际授课等实习任务，并完成实习报告。最后，指导老师根据学生具体实习情况，给出实习成绩。

4. 小结

印尼智星汉语师范学院培养华文教师的优点在于培养成本较低，培养出的学生具备系统的汉语语言知识、中华文化知识和教育学教学法知识，而且对本国的华文教育有亲身实践经验。目前存在的问题包括生源质量偏低、学生入学汉语基础较差、课程内容设置缺乏针对性和实用性、教育实习质量不高等。

第三节　大中小学相结合的华文教师专业发展模式

一　教师专业发展的大中小学相结合模式

教师专业发展大中小学相结合模式就是把师范院校或综合大学当作未来教师专业理论学习的场所，把中小学当作实践的基地，理论与实践相结合，大学与中小学共同协商、相互合作，共同担任培养未来教师的职责，帮助未来教师提升综合素质的一种教师专业发展模式。教师专业发展的大中小学模式也可简称为"U－S合作模式"，即"University-School模式"。这种模式下，大学不是传统意义上教育方案的决策者、实验过程的控制者，而是现实意义上的指导者和被咨询者；中小学教师也不单纯是消费者和执行者，而是问题的发现者、计划的制定者、方案的决策者、行为的检查者、成果的评价者。① 大学和中小学共同参与未来教师的培养，促进教师的专业发展。

由此可见，教师专业发展的大中小学相结合模式与大学本位模式的区别在于：前者为大学与中小学互助合作，双方具有同等地位，共同参与师范生培养方案的制定与执行；后者则是完全以高等院校为主导，中小学不参与师范生培养方案的制定，仅为高校执行教学实践课（听课、见习、实习）的场所，而且师范生教学实践的时间较短，难以深度体验中小学的全方位的教育教学工作，中小学培养师范生的潜力未被充分挖掘。

关于教师专业发展的大中小学结合模式，不同国家和地区根据自身情况，提出了不同的方式。为了提高职前教师教育质量，推动教师的专业化发展，美英两国率先变革传统的教师教育模式，实行大学和中小学相结合的教师专业发展模式。② 如上文提到的，20 世纪 80 年代，崛起于美国的 PDS（Professional Development School）模式——美国专业发展学校，就是大中小学相结合模式的典型代表。该模式由大学教育学院与中小学合作，是融教师职前培养、在职培训和学校改革于一体的新型教师专业发展模式，其主要特点是：大学教师与中小学教师合作，共同负责教师的职前教育；中小学通过与大学合作，拓展中小学内部功能，促进在职教师的专业发展；大学通过与中小学的合作，获得反馈信息，完善大学的教师教育。③ 与之类似的还有英国的"伙伴学校"，④ 它包括以中小学为主和以大学为主两种方式，前者是单一的中小学与大学师范学院或教育系订立培训合同，后者则是由大学教育系与当地数所中小学订立培训合同，共同选择师范生。⑤

---

① 傅树京．PDS 与 TDS：教师专业发展的有效途径 [J]．教师教育研究，2004（6）.
② 王艳秋．美英两国大学与中小学合作模式比较研究 [J]．江苏教育研究，2010（1）.
③ 黎进萍．基于合作的教师专业发展模式——美国专业发展学校（PDS）合作模式探究 [J]．河西学院学报，2006（6）.
④ 王艳秋．美英两国大学与中小学合作模式比较研究 [J]．江苏教育研究，2010（1）.
⑤ 杨朝霞，王丽珍．国内外中小学教师职前培养模式的比较研究——基于高等师范院校与中小学合作的理念 [J]．黑龙江高教研究，2013（5）.

中国的教育界也对该模式进行了研究与实践，各大师范院校和综合大学，根据各自优势和特点，携手各级中小学尝试大中小学相结合的师资培养模式，使得教师专业发展学校的理念逐渐得到认可。如首都师范大学借鉴美国的 PDS 模式，早在 2001 年、2002 年，先后与北京市、石家庄市及唐山市的部分中小学合作，建立了 TDS 模式，即"教师发展学校"（Teacher Development Schools）。① 浙江省于 2015 年在全省实施教师发展学校建设，明确指出"教师发展学校是在中小学校建制内，由高等学校和中小学校合作建立的旨在促进教师专业培养和培训的教学研合一的共同体，既是高校师范生有效开展教育教学实践的场所，也是高校教师参与基础教育改革实践的平台，更是高校与中小学合作开展基础教育科学研究、促进中小学教育教学改革和教师专业发展的重要阵地"②。截至 2018 年，已经公布了两批次共计 107 所"浙江省示范性教师发展学校建设学校"。

大学与中小学相结合模式是教师职前与职后一体化专业发展的主流趋势，兼具培养师范生、培训在职教师和促进高校教师进行实践研究三大功能，能够形成高校教育科研与中小学教育实践的良性互动。

二　华文教师专业发展之大中小学相结合模式的提出

华文教师专业发展的大中小学相结合模式旨在把教授华文的中小学当作教学实践的基地，大学与中小学共同协商、相互合作、教研相长，共同促进华文教师专业成长的一种教师专业发展模式。就目前的文献资料和发展状况来看，华文教师专业发展的大中小学相结合的模式发展得还不成熟，相关研究极为欠缺，究其原因，主要是华文教师专业化程度尚待提高，华文教师专业发展问题还没引起人们的足够重视；此外，海外各国华文教师培养还没实现本土化，许多国家还无法自行"造血"，独立培养自己的华文教师，很大程度上依赖中国"供血"，向各国输出华文

---

① 傅树京. PDS 与 TDS：教师专业发展的有效途径［J］. 教师教育研究，2004（6）.
② 浙江省教育厅. 浙江省教育厅办公室关于印发《浙江省教师发展学校建设实施方案（试行）》的通知［Z］. 2015 – 06 – 12.

教师。由于受限于地域、教育质量等现实因素，担负华文教师职前培养的中国高等院校与海外的华文中小学很难就师范生的培养进行长期的、全方位的深度合作。

根据实际情况来看，目前以大中小学相结合的模式来进行华文教师专业发展的实践活动主要停留在短期培训、成人教育等非学历教育层面，尚缺乏学历教育层面的深度合作，也缺乏大学与中小学之间深入的教育实践研究。当前的合作模式以"请进来"和"走出去"两种培训类型为主。

以海外华文学校的立场来看，"请进来"是请中国或其他国家，以及本国高校的专家教授到华文中小学去开专题讲座、培训班或来学校指导教育教学工作，帮助中小学华文教师提升专业水平。尤其是对华文教师进行面对面指导、讲座、培训，帮助他们解决在教学中遇到的问题；"走出去"是海外中小学华文教师到中国或其他国家的高校、本国的高校或本国具有师资培训资格的机构进修学习或者接受短期培训。

三　华文教师专业发展的大中小学相结合模式活动介绍

（一）走出去——海外华文教师去中国高等院校参加学习

为提升海外华文教师的素质，帮助其解决教学中遇到的问题，中国高校举办或承办了一系列海外华文师资培训的活动，这些活动主要由国务院侨办及各地侨务部门的华文教育基地承办，以集中培训和文化参访为主，培训对象以海外中小学华文教师为主体，也包括专门针对海外幼儿教师的培训，以及华校校长和管理人员的培训。

有的海外华文师资培训活动是专门针对华文教师专项技能的培训。应马来西亚董教总和华校教师的要求，2017 年华侨大学承办了首期"海外华文教师（民俗体育）研习班"；[①] 此类专项培训还包括中华文化才艺、普通话正音等。

有的是专门针对华文教材教法的培训，2016 年 3 月，"2016 年九年制义务教育教材教法培训班"在昆明华文学校举行开班仪式。80 位来自

---

① 贾益民．世界华文教育年鉴（2018）［M］．北京：社会科学文献出版社，2019：20.

缅甸曼德勒云华师范学院的学生参加培训，营员们进行了九年义务制教育教材教法的系统学习，包括现代汉语、中国文化、教育学、教育心理学、报刊语言、缅中翻译、班级管理、备课与教案设计、小学数学教材教法（课堂教学技巧、实践教学、数学基本功）、小学语文教材教法（词语教学、课堂实践教学、识字教学、作文教学）、说课评课等课程。同年4月，暨南大学举办《中文》教材使用培训班，培养加拿大的华文教育工作者。① 2017年，云南师范大学举办了缅甸"华文教育·教师研习"教材教法培训班，来自缅甸39所华校的100名教师参加了为期21天的培训。②

21世纪以来，海外华裔幼儿的华文教育工作越来越受重视，幼儿教师的培养也持续得到相关部门的关注与扶持。2015年，中国海外交流协会等在福建师范大学主办了2015年"华文教育·教师研习"幼教班；2017年，广州市幼儿师范学校承办了"第14期海外华文幼师班"。海外华文幼师培训班自2004年开办至今，已成功举办了13期，为印度尼西亚、马来西亚、文莱、缅甸、老挝、泰国、越南、菲律宾等东南亚国家培训了800多名华文幼儿教师和汉语人才。③

对于华校校长和管理层的培训，始终是华文师资培训的重要组成部分。2015年，中国海外交流协会在云南师范大学举办了"华文教育·校长教师研习班"，来自缅甸、老挝、泰国3个国家的152位校董和华文教师参加了此次研习；在华南师范大学举办了"首期海外华教高层研修班"，来自印度尼西亚、泰国、马来西亚、墨西哥、荷属库拉索5个国家和地区16所华校的27名学员参加了学习培训；暨南大学承办了"新生代华文教育管理人员研习班"，来自英国、瑞典、加拿大和印度尼西亚的25名学员研习了海外侨情、世界华文教育、海外华人社团概况、华教社团的组织与发展、中华才艺等重要课程。④ 2016年，"一带一路"华文教育管理人员汉语培训班在暨南大学华文学院开班，服务于"一带一路"

---

① 贾益民.世界华文教育年鉴（2017）［M］.北京：社会科学文献出版社，2017：16.
② 贾益民.世界华文教育年鉴（2018）［M］.北京：社会科学文献出版社，2019：20.
③ 贾益民.世界华文教育年鉴（2018）［M］.北京：社会科学文献出版社，2019：19.
④ 贾益民.世界华文教育年鉴（2016）［M］.北京：社会科学文献出版社，2017：20.

理念下的华文教育发展。① 2018 年，烟台大学承办了"外派教师聘方学校校长研习班"、洛阳师范学院承办了"海外华文教育示范学校校长研习班"、闽江高等师范专科学校承办了"海上丝绸之路华文教育校长培训班"。

纵观上述各类培训学习活动，可以发现中国的高校，特别是华文教育基地院校，在大中小学相结合的华文教师培养模式中发挥了巨大的作用，它们凭借自身的专业性和教学资源，积极参与了海外华文教师的专业发展活动，为之做出了巨大贡献。海外华文教师"走出去"参加培训，不仅能提高其汉语水平，还能加深其对中国的了解，对文化的认识，增加华文教师们的文化认同感。然而，类似的培训由于时间有限，课程安排紧张，并不能使学员立即消化所学知识。华文教师们期望这样的培训机会再多一些，培训时间能再长一点。②

（二）请进来——海外华校或华教组织邀请中国高校专家学者讲学

由于各种原因，来中国参加培训的海外华文教师毕竟只有少数，难以满足广大海外华校迫切提升华文教学水平的渴望。鉴于此，海外有关华校及华教组织积极邀请中国高校的专家、学者、教师来协助他们进行师资培训。多年来，中国国务院侨办和中国海外交流协会多次应邀组织国内高校的华文教育专家远赴海外开展"巡回式"培训。

2015 年，国务院侨办及中国华文教育基金会先后组织了 23 批次的名师巡讲团奔赴五大洲 20 多个国家进行中华文化、语言学和汉语教学的巡讲。在亚洲，马来西亚 197 所华文学校的近 700 名教师参加了名师亚洲巡讲团的培训；柬埔寨有 18 所华校 92 名华文教师参加；菲律宾吕宋地区 8 所华校 100 多名老师参加了培训；印度尼西亚雅加达华文教育协调机构 120 余名教师参加了巡讲团课程的学习。名师巡讲团还远赴西亚的阿联酋，在迪拜国际学校和"你好语言学校"培训了当地的华文教师。③

在欧洲，来自中国国内不同高校的巡讲团专家分别在法国巴黎、西班牙马德里和塞维利亚及巴塞罗那、葡萄牙里斯本、意大利罗马和米兰、

---

① 贾益民. 世界华文教育年鉴（2017）［M］. 北京：社会科学文献出版社，2017：23.
② 中国华文教育基金会，2013 东盟十国华文教师培训班完满结业 ［EB/OL］. http://www.clef.org.cn/news/2013/0507/5/1204.shtml. （2013 - 05 - 07）［2020 - 02 - 11］.
③ 贾益民. 世界华文教育年鉴（2016）［M］. 北京：社会科学文献出版社，2017：23.

奥地利维也纳、瑞典斯德哥尔摩、丹麦哥本哈根及德国、英国等地进行讲学授课，并与华校和教师代表座谈；在大洋洲，斐济苏瓦、新西兰奥克兰的华校教师聆听了名师巡讲团的授课，其中奥克兰就有 17 所华校的 102 位教师参加培训。①

在美洲，巡讲团赴加拿大及美国的纽约、圣路易斯、哥伦布、底特律、明尼阿波利斯等地，为当地培训了一线中文教师 300 余人。在非洲，名师巡讲团在南非约翰内斯堡开讲，精彩课程吸引了诸多华文教育工作者；马达加斯加也迎来了名师巡讲团的专家讲授相关课程；名师巡讲团还在毛里求斯巡讲了三场。②

"巡讲"这一培训方式授课集中，教学内容富有特色，有力地促进了海外华文教育教学水平的提升，扩大了华文教育的影响力，增强了华文教育工作者的从业信心。并且，国内高校学者到海外讲学，能有效降低华文教师培训成本，并且能在短期内收到比较好的效果，而且深入海外更能了解当地华文教育的现状和当地华文教师的需求，有助于中国高校的华文教育研究者进一步了解海外华文教育的最新动态，使其培训内容符合海外华文教师的真正需求。

（三）"请进来"与"走出去"相结合：联合办学

为了提升在职华文教师的专业水平，不少海外华文中小学与本国或中国的高等院校合作，联合开设本科或研究生层次的学位课程。这种联合办学模式一般是由中国大学派出资深教师授课，海外学校提供教学场所并负责管理。

例如，2012 年，马来西亚山打根育源独立中学、马来西亚南方大学学院及中国华中师范大学联合主办课程与教学论专业硕士学位课程。该课程招生对象为马来西亚独立中学的教师、华校教师以及社会或企业界人士。在职独中、中小学与学院教师可获得学费优惠。该课程于 2012 年 12 月开课，学员于假期期间上课，课程为期两年，上课地点在山打根育源独立中学和马来西亚南方大学学院，学员要修完 26 个学分，课程由 8

---

① 贾益民. 世界华文教育年鉴（2016）[M]. 北京：社会科学文献出版社，2017：23.
② 贾益民. 世界华文教育年鉴（2016）[M]. 北京：社会科学文献出版社，2017：22.

名教授授课，授课完毕后学员进行教学实践，最后前往位于武汉的华中师范大学进行论文答辩，后两项各为一周时间，最后在华中师范大学举行毕业典礼。

山打根育源独中非常注重在职教师专业资格的提升，除了借力中国的高校，也积极寻求与马来西亚高校展开合作，于 2013 年与新纪元学院合作开设教师专业课程，已帮助多位在职华文教师取得教师专业文凭，极大地促进了该校华文教师队伍的专业化发展。

请中国资深教师到马来西亚授课，属于"请进来"；各个中小学华文教师到中国进行教学实践和论文答辩属于"走出去"。既有助于在职华文教师有效提升专业水平，又降低了在职教师出国留学、进修的成本，可谓一举多得，充分体现了大中小学联手推动华文教师专业发展的优势。鉴于此，这种海外华文学校与中国大学联合办学的情况正在逐步增多，例如 2015 年 12 月，暨南大学华文学院与意大利罗马中华语言学校签署了联合在意大利办研究生班的合作协议书，在罗马开设了汉语国际教育硕士研究生班。[1]

第四节　以校为本的华文教师专业发展模式

一　教师专业发展的校本模式

"以校为本"简称"校本"（school-based），即"以学校为根本"，主要包括三方面的含义：一是为了学校，二是在学校中，三是基于学校。学校是教师专业发展的场所，"自 20 世纪 70 年代开始，西方教师教育进一步强调学校在推动教师专业发展方面的重要性，提出教师们的学习必须与他们所在的情境相配合。由此，出现了以下几个改变：一是教师教育的提供方式，由以往政府包揽的局面转为地方政府或社区提供；二是学校本身所提供的教师发展活动日渐增加，改变过去以专业院校提供教师发展活动为主的模式；三是在教师专业发展活动的设计和运作上，日

① 贾益民. 世界华文教育年鉴（2016）[M]. 北京：社会科学文献出版社，2017：21.

渐依赖专业院校与学校建立的合作伙伴关系，而这样的关系给教育人员创造了一个新的学习场所，专业发展学校就是其中的一个例子。整体而言，教师教育有一个重要的调整方向，那就是更多相关的决定权由政府赋予学校，学校成为培养教师的重要场所"①。

对教师专业发展校本模式的界定在整体上大同小异，有学者认为，校本模式是指以增强教学实践体验、提高教育教学技巧、丰富教学实践知识为目的，以教师任职学校为基地，依托学校现有资源，发挥教学团队的作用，促进教师专业发展的教师教育模式。② 还有学者总结出了教师专业发展的"3322"校本模式，即建立健全三项机制、实施三大工程、搭建"两坛""两台"。三项机制是：建立教师自主管理制度；健全双向选择竞聘上岗制度；完善多元评价激励机制。三大工程是：未来工程、骨干工程、名师工程。两坛是：专家讲坛、教师论坛。两台是：科研平台、教学展台。③

综上所述，可以把教师专业发展的校本模式归纳为：以中小学为基地，以解决教师在学校教育教学实践中所遇到的真实问题为目标，调动校内外各种资源，采取多种途径来解决实际问题，从而提升教师个体专业水平和学校整体水平的一种教师专业发展模式。该模式主要用于职后教师的专业发展，会影响到教师整个职业生涯，对教师专业发展意义深远。

与前两种模式相比，校本模式基于学校、基于问题、基于教师，因此在具体实施中可以采取多种灵活的方式和途径。从教师自身角度讲，他们可以依托所在学校资源进行自我学习、自我反思，来解决教学中遇到的问题，提升教学水平；从教师与他人的交往角度讲，在职教师可与其他同事建立学习共同体，进行集体备课、小组讨论、观摩课堂等，相

---

①　黄丽锷. 专业学习共同体：一个校本的教师发展途径［J］. 上海教育科研, 2006（10）.

②　王雪松，杨阳. 大学英语教师专业发展模式研究——以河北省为例［J］. 疯狂英语（教师版）, 2009（3）.

③　聂惠娟. 教师专业发展路径初探——太原市实验中学"3322"教师专业发展校本模式［J］. 教学理论与实践, 2013（32）.

互帮助、共同进步；从学校角度讲，可鼓励新老教师师徒结对，搭建资深教师名师讲坛、名师工作室、教师论坛，组织教师进行教学研讨，根据教师的需求举办培训班、教学比赛等活动来帮助教师提升专业水平。总结起来，校本环境下教师专业发展的关键问题是解决理论性知识如何向实践性知识的转化，[①]其实现途径主要包括个人反思、课堂观察、建立学习共同体、参与培训、校本教研等。

信息时代的知识更新换代速度飞快，终身学习等现代观念已经深入人心，对教师而言，"一招鲜吃遍天"的日子早已渐行渐远，教师专业发展的校本模式已经成为传统的教师专业发展大学本位模式的必要补充。教师专业发展的校本模式有四要素：教师、学校、问题及为解决问题所采用的方法途径。教师专业发展生涯中，大部分时间在职后，而且与教育教学中遇到的问题紧密相关，因此校本模式在教师专业发展过程中占有很重的分量，无论对教师个人还是对学校整体的教学质量都至关重要。

二 华文教师专业发展之校本模式的提出

华文教师专业发展的校本模式也包含了四个要素，即华文教师、华文教师所在的学校、华文教育教学中遇到的问题以及为解决这些问题而采用的方法途径。华文教师专业发展的校本模式以华文教师为主体，以华文教师所在的学校为基地，以华文教育教学中遇到的真实问题为研究对象，通过演绎、反思、分析、总结、教研合作、观摩课堂等方法来解决问题，从而提升华文教育教学水平和华语语言与文化教学效果。

华文教师专业发展的校本活动主要包括个人反思、课堂观察、建立学习共同体、参加培训等。为了探究哪些校本活动能有效帮助在职华文教师提升专业水平，研究者对来自泰国、缅甸、菲律宾等 5 个国家的在职华文教师进行了简要的问卷调查，旨在探索教师们对 11 种常见教师专业发展活动有效性的看法，共回收有效问卷 55 份，具体情况见表 4 - 3。

---

① 周速，王宇. 校本环境下教师专业发展模式的实践探索［J］. 现代教育管理，2009（5）.

表 4-3 华文教师专业发展活动有效性统计

	校本活动	百分比
1	校内听课观摩	40.8%
2	教师小组集体备课	34.7%
3	校内教学培训	34.7%
4	校内专家讲座培训	30.6%
5	教师小组教学研讨	28.6%
6	全校研讨会	18.4%
7	师徒结对	14.3%
8	校内教育科研活动	12.2%
9	校内教师演讲会	12.2%
10	校内教学比赛	12.2%
11	校内教师读书会	8.2%

通过表 4-3 统计可知：首先，被调查的四成在职华文教师（40.8%）认为"校内听课观摩"对于提升自己的专业水平最为有效；其次，作为学习共同体活动的"教师小组集体备课"与"教师小组教学研讨"受到很多教师（34.7%、28.6%）的认可；再次，"校内教学培训"与"校内专家讲座培训"的有效性也受到相当多华文教师（34.7%、30.6%）的认可；而且，可以看出，更多的受访教师认为教学培训比单纯的专家讲座式培训更为有效。这也从侧面说明，这些华文教师更为认可与自己教学实践活动最为相关的校本学习活动；最后，"校内教育科研活动"未受到广泛认可，说明校本科研还未在华文学校受到重视，科研活动对教师的学术素养要求较高，这与华文学校整体师资专业化程度不高存在一定关系。

为促进本校华文教师的专业化发展，提升专业素养和教学水平，海外各国的华文学校普遍重视具有自发性、互动性的校本教师专业发展活动。例如，2016 年，意大利佛罗伦萨中文学校先后举办了"如何激发华校学生学习中文的热情"主题研讨会、"阅读教学"主题教学研讨会、教学观摩公开课等校本活动；缅甸曼德勒云华师范学院举办新教师入岗培训、泰国崇华新生华立学校组织中文老师培训会、泰国合艾树强学校举行教师工作效率研讨会、缅甸福星孔子课堂召开全体志愿者教师会议等。① 这些校本活动的主讲人多是在该校工作多年的能手型或专家型教师，具有丰富的华文教育实践性知识，与来自高校的专家相比，更为熟悉本校华文教学的问题，较容易获得本校教师的认同，从而取得更为有效的培训效果。

近年来，校本模式的华文教师专业发展活动还突破了以往局限在本校的单一模式，出现了多个华校联合开展教师培训的现象。例如，2015年，意大利佛罗伦萨中文学校与佛罗伦萨 PALACA 小学之间展开了一场以提高课堂教学有效性、共享华裔学生教育成功经验为宗旨的校际教研交流活动；该校专门为学校的 10 多位外派教师开设了意大利语课，以培养外派教师跨文化的交流与沟通能力。② 2017 年，缅甸曼邦地区的 10 所华校共 63 名教师在缅北勐约华光中学进行了华文教师培训。③

三　华文教师专业发展的校本模式案例分析

（一）缅甸曼德勒新世纪学校华文教师专业发展的校本活动

缅甸曼德勒新世纪学校为帮助教师解决专业发展中遇到的问题，举行了各种各样的校本活动，例如，在 2014 年该校先后开展了如下活动。

2 月，新世纪学校开办了"本土华文教师免费培训之办公软件电脑班"，免费提供多媒体教学设施、教学光盘、计算机等服务，并且安排了专业计算机教师担任教学。结课仪式上，学员们纷纷表示自己的多媒体运用能力得到了提升。

4 月，语文组在语文教研室开展教学研讨会，全体语文教师参与。研讨会主要内容包括：各年级任课教师总结前段时间的教学任务完成情况；分析本学期新生的综合水平，并提出针对性的教学方案；集体观看优秀教学视频，讨论这些教学方法在实际教学过程中的可操作性，结合新世纪华文教育理念，加以改造创新，融入自身的教学理论系统中。随后，

---

① 贾益民. 世界华文教育年鉴（2017）［M］. 北京：社会科学文献出版社，2017：259 - 266.

② 贾益民. 世界华文教育年鉴（2016）［M］. 北京：社会科学文献出版社，2017：23.

③ 贾益民. 世界华文教育年鉴（2018）［M］. 北京：社会科学文献出版社，2019：21.

召开新教师交流汇报会，新老教师积极交流教学中遇到的困难，相互探讨并寻求解决办法。

9月，各教研组召开新学期第一次教研工作会议。各教研组明确了新的备课、听课要求。教师之间交流讨论教学方法、教学资源共享等方面的问题，各教研组利用学校多媒体设施开展教研活动来促进教法专业化、现代化发展。该教研会议旨在提高教师使用现代教学设备的技能，推动新世纪学校教育多元化建设，全面提高新世纪学校教育教学质量。①

曼德勒新世纪学校所开展的活动，既有帮助新教师熟悉、适应教学工作的交流培训，也有提升在职教师的专业教学技能、班主任管理能力的教研观摩活动。这些专业发展活动不仅能提升华文教师的素质，而且有助于提高学校的整体华文教学质量。

（二）印尼八华学校对新任汉语教师的岗前培训

印尼八华学校每年都对新聘教师开展全面岗前培训。2012年7月，印尼八华学校对新任教师进行岗前培训，有29名新教师参加岗前培训。他们是八华学校在中国各地招聘的优秀教师，包括中国海外交流协会委派的10名华文教师，以及来自华北科技学院的优秀毕业生以及实习生。

培训内容包括印度尼西亚语、汉语知识、中国印度尼西亚文化交际、弟子规、简笔画、形象设计、发声练习、课堂技能训练等15科内容，课程设置紧凑合理，内容丰富，形式新颖。培训既有理论，又有大量的案例和实际练习活动，交流、探讨的气氛非常活跃。在丰富的培训课程之余，学校还为老师们安排了拓展训练。② 这项立足学校的岗前培训活动使新教师更快地接触印度尼西亚文化、融入印度尼西亚教学环境，拉近了教师之间的关系，加强了新教师团队建设，为华语教学的开展奠定了基础。

（三）美国旧金山南桥学校的校本培训体系

美国旧金山南桥学校为努力提升华文教师教学水平，制定了一系列

---

① 东盟网，曼德勒新世纪学校举行小学数学公开课［EB/OL］. http://www.mhwmm.com/Ch/NewsView.asp? ID=3285. (2014-12-10)［2015-03-23］.

② 中国新闻网，印尼八华学校新任汉语教室岗前培训圆满结束［EB/OL］. http://news.163.com/12/0723/14/873T74DV00014JB6.html. (2012-07-23)［2020-02-11］.

措施。首先，完善华文教师校本培训体系，利用学校现有教学资源，开展校本培训，鼓励教师自学"充电"。其次，建立教师工作评价体系，在年终对教师进行量化评价。

经过学校管理层与华文教师的共同努力，目前南桥学校已经形成了一支老、中、青相结合的华文教师队伍，他们中有从事数十年华文教学、治学严谨、经验丰富的老华文教师，也有朝气蓬勃、勤奋钻研的中青年华文教师，他们共同努力提升专业水平，让学生真正学会华文，并对学习华文产生兴趣。

综上所述，大学本位的华文教师专业发展模式，就是以师范院校或综合大学为基础的教师专业发展模式，主要应用于华文教师专业发展的职前阶段以及学历教育。该模式的三种亚型为本土型、外援型和合作型；华文教师专业发展的大中小学相结合模式旨在把师范院校或综合大学与华文中小学结成发展共同体，把华文中小学当作实践基地，理论与实践相结合，大学与中小学共同协商、相互合作，共同承担培养华文教师的职责，以期提高华文教师培养质量，帮助华文教师提升专业发展水平。在当前的华文教育实践中，大中小学的结合方式相对松散，尚缺乏深度合作，主要以中小学华文教师接受高校专家培训为主；华文教师专业发展的校本模式立足华校、依靠本校教师资源，并服务于本校教师和学校的实际工作，能够兼顾华文教师个体专业发展与华文学校的整体水平提升，是华文教师职后发展的重要模式。校本模式活动不仅能让华文教师尽快熟悉华文教学工作、提升教学质量，还能在教师之间、教师与学校之间形成良好的氛围，是一种自主性较强的华文教师专业发展模式。

大学本位模式、大中小学相结合模式和校本模式是华文教师专业发展的三种主要模式。三种模式各有特色，互为补充，长期共存。就华文教师个体而言，在其专业发展生涯中可能三种模式都会经历，在顺序上或是线性或是穿插进行。职前主要经历大学本位模式，职后主要经历校本模式的培养，这些模式共同致力于满足华文教师在不同阶段的专业发展需求。

第五章　华文教师专业发展途径

华文教师专业发展途径研究旨在探索海外华文教师通过哪些方式、方法、道路来实现自身的专业化发展。结合当前海外华文教师专业发展的实际情况，依据教师专业发展途径的相关理论，可以将纷繁复杂的华文教师专业发展途径进一步提炼出三个取向，即知识—理智取向、实践—反思取向、合作—生态取向。在华文教师的专业发展历程中，教师个体会在不同时期倾向采取不同取向的发展途径，也可能在同一时期同时采取三种取向的发展途径，所有的途径最终指向华文教师的自我革新与发展。

第一节　教师专业发展途径研究述评

一　教师专业发展途径的国内外研究现状

"途径"是指通向某个具体目标的道路。教师专业发展途径主要是指促进教师专业知识、专业能力、专业情意等方面形成或提高的方式，具体表现为促进教师专业水平提升的各种具体活动。

随着20世纪60年代教育改革浪潮的兴起，人们逐渐认识到教师在教育、教学中起着至关重要的主导作用，伴随着对教师整体专业化发展的关注，对教师专业发展途径的研究也随之进入学者们的视野。进入90年代后，华莱士（Wallace）提出了三个类型来概括教师的专业发展途径。其一，学徒类型，指新教师像学徒一样观察和模仿有经验的教师（师父），逐渐积累自己的经验，逐渐提高教学水平。其二，应用科学类型，指新教师系统地学习语言教学理论，用理论指导教学实践，改进自己的教学。其三，反思类型，指教师在教学实践中观察他人教学的同时反思自己的教学，并结合理论指导，提高自己的教学水平。① 进入 21 世纪后，理查德（Richards）和法瑞尔（Farrell）全面研究了职前专业训练结束之后教师自主发展的途径，并归纳了语言教师发展的 11 种途径策略，分别为：教师工作坊、自我监督、教师支持小组、撰写教学日志、同伴观察、教学档案、关键事件分析、案例研究、同伴辅导、团队教学、行动研究。② 虽然这些研究并不能涵盖全部的教师专业发展途径，但也为其他学者的研究提供了借鉴。

自 20 世纪 90 年代开始，教师专业发展研究开始在我国兴起，逐步推动了实践领域的教师专业发展活动，教师专业发展途径的研究也随即受到关注。学者们从各自的理解，为不同学科、类别的教师提出了多样化的教师专业发展途径。例如，有的学者将对话作为教师发展的途径。吴刚平认为，对话是促进教师专业发展的重要途径。对话包括三个方面：一与文本对话，二与他人对话，三与自我对话。在对话中对自己的教育经验和外在世界进行反思，实现自我改进。③ 有学者将教育叙事研究作为一条重要的内部发展途径，认为教育叙事切入教师实际、贴近生活，关注日常教育实践与经验的意义，使教育科研回归生活本身，是最适合教师做研究、促进教师专业发展的途径。④ 有学者提出以学校为本的教师专业发展途径，具体包括教师自评、开发教育教学案例、开展研究性教学三个方面。⑤ 有学者基于建构主义的理论视角，提出反思是教师专业发展的有效途径。⑥ 华东师范大学丁钢教授带领的课题组对全球化背景下的

① Macian, J., Wallace, M. J. Training Foreign Language Teachers: A Refelctive Approach [J]. *The Modern Language Journal*, 1991 (76).
② Richards, J. & T. Farrell. *Professional Development for Language Teachers: Stategies for Teacher Learning* [M]. New York: Cambridge University Press, 2005: VII.
③ 吴刚平. 促进教师专业发展的对话途径 [J]. 教育评论, 2004 (1).
④ 王芳, 刘俞. 教育叙事研究——教师专业发展的途径 [J]. 宿州学院学报, 2006 (5).
⑤ 全洪涛. 浅谈学校教师专业发展的途径 [J]. 教师教育研究, 2004 (3).
⑥ 徐美娜. 教师专业发展途径之探讨——基于建构主义理论的思考 [J]. 教育与教学研究, 2009 (7).

教师专业发展的新理念及其变革实践进行了探索，提出推进教师专业发展的有效途径包括：（1）构建教学的学习共同体，并形成组织内的学习循环，以分享和精加工组织内已有的教学经验；（2）采用案例教学法，以焦点或问题为导向，关注解释课堂现实生活的经验，促进专业知识和行为技能的发展；（3）情境学习，通过模拟和观课体验专家型教师的教学专业知识；（4）同伴互动，包括教师团队之间进行动态合作和对话；（5）叙事探究，通过叙事，教师们彼此敞开心扉，分享专业经验，促进共同反思，这不仅仅是一种日常的校本科研方式，并且是推动教师教学专业成长的一种生活方式；（6）建立专业发展区域合作方式，推动教师教育的区域发展。[①] 该研究从全球视角归纳了教师专业发展的有效途径。还有学者总结了中学教师的专业发展途径，包括自我引导（听课和专业阅读）、观察与评价（评判性诤友团队和微格教学技能训练）、参与发展与改进过程（参与课题进行教育科研和参与校本课程开发）、继续教育（上级教育部门短期培训、校本培训和提高学历层次培训）、探究式（教学反思和教育行动研究）等。[②]

　　尽管学者们提出不同教师专业发展途径的角度各有千秋，但对于教师们寻求专业发展的动因有较为一致的看法。总体而言，促使教师寻求专业发展途径的动因可以分为两个方面：一是外部动因，主要来自社会发展和教育改革对教师专业水准与从业规范的外在要求，教师会通过参加有目的、有计划、系统性的培训而促进自身的专业发展；二是内部动因，即教师内在的发展要求，它源于教师对自我职业角色的定位、教师自我完善的愿望等。

二　教师专业发展途径的国内外研究总结

　　就研究的对象而言，涉及面十分广泛，包括不同学科教师、不同学段教师等。从学科的角度看，目前文献主要集中体现在语文和英语、外

① 全球化背景下的教师专业发展创新计划——新理念及其变革实践［EB/OL］. http://www.sinoss.net/2010/0418/20538.html.（2018-04-24）［2020-02-11］.
② 何杰平. 中学教师专业发展途径研究［D］. 湖南师范大学硕士学位论文，2012.

语等语言学科。从学段的分布来看，高校教师专业发展途径研究比较多，高校教师群体又分为本科和专科两大类。从研究的视角看，主要分为三种：第一种是从外部条件来论述如何促进教师专业发展，主要涉及校长以及学校怎样为教师专业发展提供思路、创造环境与条件；第二种是从教师专业发展的内、外部两方面因素着手探索教师专业发展的有效途径，兼顾了教师自身对专业发展的要求与外部因素对教师专业发展的促进，一方面突出了教师专业发展的意识、在专业发展中的反思，另一方面强调了学校对教师专业发展的管理与资源投入；第三种视角从内部切入，强调教师依靠自身的反思和探索来获得专业发展。

关于教师专业发展途径的分类，学者们采取了不同分类标准。有学者以教师专业发展活动的组织者为标准，例如，杨和稳认为可以按单位大小来划分教师专业发展途径，分为以学校为单位组织的教学观摩、讲座等；以教研组为单位的集体备课、教学研讨等；以个人为单位的教学反思等三类。[①] 这种观点也从另一个方面描述了教师专业发展活动的层次，即学校、教研组和教师个人。

最后，现代科技手段在教师专业发展活动中的应用受到广泛关注。现代技术的应用带来了教育资源全球化、教学个性化、学习自主化、活动合作化等诸多进步。体现在教师专业发展上，一方面现代技术本身是教师专业发展的基本学习内容之一，教师要能使用计算机系统、网络来获取、开发和显示数据并发布成果，以及能够进行必要的软硬件维护；另一方面，现代技术是教师专业发展的基本手段，教师要能运用相关工具提升自身的专业水平和工作效率，能应用技术进行交流、合作，应用技术开展研究并解决问题。[②] 因此，学者们认为在这个科技快速发展的时期，更应该顺应时代潮流，让技术为我所用，使之成为教师专业发展的必要工具。

[①]　杨和稳. 新课程背景下西部贫困地区农村中小学教师专业发展的调查报告［J］. 教学研究，2009（6）.

[②]　祝智庭. 教育信息化与教育改革［J］. 演讲稿，2003（3）.

第二节　华文教师专业发展途径的研究及取向

一　华文教师专业发展途径的研究现状

华文教师专业发展贯穿每位华文教师整个职业生涯，然而，目前对华文教师专业发展途径进行的系统研究极为缺乏。在知网先后以"华文教师专业发展途径""华文教师"加"专业发展途径"等方式进行篇名搜索，仅能发现1篇关于新加坡私立托儿所华文教师专业发展途径的硕士论文，由笔者指导的一名在职硕士研究生完成。新加坡现有1130所托儿所，其中私立托儿所约有500所，占总数的44%。该研究对一所私立幼儿园下辖4个分园20位华文教师的专业发展途径进行了深入分析。研究发现，私立托儿所华文教师都能意识到提升个人专业素质的重要性，但由于存在种种原因，尚未找到与自身情况最相匹配的发展途径。① 虽然该研究的调查对象样本量较少，但作为案例研究有助于我们了解海外华文教师专业发展途径的真实情况。

此外，许多学者在论述华文教育师资问题时会提及教师的发展途径，其中，教师培训是多数学者认可的一种华文教师专业发展途径。例如，严奉强和陈鸿瑶在《东南亚华文教育：现状、问题与对策》一文中提出，培训是华文教师专业发展的重要途径，而且他们提出可以从四个方面改进培训工作。第一，要加强培训的计划性，尤其是中长期的培训计划，建立系统的科学性强的培训梯级体系，设定不同阶段、不同对象的系统而配套的培训内容体系；第二，要加强培训的针对性，根据不同的对象、不同的需要，设计不同的培训内容；第三，要采取灵活多样的培训方式，开展多元化、多层次的师资培训服务；第四，人才培养的层级性，应逐渐从华文教师的短期培训向华文人才培养的多层次和学历教育过渡。② 此

---

① 陈巧芳. 新加坡私立托儿所华文教师专业发展途径调查研究——以C托儿所为例［D］. 华侨大学境外生硕士学位论文，2019.
② 严奉强，陈鸿瑶. 东南亚华文教育：现状、问题与对策［J］. 深圳大学学报（人文社会科学版），2006（7）.

外，林去病在《菲律宾华文教师谈提高教师素质》中也指出，师资培训是华文教育改革的重点，是华文教师专业发展的途径；除了脱产培训外，他还鼓励华文教师们接受在职进修，努力提高自己的教学能力和水平。[①]针对印尼华文教师发展问题，郭健在《印尼华校师资发展概况、问题及对策》中提出，提高华文教师的专业素质，不断改进师资培训，包括以下方面。（1）中国对外派志愿者的培训。在国内高校提倡小语种的学习，把目前的外派志愿者教师改成自愿，短期改为一个长期的就业目标。（2）印尼国内华文教师的培训。印尼政府的华文教师培训机构把短期培训和长期学习结合起来，培训效果会大大提高。[②] 除了有关东南亚华文师资的研究外，欧美华文师资研究也提到教育培训的重要性。郭保林、严晓鹏的《欧美华文教育师资、教学现状及发展对策——基于对华文教师的实证研究》一文提出要提高华文教师的质量，应该从提高对华文教育的投入、建立各级各类华文教师培训基地入手，着力形成华文教师培训的长效机制，从制度上确保华文教师的专业水准与专业发展。[③]

　　除了培训以外，还有学者提出了其他不同的华文教师专业发展途径，例如华语教研活动、短期任教等。蔡贤榜则认为，华语教研活动营造了一个发展华文教育的良好环境，为华文教育专业发展提供了学习、进步的途径。如北京汉语教学学会每三年一次的"国际汉语教学讨论会"及两年一次的"东南亚华文教学研讨会"等。出席这类会议的都是从事华语教学多年的专家和学者，这种融合与交流有利于华文教师专业发展。[④]陈荣岚等提出，在华文教师师资队伍建设中，一是要聘请短期任教。从中国或其他地区聘请有教学经验的教师作短期讲学，汇合各方力量，用外力带动内力，扩大内力的视域，促使华文教师重新审视自己教学的得与失，逐渐改革传统的教学模式。二是要就地取"才"。邀请当地文人学

① 林去病. 菲律宾华文教师谈提高教师素质［J］. 海外华文教育，2002（2）.
② 郭健. 印尼华校师资发展概况、问题及对策［J］. 赤峰学院学报（汉文哲学社会科学版），2011（2）.
③ 郭保林，严晓鹏. 欧美华文教育师资、教学现状及发展对策——基于对华文教师的实证研究［J］. 八桂侨刊，2011（12）.
④ 蔡贤榜. 印尼华文教师队伍现状及培养对策［J］. 海外华文教育，2005（4）.

者进校讲学，为教师做学术演讲等，提高教师的专业素养。①

综上所述，当前华文教师专业发展途径的研究方法较为单一，以经验总结和理性思辨为主；研究视角主要聚焦外部力量的自上而下的介入，如专家培训和外聘教师的短期任教，关注华校自身资源和华文教师的内在潜力的研究较少。

二　华文教师专业发展途径的三种取向

受到半个多世纪以来哲学思潮、教师知识研究、课程理论研究等方面的影响，人们看待教师专业发展的观念也有了本质的转变，从以往重视权威专家的"自上而下"的知识传授，逐渐过渡到注重教师"自下而上"的自我反思与实践反思，从注重教师个体的单独成长到注重教师个体在合作的文化环境中共同成长。具体说来，目前教师专业发展基本途径可大致分为三种：知识—理智取向、实践—反思取向、合作—生态取向。在海外华文教育领域，华文教师的专业发展活动也呈现这三种取向共存的局面。下文将按照这三种取向对常见的华文教师专业发展活动进行依次解读。

第三节　知识—理智取向的华文教师专业发展途径

知识—理智取向的华文教师专业发展活动强调教师应该从外部"权威"机构或专家那里学习知识，重视学习的正统性、系统性和权威性。该取向的拥护者认为华文教师要接受华文教育学科领域的系统学习，了解华文教师专业所应具备的知识、能力与情意。把华文教师专业发展视为"教学知识"和"教学能力"更新的过程，倡导华文教师在职前和职后参加各种正规的培训，学习系统的课程，向专家学者学习通识性知识、本体性知识和条件性知识。强调校外"专家"的权威，而华文教师的个人观念、生活和专业经验等并不是理智取向所关心的。此取向的优势在

---

① 陈荣岚，唐微文. 扩充·稳定·提高——谈华文教师队伍的建设［J］. 海外华文教育，2002（2）.

于能够使华文教师较为容易地掌握华文教学中"确定性"的内容，关注专业发展中的实质性知识，活动的组织和操作容易施行。

一　参与培训

（一）华文教师培训的主要形式

近20年来，华侨华人社会对华文教学质量的追求使得华文教育师资匮乏和专业素质欠佳等问题愈加突出。作为世界汉语教学中心、华文教师的祖（籍）国和来源地，中国对海外华文教师的业务培训不断拓展，有关研究也不断深化。但是，"两教一资"（教师、教材和资金）仍然是目前海外华文教育所面临的最现实、最迫切的问题。华文教育事业的发展有赖于高质量的华文教师队伍，因此通过开展华文师资培训来提高教师的知识素养和教育教学能力是促进华文教育事业的一项重要工作。

据统计，2018年海内外举办的华文师资培训仍以海外华文教师来华培训为主（占比63.71%），海外自主开展的华文师资培训为重要补充（占比29.03%），以中国外派华文教育师资培训为次要辅助（占比7.26%）。

海外华文教师来华培训是一种较为主流的传统培训方式，每年都有数以千计的各国华文教师前往中国各地接受短期的集中培训，承办者多为各地的华文教育基地。国务院侨办自2000年开始在全国遴选高校，作为开展海外华文教育的基地，截至2017年6月，全国已建立近50个华文教育基地，[①]这些基地承担了大部分华文师资培训工作。近年来，为推进"一带一路"倡议，增进"一带一路"沿线国家交流，2019年在海南、北京分别举办了"一带一路"沿线国家校长及管理教师培训班。此外，海外华校校董研习班在广西桂林举办，共有来自美国、新西兰、马来西亚等26个国家的184名华校校董、校长参加了此次培训。此类面对面的实地培训能让海外教师保持良好的学习状态，培训者与学员、学员之间能够保持良好互动，但也存在人力、物力、财力方面的支出较大，承办单位工作量较大等问题。

---

① 中国新闻网，国侨办新增华文教育基地落户河北保定［EB/OL］. http://www.gqb.gov.cn/news/2017/0620/42869.shtml（2017－06－20）［2020－02－12］.

　　第二种是海外自主开展的各类华文师资培训。例如，2019 年在国外，菲律宾和巴西积极举办华文教师证书班的本土培训，有近 200 名华文教师参加培训。海外华校的培训能力有限，高质量的本土培训仍需要中国外援支持，而互联网的普及使海外华文教师足不出户也能接受培训。中国华文教育基金会主办的品牌项目"海外华文教师完美远程培训"顺应现代信息科技发展，通过远程技术，把中国国内华文教育的培训资源传到海外华文教育第一线。截至 2019 年 12 月 12 日，已有来自全球五大洲 50 个国家的 1263 所华校加入了该项目的培训课程，全球直播已有 91 个国家的逾万名华文教师入群听课。此类师资培训具有成本低、见效快、效率高等显著优势，受到海外华文学校和华文教师的认可。

　　第三种是外派中国专家赴海外进行师资培训。为方便海外华文教师学习，提高海外华文教育师资队伍的教学水平和海外各类华文学校的办学质量，推动海外华文教育的发展，多年来，国务院侨办和中国海外交流协会采取"送教上门"的方式，组织国内专家、教师分赴各国家开展"巡回式"培训。2008 年，国务院侨办从国内 21 所学校选派了 46 位教师，组成了 12 个讲学团组，先后赴加拿大、菲律宾、老挝、缅甸、文莱、泰国、美国、马来西亚、西班牙、英国和印尼 11 个国家，培训海外华文教师 3600 余人。① 这种"送教上门"的培训形式持续至今。2019 年，由中国海外交流协会主办的"华文教育名师巡讲团"奔赴荷兰、南非、韩国、澳大利亚、美国、巴西等 24 个国家，足迹遍布世界六大洲，开展了语言文化、汉字教学、心理健康以及教学法等主题讲座。

　　综上所述，由中央统战部、国务院侨务办公室及各级统战部、各级侨办等中央和地方政府机构主导的一系列华文教师培训活动促进了一大批华文教师的专业发展，有力提升了海外华文教育的整体专业化程度。值得一提的是，在科技发展推动华文教育的时代大趋势下，远程师资培训日益成为海外华文教育工作的重心，特别是当前全球已进入后疫情时代，在此背景下的远程网络华文师资培训或将取代来华培训或外派"巡

---

① 汤翠英、王匡廷. 培训海外华文教师，提升华文教学水平 ［EB/OL］. http://qwgzyj.gqb.gov.cn/hwjy/148/1442.shtml.（2009－03－06）［2016－05－24］.

回式"培训，成为未来的主流培训模式，学术界应加强对这种培训模式的研究。

（二）华文教师培训的主要内容

从教师知识的类别来看，这些培训主要包括通识性知识（中国文化、历史、文学、民俗、国情等）、本体性知识（汉语语音、词汇、汉字、语法、修辞、古汉语等基础知识）以及条件性知识（华文教材教法、华文课堂教学、二语习得心理学、现代教育技术等）。各地培训课程通常按照以上内容板块划分，从扩展华文教师的视野和知识结构出发，有其一定的迫切性与合理性。

（三）华文教师培训存在的问题

当前的华文教师培训也存在诸多问题。首先，许多"万金油"或"大一统"式的统一培训忽略了不同华文教师多样化的学习需求，整体上缺乏针对性和灵活度，没有给予华文教师足够的选择权。按照教师专业发展阶段理论的观点，一个不争的事实就是处在不同发展阶段的华文教师所面临的关键问题是不同的。当前的许多培训未能对新手教师、熟手教师、能手教师和专家教师进行分类培训。这些培训的效果近年来也受到了多位学者的质疑，认为华文教师培训中存在重复建设、培训内容单一等问题。有学者的调查结果显示，65%的东南亚国家华文教师曾参加层次和内容各异的华文师资培训或华文教师函授课程。但是在这些培训中，华文教师的自主性没有很好地体现出来，他们只是被动地接受已经设计好的培训内容和培训方式。①

一个针对马来西亚"华文教育骨干教师研习班"40位学员进行的小范围调查也发现了一些培训工作的问题。在问及"您认为目前的华文教师培训工作存在那些问题"时，52%的教师选择"培训内容不够丰富，无法满足教师多样性的需要"，50%的教师认为"培训内容缺乏针对性，没有根据教师的不同需求安排不同层次的培训内容"，44.7%的教师选择了"培训缺少科学化和规范化"，这是教师们意见最为集中的三个方面。

① 唐燕儿，孙振宇．打造华文教师培养的助推器——论东南亚国家华文教育人才库的创建［J］．东南亚纵横，2014（3）．

此外，还有一些教师认为"培训内容重复"（7.9%）、"培训费时费力"（2.6%）、"培训内容陈旧"（7.9%）。在有关华文教师发展的建议中，教师们留言指出，"应该开展更多针对性的培训"，"缺乏系统的培训，教师往往向外寻找资源或者在网上寻求华文知识以弥补自己的不足"，"应该结合华文教师的职业，提供更多有针对性的课程"，等等。①华文教师们普遍希望多参加教师培训，提高理论素养和教学能力，但同时又认为难以在培训中获得自己想学的东西，说明目前的华文教师培训工作尚有巨大的改善空间。究竟华文教师们心中的理想培训是什么？科学化、规范化、系统化、多样化、有针对性的培训具体是什么？这些都有待深入的研究。下文先尝试性地从较为宏观的层面提出改善华文教师培训工作的建议。

（四）华文教师培训的改进建议

华文教师是推动华文教育事业发展的生力军，华文教师的质量和水平决定着华文教育的发展水平。因此，基于华文教师专业发展阶段理论，建立完整的"职前职后一体化"教育培训体系，对提高海外华文教师的专业化程度至关重要。找到华文教师所面临的问题就可以有的放矢地为他们制定针对性的成长策略，这需要华文教师个人和华教组织的共同努力。

第一，要特别重视华文新教师的入职培训工作。华文教育行业要想吸引好的华文教师并留住他们，非常紧要的是通过入职培训项目帮助新任教师。入职培训是引导华文新教师进入专业角色、内化职业规范的过程，是帮助新教师进入职业角色的纽带。入职培训旨在帮助华文新教师解决实际教学或班级管理上的困难，注重汉语基本教学技能和方法的传授，分析新教师在课堂上存在的问题，帮助新教师迅速熟悉教学工作。特别要聘请具有丰富实践教学经验的资深华文教师为新教师传道授业，能够理论联系实际，注重对新教师进行实务和实际教育教学经验的传授。

第二，坚持"教学先行"的培训策略。一项针对海外汉语志愿者的

---

① 常宝文．马来西亚华文教师的华文教育态度调查问卷——以"华文教育骨干教师研习班"为例［Z］．华侨大学研究生课程论文，2016.

岗前培训需求分析研究发现，教师们认为在海外教学时，针对不同国别、不同年龄段的学生，教学方法始终是最重要的，也是最关键的，适合学生特点的教学方法在教学中的作用是明显的。另外，被调查者认为专题课程和课程设计以及教学规划与策略在海外教学中也是十分重要的。这说明教师认为合理的教学规划有助于对整个教学周期的把握和系统的安排，而灵活的教学策略更是教学中针对不同性格特点的学生必不可少的方法。① 而另一个有关留学生对汉语教师教学的期望的调查表明：留学生十分关注教师课堂教学的讲解能力和普通话标准程度。认为作为一位教师，"讲解清楚详细"理应是最基本的一项要求，也是一种较高的要求，由于理论水平、理解能力、解释能力、表达能力、教学内容复杂程度等因素，这种要求也难以实现。② 作为一名华文新教师，由于教学对象的特殊性、汉语的复杂性、习得因素的多样性、自身素质和能力等因素，时时做到课堂讲解清楚详细具有相当大难度。因此，华文新教师在专业成长的第一个阶段，必须重点关注教学方法与策略、课程设计与规划等方面的能力提升，力争用标准的普通话为学生详细清楚地授课。

第三，注重华文教师的分层化培训。华文师资培训是一项计划性很强的工作，师资培养在时间上、层次上应有一个周密的计划。海外华文教师存在明显的层次性，既有刚入职几年的新教师，也有从教时间长达十几年甚至几十年的老教师，他们处在不同的专业发展阶段，具有不同的学习需求。针对新教师，他们通常具备一定的华文教学理论知识，但教学经验不足，应该开展侧重于华文教学能力的培训，包括教学方法、教学技巧、课堂教学规范、班级管理等内容；老教师们积累了丰富的华文教学经验，然而普遍存在知识老化、理论基础薄弱的问题，因此对他们应该开展提高汉语本体知识、条件性知识等理论素养的培训，特别是针对一些熟手教师，要加以积极引导，鼓励他们克服苦难，度过职业生涯的高原期，成长为能手型教师。而对能手型教师，要鼓励他们进一步

---

① 黄雯雯. 海外汉语教师志愿者的岗前培训需求分析 [J]. 语言教学研究，2011 (8).
② 黄启庆，刘娟娟，杨春雍. 外国留学生对汉语教师期望要素的初步调查 [J]. 云南师范大学学报（对外汉语教学与研究版），2013 (3).

提取升华其实践性知识，早日成长为专家型教师，甚至成为华文教师培训者。

第四，注重华文教师的差异化培训。由于各国华文教师的整体情况普遍存在差别，因此，针对不同国家教师的培训工作也要进行差异化处理。例如，东南亚的华文教师整体学历偏低，应主要进行现代教育理念、科学文化知识、普通话正音、汉语语言与文化基础知识等方面的培训；而在北美地区的周末制中文学校，这里的华文教师大多具有高学历，科技文化知识储备较为充分，对他们的培训要侧重汉语本体知识和教学技能，以及华文课程开发等方面。此外，差异化培训还应体现在不同类别的华文教师培训上，例如全日制华文学校的华文教师和周末制中文学校的兼职华文教师，他们的教学时间有明显差异，面临的教学挑战也不同，前者教学时间具有保障，培训的重点在于如何提升教学质量；而后者由于时间短，学生学习兴趣不高，流动性大，培训的重点在于如何激发和维持学生的学习兴趣。

第五，为华文教师制定个性化的培训计划。每个华文教师都是独特的个体，个性化的专业发展尤为重要，要根据教师们的不同需要和特长制订具有引导性的发展计划。根据教师的特点给他们安排合适的教学任务和授课科目，特别要避免将较难的教学任务分派给新任教师，以保护华文新教师的自信心。对于处在生存期的新教师，学校要有计划、有目的地安排他们参加校内外的培训和交流，不断学习锻炼，拓宽视野，鼓励他们大胆创新，开拓进取，不断完善自我，提高他们的教学水平、教学技能和心理素质。学校还要善于挖掘华文教师的优势和潜能，对于研究能力较强的华文教师，要着力将其培养为学校的科研骨干，适当减少其教学工作量，以确保其对科研的投入。同时要打破论资排辈的制度，为特别优秀的华文教师开辟绿色通道，鼓励其承担负责人或领导的职务，安排他们参加管理人员的专门培训。

除了上述几点之外，还要从制度、资源等方面给予充分的支持。此外，还应继续开发网络和远程华文教师培训。维护和完善已有的如中国华文教育网等网络资源，充分发挥现代科技手段为华文教师培训带来的便利。

二　学历教育

尽管目前海外华文教育师资队伍普遍存在一些问题，如师资匮乏、教师学历背景参差不齐、教学水平有限、理论修养薄弱、教师流动性大、教师队伍结构不合理、性别、年龄分布不均等，但也要看到随着华文教育整体的标准化、正规化、专业化的推进，特别是《华文教师标准》的出台、华文教师能力认证制度的展开，华文师资存在的问题正在逐渐得到解决。除了上文提到的短期培训，为广大华文教师提供系统化的学历教育，也是提升华文师资水平、促进华文教师专业化发展的有效途径。

我国著名华文教育专家贾益民教授指出，"学历化是华文教师专业化的重要标志，是华文教师专业发展不可缺少的"[①]。贾益民教授进一步指出，"所谓学历化，指的是华文专业或华文教育专业的学历学位。尽管在很多国家和地区的华文学校中任教的教师已经具有大学学士学位，或者硕士学位，乃至博士学位，但绝大多数的学位是非华文专业、非华文教育专业或相关专业学位"[②]。例如，在欧美等发达国家和地区的许多华校，聚集了改革开放后出国留学的高级知识分子，但是由于缺乏系统的华文教育学科学习，教学质量难以得到保障。但这些老师知识面宽、具有国际视野、思维活跃、易于学习新知识，让他们接受华文教育等相关专业的学历教育，能够获得事半功倍的效果，既能提升他们的教学能力，也能使他们在学习中获得对华文教师职业的认同感，强化其为华文教育事业做贡献的职业精神。而在东南亚等一些教育水平整体不高的国家，华文教师的学历水平更是亟待提高。

令人欣喜的是，许多有识之士已经意识到华文教师学历教育的必要性，中国国务院侨办与一些国家的华教组织和民间力量都在推动华文教师学历教育的发展。例如，国侨办直属的暨南大学和华侨大学分别开办了华文教育专业，招收海外有志于从事华文教育的年青学子，培养具有本科学历的新生代华文教师；缅甸云华师范学院、印尼智星汉语师范学

①　贾益民. 关于海外华语文教师专业发展研究的思考 [J]. 世界汉语教学，2014 (3).
②　贾益民. 关于海外华语文教师专业发展研究的思考 [J]. 世界汉语教学，2014 (3).

院大胆探索本土化的华文师资学历教育，对其他国家发挥了积极的示范作用。此外，中国的高校还积极探索"走出去"办学的路子，为海外华校教师"送教"。华侨大学在缅甸、菲律宾、泰国等多个国家开设研究生学位班，通过教师面授、自学、集中授课等方式，让当地教师通过在职学习就能获得高水平的研究生教育。一些发达国家和地区的华教机构也在与中国高校合作，在本地开办华文与华文教育等专业的硕士研究生班，满足本科学历华文教师学习汉语语言文化和教学理论的需求。例如，日本东京文培学院与华侨大学合作办学，在日本开办硕士研究生班。① 暨南大学先后在美国、英国、意大利、印尼和日本等国家建立海外硕士研究生点，培养高层次的本土华文教育师资。② 与此同时，海外远程学历型师资培养工作也在稳定开展。

　　华文教师的学历化发展是大势所趋，为此，中国政府和有关高校为吸引海外有志学子设立了大量奖学金项目，国务院侨办和华文教育基金会也专门为海外华文教师提供了赴华深造的机会，这是海外华文教师"专业升级"的绝佳时机。个别具有战略眼光的华文学校领导者善于捕捉时机，为自己学校的华文教师争取学历教育的机会，缅甸的福庆电脑语言学校就是一个典型的成功案例。缅甸华文教师的学历偏低，专业化程度不高。大部分教师不具备现代汉语的语音、语法、词汇知识，以及教学法、心理学等方面的基本知识，"专业化"尚无从谈起。而缅甸福庆电脑语言学校在李祖清校长的带领下，充分利用各种资源和机会"成功逆袭"，用短短的10余年时间打造了一支拥有高学历的师资队伍。截至2015年，该校的46位教师当中，具有博士学位者6人（13%）、硕士学位者16人（35%），本科学历者24人（52%）。其中有近半数教师在中国取得了学位。③ 福庆学校多年来一直致力于提高本校本土教师的学历层次，这是提高教学质量的保障，为学校发展提供源源不断的动力。整体

① 华侨大学"华语与华文教育"专业日本硕士研究生班招生简章［EB/OL］. http://jp.hrtv.cn/hqdxrbck/26964.html（2015-04-09）［2016-09-08］.
② 暨南大学华文学院硕士班在日隆重开学［EB/OL］. http://www.hwjyw.com/info/content/2017/01/17/33632.shtml.（2017-01-17）［2018-11-08］.
③ 李欣，吕子态. 缅甸华侨华人办学现状调查［C］. 华侨华人研究报告（2017）. 北京：社会科学文献出版社，2017：365-366.

看来，海外华文教师的学历教育正在取得初步成效，随着学历教育的稳步推进，华文教师在海外国家的专业地位将得到进一步确认。

第四节　实践—反思取向的华文教师专业发展途径

实践—反思取向强调华文教师个体的学习和体验，这种取向使得华文教师在自己的专业发展中获得了参与的主动权。该取向的拥护者认为华文教师专业发展不能仅依赖对知识和能力的正规学习，还要更多依赖自己的实践和反思。反思促使华文教师对自己及自己的专业活动甚至相关的教学情境产生更深的理解，发现其中的意义，继而产生"反思性实践"。华文教学活动的情境具有复杂性、独特性、不稳定性和不确定性，因此在培训或者在书本里所学的知识并非适用于现实的华文教学情境，华文教师需要不断通过"实践—反思—实践"这样循环往复的过程才能获得个人的专业成长。具体的实现方式既可以是个人的，也可以是合作的。既鼓励华文教师通过写日志、传记、文献分析等方式单独进行反思，也鼓励他们通过讲故事、信件交流、教师晤谈、参观观察等方式与他人进行合作反思。该取向对于"华文教师"这个"人"给予了更多的关注，肯定并重视华文教师个体的独一性，认为华文教师的专业生活与其个人生活密不可分，甚至认为华文教师所教的就是他们自己的人生观、世界观和价值观，改变了知识—理智取向"自上而下"的被动地位，消解了外部"专家"的权威性。

一　个人反思

（一）个人反思的理论基础

人类"反思"意识的存在由来已久，我国古代的《论语》就有"吾日三省吾身"的表述，建议人们一天要经常反省自己。"反思"在英语中的对应词是"reflection"，源自拉丁语，意为"审慎的思考"。最初对反思的研究是在哲学领域，是指不同于直接认识的间接认识。如英国哲学家洛克认为反思即"元认知的研究"，荷兰哲学家斯宾诺莎提出反思是认识真理的比较高级的方式，哲学家黑格尔认为反思是从联系中把握事物内部的对立统一本质的概念。① 直到 20 世纪早期，美国的教育哲学家、实用主义教育家杜威将其引入教育实践，第一个对反思做了较为系统的论述，认为反思是"对任何信念或假设，按其所依据的基础进行的主动、持续而周密的考虑"。② 他在《我们怎样思维》一书中提出，"对于任何信念或假设性的知识，按照其所依据的基础和进一步导出的结论，去进行主动的、持续的和周密的思考，就形成了反省思维"③。

美国当代教育家、哲学家、美国"反思性教学"思想的重要倡导人唐纳德·舍恩是另一个重要的旗帜人物。舍恩认为，作为施教者，教师的自我反省能力是教师专业发展的先决条件。他还指出，"每位教师面对的课堂都是独一无二的，他无法应用既定的理论或者技巧，在与学生相处的课堂时间里，教师必须构建对课堂的理解，而由于课堂的情景总是存在问题的，教师必须重新调整课堂"④。教师的工作不是"技术性实践"，而是"反思性实践"。舍恩提出"从行动中学习"的模式，他反对把理论和实践相互对立，认为二者互为一体。他指出教师是在"行动中反思"和"行动后反思"，前者指教师一边实施教学活动，一边在大脑中发展他们的教学知识，并反思教学活动的组织及教学效果；后者是指教师在教学活动后有系统地对整个教学活动进行慎重的反思。⑤ 美国心理学家波斯纳于 1989 年提出了一个教师成长的简要公式，即"经验 + 反思 = 成长"，认为没有反思的经验是狭隘的经验，至多只能形成肤浅的知识。

教师在反思的过程中具有多重身份。正如法国学者布迪厄所言，"反思是自我反思，它要求把自己看作既是反思的对象，也是反思的承担者"⑥。教师反思体现了相似的情况，学者基尔特于指出，"教师是反思实

---

① 郭军．乔伊斯：反思与超越 [J]．外国文学研究，2004（3）.

② 李斑斑，徐锦芬．中国高校英语教师反思量表构建 [J]．现代外语（季刊），2011（4）.

③ 杜威著．姜文闵译．我们怎样思维 [M]．北京：人民教育出版社，2005：88.

④ Donald A. Schön. The Reflective Practitioner: How Professional Think in Action [M]. New York: Basic Books, 1983: 129.

⑤ Donald A. Schön. Educating the Reflective Practitioner [M]. San Francisco: Jossey-Bass, 1987: 40.

⑥ 余文森．基础教育课程改革的四大支柱：教育思想·教育智慧·专业精神·专业人格 [M]．福州：福建教育出版社，2002：5.

践者和决策者。教师们必须理解理论，继续学习理论，对理论进行反思，然后把理论巧妙地应用于他们的学生和自己的教学情景"①。教师的反思是多方面的，对教学的反思是教师反思内容的重要构成。教学反思具有不同的层次，首先是思考个人在课堂的生存技巧，其次是思考教学内容和教学方法，最后是思考学生的学习能力、兴趣及投入。这也是教师发展阶段理论中教师关注研究提到的先后次序。除了对自身教育理念、教学行为、教学态度的反思之外，教师还会反思其教学所涉及的社会、道德和政治等方面的因素。

在汉语教学界，2007 年颁布的《国际汉语教师标准》将"反思的意识"作为国际汉语教师具备的素质之一，教师综合素质第五模块的第一条标准即"教师应具备对自己教学进行反思的意识，具备基本的课堂研究能力，能主动分析、反思自己的教学实践和教学效果并据此改进教学"②。鉴于此，有学者提出了从"技术理性"到"反思理性"的国际汉语教师专业发展范式的转型；③ 还有学者对汉语教师反思能力的培养进行了探讨，指出汉语教师教学技能的生成是一个对实践不断反思的动态过程。④ 华文教师的反思研究尚处于起步阶段，随着华文教育的迅速发展，与华文教师质量密切相关的教师反思意识和能力研究也将日益受到重视。

（二）华文教师的个人反思

有学者提出，"所有的教育理论研究至多只能为教师提出一些建议。而所有的建议只有等教师以研究的心态与研究者发生共鸣，才有可能接受并作为个人化的理解和重构。因此，除了教师自己，没有人能改变教师的内隐理论。改变教师的思维就是教师使自己的思维永远处于不断反

---

① Guild, Pat Burke. Where Do the Learning Theories Overlap? ［J］. Educational Leadership, 1997（55）.

② 国际汉语教师标准［EB/OL］. http://www. hanban. org/teachers/node_9732. html.（2007 – 10 – 31）［2019 – 05 – 24］.

③ 王添淼. 成为反思性实践者——由《国际汉语教师标准》引发的思考［J］. 语言教学与研究，2010（2）.

④ 黄晓颖. 论对外汉语教师反思能力的培养［J］. 云南师范大学学报（对外汉语教学与研究版），2007（4）.

思和自我挑战的过程中"①。反思是一种内省的过程，也是教师发展的一个先决条件。② 华文教师的专业成长离不开反思，在日常的教育教学实践中，华文教师们总是有意或无意地对自己的教育教学行为进行反思。

教学反思是华文教师反思的重要方面。一项研究采用"华文教师教学反思问卷"对马来西亚骨干华文教师的教学反思情况做了调查，发现这些教师的教学反思行为涉及七种不同的反思类型：实践反思、认知反思、情感反思、元认知、批判反思、道德反思、课堂规范反思。其中"实践反思"指的是华文教师通过不同的工具，如日志、与同事交流等方式进行的反思实践。例如，每堂课结束后会记录课堂教学的成功和不足。"认知反思"指的是华文教师通过参加学术会议或阅读专业书籍、期刊的方式，以个人专业发展为目的的主动努力，例如，在课堂上进行一些小型研究活动以更好地了解教与学的过程。"情感反思"指的是华文教师关于学生及其情感、认知状态的了解。例如，跟学生交流以了解他们的学习风格和喜好。"元认知"指的是华文教师对自身以及自身的信念、个性、对教学定义方式以及对教师职业认知的了解。例如，思考个人经历及背景如何影响对教师的定义。"批判反思"主要涉及对教学的社会、政治等方面的反思。例如，思考发生在身边的社会不公平的实例并试图在课堂中讨论。"道德反思"主要涉及对价值观、移情、公平等方面的反思。例如，认为关心和爱护学生是华文教师的工作职责；"课堂规范反思"指的是教师对课堂要求的反思，例如，有一套明确的学生应该遵守的课堂行为规范。研究者通过分析发现，这些马来西亚华文小学教师的整体反思水平较高，七种反思类型的得分顺序由高到低依次为：道德反思、课堂规范反思、实践反思、元认知、情感反思、批判反思、认知反思。通过标准差统计发现，这些教师反思水平存在较大个体差异，实践反思行为的个体差异最大，其标准差最高。此外，通过双变量相关分析发现，马来西亚华文小学教师年龄因素只和实践反思行为在 0.05 水平上显

---

① 余文森，基础教育课程改革的四大支柱——教育思想·教育智慧·专业精神·专业人格 [M]．福州：福建教育出版社，2002：5．
② 孙德坤．教师认知研究与教师发展 [J]．世界汉语教学，2008（3）．

著正相关，和其他六种反思类型都不显著相关；这些教师的学历与教师反思水平无显著相关性。根据调查来看，这些教师主要是对道德和课堂规范进行反思，局限于对价值观、移情、公平等方面的反思以及对课堂规范的反思。对个人专业主观努力的认知反思以及对教学话题等方面的反思较少，这样容易使教学停留在浅表层面，对马来西亚华文小学教师的专业发展也有影响，长此以往，马来西亚华文小学教师容易产生职业倦怠。①此研究体现的是马来西亚部分骨干华文教师的反思情况，但也得出了一些有意义的发现，对今后华文教师的反思研究具有启发价值。

另一项研究对印尼苏拉威西地区华文教师反思性教学的现状进行了分析，得出如下结论。第一，大部分华文教师认识到反思性教学的重要意义与作用，但对反思性教学的理解存在一些偏差，缺乏将反思性教学观念落实于教学实践活动之中的意识与习惯。第二，华文教师能够对教学价值、教学实践及教学环境进行比较全面的反思，反思的内容涉及教学的价值、目标、内容、方式、评价以及教学物理环境与心理环境，但也有一部分华文教师对教学价值的认识存在片面性。处于适应期的新手华文教师在教学方式的反思上存在较大不足。第三，华文教师较多采用内省和与同事讨论的反思途径。在反思的时间上，华文教师在教学前和教学后的反思情况较好，教学中的反思存在较大不足。第四，不同学历、专业、教龄以及学校类别的华文教师在反思性教学的意识、内容与策略方面都存在一定的差异，说明华文教师自身的背景因素会对反思性教学各方面存在一定的影响。第五，影响华文教师反思性教学的因素包括主观因素与客观因素两方面。在主观因素方面，部分华文教师缺乏积极主动的反思态度，对反思性教学相关知识的掌握与策略的运用有欠缺；在客观因素方面，学校的反思氛围有待增强，当地学校的反思制度也有待加强。②

相对于量化研究，一些相关的质性研究对华文教师进行反思的内心

① 黄鹭萍. 马来西亚华文小学教师反思调查 [Z]. 华侨大学研究生课程论文，2017.
② 李静. 印尼苏拉威西地区华文教师反思性教学现状的调查研究 [D]. 华侨大学硕士学位论文，2020.

想法有着更为细致的描述。在一项有关柬埔寨华文教师的叙事研究中，一位教师在回忆其从学徒期到现在的变化中，多次提及"反思"一词。

> 反思是我进步的主要方式，我认为反思的方式有很多种，写在教案、教学日志上的课后反思是一种，去听课，对其他教师的学习与思考是一种，课后对本次课的讨论也是一种，我觉得我们办公室的氛围就很好，每次下课都会讨论下课上的事情，遇到困难也会互相请教，其实这也是一种反思。……我通过反思对教学进行修正和指导，也通过反思改进教学设计，对我来说，反思是联系理论和实践的纽带，如果不反思，就没有现在的我，也不会有更好的我。①

通过反思，华文教师在其教育教学活动中能够实现主体与客体的双重角色：他是华文教育实践活动的实施者和引导者，另一方面又是自我实践活动的评论者和受教育者。这改变了以往华文教师作为被研究者、被培训者的地位，他们可以反思自己的教育观念、教育行为和教育效果，并及时做出相应的调整，继而带着新的思路/理论进入下一轮的教育实践，并继续做出评价及调整，如此循环往复。这也正是格里菲斯等人提出的"快速反思、修正、回顾、研究、理论重构"的反思过程。

自主反思是华文教师自我专业发展的主要途径之一，是华文教师专业自主的体现，应该成为他们一种自觉的生活方式，也就是将反思的理念和行为变为课堂教学的常规性程序，时时反思、处处反思；将提升专业修养、改进教学质量作为实现自身职业价值的终极目标，在实践中不断反思，在反思中不断超越。

二　课堂观察

（一）课堂观察的理论基础

课堂观察在西方已经有半个世纪的研究和实践历史，它源自观察法，

---

① 刘兰新. 柬埔寨孔子学院汉语教师信念及其影响因素研究［D］. 华侨大学硕士学位论文，2018.

20 世纪五六十年代，美国的学者开始将观察法引入课堂研究。"美国社会心理学家贝尔思（R. F. Bales）于 1950 年提出的'互动过程分析'理论，开发了人际互动的 12 类行为编码，并以此作为课堂中小组讨论的人际互动过程的研究框架，在某种程度上说，贝尔思的研究拉开了比较系统的课堂量化研究的序幕。"[①] 1967 年美国学者阿弥顿等人出版了《互动分析：理论、研究与实践》一书，总结阐述了那个时期及早期美国在课堂观察研究与实践方面的尝试，详述了如何给即兴课堂互动中的口头语言进行编码（code），以及对已经编码的不同类型口头语言进行比较分析等。[②] 随后，美国课堂研究专家弗兰德斯于 1970 年出版的《分析教师行为》一书，提出"互动分类系统"，详细描述了如何利用编码系统帮助教师分析教师的课堂行为。编码系统（coding system）在本质上是双向的，既是编码（encoding）也是解码（decoding）。在编码的过程里，教师话语的类别一旦确定就会获得一个编码符号，训练有素的观察者通过记下编码符号来收集数据资料。解码则是相反的过程，训练有素的分析员要对编码资料进行解读，对教师的教学行为做出适当的陈述。[③] 弗兰德斯的研究提出了较为成熟的课堂观察工具，极大地推动了课堂观察的科学化发展，对现代意义的课堂观察影响深远。

随着后现代主义哲学思潮的兴起，人们开始对工具理性进行反思和批判，"在定量观察不断发展的同时，一种基于解释主义和自然主义的定性观察的方法重新引起教育研究者的重视，这是一种开放的以文字记录为主的课堂观察方法"[④]。这种定性的课堂观察研究方法与传统的定量研究方法形成互补，使教师课堂的观察深度和广度得到不断扩展。

国内学者对课堂观察的研究近十余年来颇为活跃，课堂观察就是通过观察对课堂的运行状况进行记录、分析和研究，并在此基础上谋求改

① 王文. 课堂观察——教师专业成长的必由之路 [D]. 福建师范大学硕士学位论文，2008.

② Edmund J. Amidon, John B. Hough. Interaction Analysis: Theory, Research, and Application [M]. Boston: Addison-Wesley Pub. Co., 1967: 7.

③ Ned A. Flanders. Analyzing Teaching Behavior [M]. Boston: Addsion-Wesley Pub. Co., 1970: 29.

④ 王文. 课堂观察——教师专业成长的必由之路 [D]. 福建师范大学硕士学位论文，2008.

善学生课堂学习、促进教师发展的专业活动。课堂观察需要配合观察量表才会事半功倍，课堂观察量表是通过研究教师在课堂上的表现，确定合理的观察点，在收集客观数据的基础上，对数据进行科学的分析，从而为更好地改善课堂教学而开发的一种工具。国内学者中对课堂观察的研究与实践产生巨大影响的是华东师范大学的崔允漷教授。他指出，中国式的听课虽然在国际上有点儿影响，但普遍存在"三无"现象：无合作的任务、无证据的推论、无研究的实践，集中反映了当前我国听评课存在的"去专业化"现象。科学研究意义上的课堂观察在我国堪称"舶来品"，鉴于此，它在中国的专业化与本土化程度还不是很高。经过若干年的思考与努力，崔允漷教授的团队研制出了一种本土化的"课堂观察LICC 模式"。该模式将课堂教学的 4 个要素，即"学生学习"（learning）、"教师教学"（instruction）、"课程性质"（curriculum）与"课堂文化"（culture）视为 4 个维度，将每个维度分解成 5 个视角，再将每个视角分解成 3～5 个可供选择的观察点，这样就形成了"4 维度 20 视角 68 观察点"，为我们理解课堂教学、确定研究问题、明确观察任务提供了一张清晰的认知地图和实用的研究框架。[①]

　　对于课堂观察的实施流程，有的学者认为，课堂观察应包括课前会议、课中观察与课后会议三个阶段，是一整套行为系统，"从课前会议的讨论与确定、课堂中的观察与记录，到课后会议的讨论与确定，构成了确定问题—收集信息—解决问题的工作流程"[②]。有学者还提出了教师进行课堂观察的策略，具体包括：团队观察与个人观察相结合、主题观察与跟踪观察相结合、课堂观察与自我观察相结合三个方面。[③]

　　课堂观察与听课是否为一回事？有学者认为，"课堂观察法就是我们所熟知的听课。它要求观察者从日常课堂教学事件发生、发展和变化的点滴行为中观察教师和学生的教学行为，从而更直接、客观地观察、描述教学行为，并以其自身的理论与方法素养对课堂教学行为做出合

---

①　崔允漷. 论指向教学改进的课堂观察 LICC 模式［J］. 教育测量与评价：理论版，2010（3）.

②　李婉玲. 教师发展：理论与实践［M］. 台湾：五南图书出版社，2005：69.

③　郭静. 课堂观察：新手教师自我培训的有效途径［J］. 继续教育研究，2009（6）.

理、有效的分析和解释"。[①] 这样的表述具有一定合理性，但也有学者认为课堂观察与传统的听评课不同，"课堂观察是一项专业活动，旨在谋求学生课堂学习的改善、促进教师专业的发展，而不是为了评价教师"[②]。本书认为，课堂观察与听课具有一定共性，它们都是采用视觉、听觉等感官及观察工具对课堂上教师教学行为、学生学习行为以及最终教学效果的记录和评价。课堂观察在有些方面又不同于传统的听课。首先，课堂观察的概念源自西方，体现的是西方教育研究科学化、工具化的风格；而听课是中国本土概念，具有广泛的实践基础，通常也会借助听课记录等工具，但设计往往过于简单随意，甚至流于形式。其次，听课往往需要做出主观评价，写出文字评语或者分数等级。课堂观察的过程是利用观察量表对课堂进行客观记录，重在描述与分析，旨在帮助被观察教师清晰认识自己的教学面貌，为其改善教学提供线索。从教师专业发展的角度出发，应该倡导从传统的听评课转向更为专业的课堂观察。

（二） 华文教师的课堂观察活动

课堂观察活动是教师进行教学反思和教育科学研究的重要载体和途径，是教师专业成长的必由之路，海外华校要逐步开展常规化、制度化的课堂观察活动，在现有条件下可以先开展简单的听评课活动，继而借助观察量表等工具，过渡到更为科学化、体系化的课堂观察活动，课堂观察是更为专业的听课。

听课制度对于中国的中小学教师而言是一种习以为常的教研活动，教育主管部门、学校教务部门都会定期或不定期地组织老师听课，有时是学校之间的，有时是学校内部的，教师们从听课制度获得专业成长。但目前的海外中文学校普遍缺乏这种有效的教师专业发展活动，在有的国家和地区，华文学校缺乏先进的教育管理理念或教师听课文化。例如，欧美地区的中文学校几乎都是周末业余学校的形式，教师多为兼职，流

---

① 李松林. 论教学研究中的教学行为分析方法 [J]. 首都师范大学学报（社会科学版），2005（1）.

② 崔允漷，周文叶. 课堂观察：为何与何为 [J]. 上海教育科研，2008（6）.

动性大，且缺乏专业学科背景，可利用教学资源也远远少于国内老师，专业发展严重受阻，亟须引入听课制度。值得欣喜的是，个别具有远见的华校领导者在近年来积极尝试听课制度，为其他华校做出了表率。

2013 年 11 月的《人民日报海外版》曾报道了荷兰丹华文化教育中心华文教师跨国听课的活动，该校组织部分教师赴德国波恩华侨中文学校开展教学交流，两校教师就具体的教学问题相互听课、观摩，开会座谈，都感到收获颇丰。① 实际上，丹华文化教育中心多年来将听课作为一项常规化的教研活动来开展。

丹华文化教育中心的李佩燕校长将开展听课教研活动作为创新教学方法、提高教学质量的抓手。在 2014 年的一次听课活动后，她对教师们的整体教学情况做出了这样的评价：

> 注重生动的、新意的课堂教学导入；重视词语教学，帮助学生积累大量词语，培养学生阅读能力和阅读技巧；教师不仅善于讲解，还善于倾听，鼓励学生，让他们积极参与学习活动，力争让更多学生有发言机会；汉语拼音教学非常成功，学生的普通话很标准；运用《新华字典》作为教学工具，培养学生自学的好习惯；分析、讲解课文能循序渐进，注意从学习中提高学生的写作能力；多媒体运用生动形象，不仅提高了学生的学习兴趣，还提高了课堂教学的效率，抽象的词语用图像表达，起到事半功倍的作用。②

李校长还进一步指出了老师们的一些不足之处，

> 如：缺少关键词语和重点词语的板书；多媒体字体过小；个别句型教学语法有错误；教师的标点符号运用不够准确；重视口语的词语扩展，没有板书；一种教学方式使用时间过长；书写汉字笔画

① 李佩燕. 荷兰丹华学校开展听课教研活动，创新教学方法［EB/OL］. http://www.hwjyw.com/info/content/2014/04/01/30291.shtml（2014 - 04 - 01）［2015 - 05 - 24］.
② 李佩燕. 荷兰丹华学校开展听课教研活动，创新教学方法［EB/OL］. http://www.hwjyw.com/info/content/2014/04/01/30291.shtml（2014 - 04 - 01）［2015 - 05 - 24］.

不够准确；等等。[①]

除了校内华文教师之间进行听课外，丹华还组织了校际听课活动。荷兰乌特勒支中文学校和鹿特丹丹华文化教育中心是荷兰最大的两家中文学校，学生总人数均都超过了500人，两校曾先后获得中国政府授予的"海外华文教育示范学校"荣誉，且一直保持密切的交流合作关系。2012年，丹华文化教育中心利用两校秋假有一个星期时间差的机会，前往乌特勒支中文学校听课，就教学发展及合作进行了研讨。同年，乌特勒支中文学校派出三名教学骨干到丹华听课，丹华的教师也进入课室听课，并于课后举行座谈会。两校教师还根据所在教学班级的年龄组别展开了分组交流。[②] 制度化的听课活动给这所学校带了创新的活力，教师们的教学热情被极大地激发，热爱华文教育事业，爱校如家，也使得这所学校受到广泛社会认可，2010年6月的《人民日报海外版》专门刊登了《像家一样的中文学校》一文来介绍丹华。需要指出的是，随着海外华文教育标准化、规范化、制度化的不断推进，类似丹华这样优秀的华文示范学校还应在听课活动上继续推进，引入科学观察量表等观课工具，使教师们的听课逐渐转变为课堂观察。

（三）提高华文教师的课堂观察能力的策略

科学系统的课堂观察能够提高华文教师课堂教学能力，海外华校应该积极建立听课制度，帮助教师们从初级阶段的听课过渡到高级阶段的课堂观察，可以采取下面的策略提高教师们的课堂观察能力。

第一，专家指导与自我实践相结合。

课堂观察不同于简单的听课，它是一整套科学的行为系统，其中观察量表的制定尤为关键。例如，如果要观察华文教师在课堂上不同教学行为的时间分配问题，就需要设计相应的观察量表，量表的制定要以便于观察者记录为指导思想，要定量、细化、客观化，具有科学性和可操

[①]　李佩燕. 荷兰丹华学校开展听课教研活动，创新教学方法［EB/OL］. http://www.hwjyw.com/info/content/2014/04/01/30291.shtml（2014-04-01）［2015-05-24］.

[②]　拓宽海外华教之路，荷兰两中文学校加强交流合作［EB/OL］. http://www.chinanews.com/hwjy/2012/10-30/4286257.shtml（2012-10-30）［2020-02-12］.

作性。随后的对观察量表的解码过程也需要一定的理论素养。这些都需要华文教师具备相关的专业知识，因此，本研究建议把课堂观察的理论与技术列入华文教师的培训课程体系，让此方面的专家先对部分能手型或专家型的华文教师进行培训，继而让这些骨干教师培训各自学校的华文教师，发挥以点带面的作用。此外，在专家的指导下，华文教师要勇于操练课堂观察的技术，起步阶段可以先对自己的课堂进行录像，并做片段式观察，例如观察学生在小组活动时的参与状态等，用现有观察量表或自己制定的量表记录不同学生的行为表现，于实践中不断提高自己的课堂观察能力。

第二，课堂观察与自我反思相结合。

如上文所述，华文教育的专业发展离不开自我反思，而华文教师们大多是在课后根据自己的回忆进行反思，由于人类记忆力具有局限性，教师反思的完整性和准确性难以得到保障。举一个典型案例，一位教师在观察了自己的教学录像后，惊讶地说："这是我上的课吗？竟然问了100多个问题，不可能！"[①]这说明仅仅依靠回忆课堂来反思是松散的、不可靠的，因此，华文教师们可以借助录像等科技手段，在课后通过回放课堂录像来对自己的教育教学行为进行细致入微的观察，辅助以课堂观察的量表进行分析、研究，并在此基础上形成基于统计数据的反思。特别是对专业发展处于高原期的华文教师而言，多年的教师经验积累容易使他们形成思维定式，在路径依赖的惯性下陷入僵化的教学行为，如果没有可靠的观察数据，其反思就会流于表面，难以发现关键问题，也无法引发实际教学行为的改善，即使拥有二三十年的教学经验，也恐沦为日常工作的简单重复。因此，要提高华文教师的专业反思水平，必须借助课堂观察的方式进行深入的华文教师教学行为分析。

第三，个人观察与合作观察相结合。

个人观察是指单个华文教师借助观察量表独自对别人或自己的课堂进行观察，由于个人的精力有限，个人观察只能对课堂的某个或某几个

---

① 蒙可乎. 谈一谈促进教师专业发展的有效方式或途径 ［EB/OL］. http://elearning. teacher. com. cn/cms/detail/homeworkDetail.（2015－03－18）［2018－11－24］.

方面进行较为深入的观察，难以顾及全局。全面的课堂观察涉及许多方面，例如课堂观察 LICC 模式里列出的观察点多达 68 个。因此，如果要对一堂课进行非常全面的观察，单个观察者难以胜任，这就需要多个观察者同时进行观察。实际上，在倡导教师专业学习共同体的教育理念下，课堂观察恰好为教师们的分工合作提供了契机，观察技术的切磋琢磨、观察量表的制作、观察报告的撰写等环节，无不需要华文教师们的密切合作。通过制定严谨的观察框架，实施完整的观察过程，通过课前准备、课中观察、课后反馈三个环节，每一位参与其中的华文教师都能获得成长。

第四，横向观察与纵向观察相结合。

华校的教师在发展过程中经常会遇到一些共性的问题，那么就可以在确定问题后对不同教师的课堂进行横向观察和比较分析；纵向的课堂观察是指对同一个教师的课堂进行长时间的跟踪观察。可以安排新手教师观察能手教师和专家教师的课堂，系统地学习他人教学的有效方法；也可以反其道而行之，让能手教师和专家教师对新手教师进行一段时间的跟踪观察，借用工具量表，提出基于证据的改进建议，帮助新手教师改善课堂教学效果，及时总结优势和特长，从而获得快速的专业成长。

第五，全面观察与重点观察相结合。

课堂观察是对教师与全体学生的教学活动进行的观察，全面观察才能对整体情况做出评价和反馈，这点毋庸置疑，但同时也可以根据课堂的实际情况对课堂活动的某一个方面或某些学生的行为进行重点观察。观察点的选择取决于华文教师近期想要重点解决的问题，问题确定后就要考虑与之密切相关的观察点，例如施教行为是否具有多样性、学生的学习活动是否具有多样性、课堂提问是否具有有效性等，都可以通过事先设计的量表进行记录及编码，随后再进行解码分析。以华文教师的施教行为观察为例，可以设计一个包括言语行为、板书、教学内容呈现三个板块的表格，语言行为又可细分为提问、指导、讲解、反馈、范读、组织、过渡等方面，以便在进行课堂观察的过程中记录各个教学行为的频次，随后进行有效的分析。

第五节　合作—生态取向的华文教师专业发展途径

合作—生态取向认为华文教师的专业发展更多是个体和环境互动的结果，强调将华文教师置于成长的时空架构来推动其专业发展。该取向的拥护者认为，尽管华文教师在课堂教学中是孤立的，专业发展在根本上也是个人的事情，但只要他身处一个互相支持的教师群体环境，就依然能通过向其他华文教师学习获得成长。此取向超越了在教师个体层面探讨华文教师专业发展的孤立视角，强调为华文教师发展创造适应的立体化生态土壤，促进华文教师在群体中形成合作的专业发展文化。此外，该取向的视野更为宏观，开始尝试在现有的华文教育架构之下，探索在华文学校等华教机构层面构建华文教师学习社区或共同体。

一　学习共同体

（一）教师学习共同体的理论基础

"共同体"的概念于1887年由斐迪南·滕尼斯最初提出，认为"共同体"是"受'本质意志'驱使，以强烈的情感精神为特征，由合作、习俗和宗教构成，是在情感、依恋等自然感情一致的基础上形成的、联系密切的有机群体，其典型表现为家庭、村落和小镇的群体"。[①] 共同体不仅仅是地缘与群体，更是归属与互动。自此之后，共同体的概念逐渐从人类社会学领域进入政治、经济、文化等多个领域。最早将共同体概念引入教育领域的人物是博耶尔（Boyle）。他在1995年发表的《基础学校：学习共同体》报告中提到"学习共同体"的概念，并指出"学校是学习的共同体，学校教育最重要的是建立真正意义上的学习共同体"。[②] 除了人类社会学的学科视角外，西方学者们还用教育生态学的视角来看待教师学习共同体。20世纪八九十年代，教育生态学的触角延伸到教育领域，美国华盛顿大学的古德莱德（Goodlad）首次提出学校是一个"文

---

① 陈向明. 从教师"专业发展"到教师"专业学习"［J］. 教育发展研究，2013（8）.
② 冯锐，金婧. 学习共同体的思想形成与发展［J］. 电话教育研究，2007（3）.

化生态系统"（cultural ecosystems）的观点。生态取向的教师发展观认为，教师的专业成长是个体和环境互动的结果，环境对教师的成长举足轻重。学者关注到的外在环境主要有个人环境因素，也有组织环境因素，包括学校、教师学习共同体等。教师学习共同体不同于一般教师群体，它具有明显的特征，诸如共同信仰、合作参与、相互依赖、个体关注等。

教师学习共同体在实践领域有多种形式，较为常见的有教师小组教学研讨、集体备课组、教师读书会等。教师小组教学研讨活动旨在引导教师以活动小组为载体开展同伴互助，促进组内成员的共同提高。借助"教师小组教学研讨"这一平台，依靠集体智慧为彼此答疑解惑，进行观点的交流碰撞，强化团结协作精神。

集体备课是比较具有中国本土化特色的教师共同体活动。"备课"就其本义而言，是教师为了上好课，在课前为教学目标、内容、时间、过程以及其他教学要素的优化组合而预先设计教学的各项准备活动，它主要包括钻研本门学科的课程标准、教科书和相关的参考资料，了解学生学习的实际情况，研究教学方法，编制教学进度计划和撰写课时计划（教案），等等。集体备课强调教师之间基于合作探究而寻求教学真义，强调优秀教学资源与教学经验的共生共享，强调凝聚群体智慧生成和创造新的教学。从个体备课到集体备课的转型，实质上是实现教学从注重技术、技巧、方法的安排到注重科学、艺术和创造的融合，实现由"我的教学"向"我们的教学"的转变。[1]

教师读书会是学校教师们在自愿基础上形成的阅读学习共同体。1902 年，被称为"读书会之父"的奥尔森在瑞典的兰德创立了第一个读书会，他将读书会定义为：一个朋友式的小圈子，其成员因共同的兴趣而聚在一起，讨论一定的问题或话题。奥尔森认为，读书会最重要的特征就是它们是建立在材料阅读的基础上，以交流和讨论为方法，并且其

---

[1]　李瑾瑜，赵文钊．"集体备课"：内涵、问题与变革策略［J］．西北师大学报（社会科学版），2011（11）．

运作不需要有人充当权威的教师。读书会的活动规则不需要太多，重点是界定成员的角色和责任，并对讨论活动进行规范。教师读书会的成员均属自愿参与，数个志同道合的教师可针对共同感兴趣的议题组成读书会，教师读书会的成员人数以 5 至 20 人为佳。在教师读书会中存在三种最基本的角色分工：分享人、导读人和主持人。①

（二）华文教师的学习共同体活动

"华文教师学习共同体"是华文教师为了共同的目标而自愿结成的学习集体，共同体成员拥有相同的愿景、信念、价值取向和追求，他们相互依赖又彼此尊重，以合作与分享的方式获得专业成长。华文教师学习共同体强调人际心理的相容与沟通，在学习中能够发挥群体动力作用。华文教师学习共同体可以由华校或华教机构发起成立，也可以由志同道合的华文教师自行发起。共同体可组织形式多样的活动，如华文教师集体备课小组、网络交流分享群、读书会或校外学术组织等。

相对于参与培训、个人反思等专业发展途径，学习共同体在海外华文教师群体中的认同度较低，上文提到的关于新加坡私立托儿所华文教师专业发展途径的调查研究也反映了这个问题，关于受访教师对学习共同体的认识详见表 5 - 1。

表 5 - 1　新加坡某托儿所华文教师对于参与学习共同体的基本认识②

题项	非常同意	同意	不确定	不同意	非常不同意
我了解学习共同体	10%	35%	25%	25%	5%
我认为有必要参与学习共同体	20%	30%	25%	20%	5%
我认为参与学习共同体对我的专业发展有用	20%	20%	40%	15%	5%

观察表 5 - 1 可以发现关于"我了解学习共同体"的题项，仅有 10% 受访者表示"非常同意"，35% 表示"同意"，对于"我认为有必要参与

---

① 周成海．美国中小学的教师读书会：构成要素与运作过程 ［J］．外国中小学教育，2013（7）．

② 陈巧芳．新加坡私立托儿所华文教师专业发展途径调查研究——以 C 托儿所为例 ［D］．华侨大学境外生硕士学位论文，2019．

学习共同体"题项，表示"非常同意"和"同意"的受访者合计占50%；对于"我认为参与学习共同体对我的专业发展有用"题项，表示"非常同意"和"同意"的受访者合计仅有40%，另有高达40%的人表示"不确定"。整体看来，约半数受访教师不了解学习共同体，不认同参与学习共同体的必要性及其促进个人专业发展的有效性。这种情况在海外华文教师中具有一定普遍性。而在参与学习共同体的频率方面多数受访教师明确表示自己仅是偶尔或从未参加学习共同体，详见表 5 – 2。

表 5 – 2　新加坡某托儿所华文教师参与学习共同体的方式及频率①

方式	频率	人数	百分比
园内教师备课小组	经常	5	25%
	偶尔	6	30%
	从未	9	45%
园内教师间资源共享	经常	3	15%
	偶尔	10	50%
	从未	7	35%
网络教师分享群	经常	4	20%
	偶尔	5	25%
	从未	11	55%
园外专业学术组织	经常	0	0
	偶尔	5	25%
	从未	15	75%

该研究分析了 20 位受访华文教师参与学习共同体的方式及频率，结果发现：园内教师备课小组只有 5 位教师会经常参与；只有 3 位教师会经常进行园内教师间资源共享，有 10 位教师偶尔会分享资源；网络教师分享群作为一种新的交流学习平台，只有 4 位教师经常参与这种虚拟的教师共同体活动，半数教师从未参与；而对于园外专业学术组织，只有 5 位教师表示会偶尔参与，绝大多数教师从未参与。这些数据说明，该托

---

① 陈巧芳. 新加坡私立托儿所华文教师专业发展途径调查研究——以 C 托儿所为例［D］.华侨大学境外生硕士学位论文，2019.

儿所华文教师参与学习共同体的方式主要是教师备课小组和教师间资源共享，其他方式也只是偶尔有少数教师参与，没有形成持续的教研过程，其间的集体备课连贯性也不强。

　　关于华文教师参加学习共同体的有效性，受访教师的反馈详见表5-3。

表5-3　新加坡某托儿所华文教师参与学习共同体的有效性反馈

方式	效果	人数	百分比
园内教师备课小组	非常大	2	10%
	较大	9	45%
	较小	9	45%
园内教师间资源共享	非常大	4	20%
	较大	9	45%
	较小	7	35%
网络教师分享群	非常大	2	10%
	较大	7	35%
	较小	11	55%
园外专业学术组织	非常大	0	0
	较大	5	25%
	较小	15	75%

　　调查显示，在这些学习共同体中，受访教师认为效果"非常大"的共同体活动形式依次为："园内教师间资源共享"（20%）、"园内教师备课小组"（10%）和"网络教师分享群"（10%），没有教师选择"园外专业学术组织"；教师们认为效果"较大"的形式依次为："园内教师间资源共享"（45%）、"园内教师备课小组"（45%）、"网络教师分享群"（35%）和"园外专业学术组织"（25%）。整体看来，教师们对"园内教师间资源共享"这种共同体活动形式的认可最高，"园内教师备课小组"次之。究其原因，正如该研究者所言，"备课小组多是由华文主管带领其他教师进行教研，虽然不同教师的不同视角、思维、经验带来了观点碰撞，但由于受到时间、地点的限制，无法形成轻松、民主的氛围，因

此，教师得到知识和技能的提升有限"①。

（三）构建华文教师学习共同体的策略

第一，引导华文教师树立终身学习的理念，加强华文教师对教师学习共同体的认识和了解。当前海外华文教师对"教师学习共同体"这一概念较为陌生，在新加坡幼儿园华文教师的案例研究中，100% 的受访教师了解在职培训、95% 的人了解反思性教学、75% 的人了解听课观摩、60% 的人了解师徒结对，仅有 45% 的人了解学习共同体，50% 教师认为有必要参与学习共同体活动，仅有 40% 的人认为参与学习共同体对其专业发展有用。现实中许多华文教师的教学活动是孤立的，彼此之间缺乏交流与沟通，其教学活动仍受个体固有思维的支配，不利于个人的专业发展。华文教师学习共同体是以团队协作方式实现共同发展的途径。因此，在今后的华文教师培训中应该适当补充有关教师学习共同体的介绍，加强相关理论认识。

第二，要按照华文教师发展阶段理论，为处于不同发展阶段的教师构建学习共同体。新手教师、熟手教师、能手教师处在职业生涯的不同发展阶段，而处在同一发展阶段的华文教师面临相似的困难，具有相对一致的利益诉求和发展需求，在适合他们的学习共同体中，他们可以通过深入交流、关注差异、分享心得等方式获得成长。特别对于处在生存期的新手华文教师而言，更应该构建自己的学习共同体，因为教师学习共同体具有社会强化功能，新教师对共同体的归属感、认同感以及从其他成员身上所获得的尊重能够让他们避免孤立无助的处境，有利于维持他们努力学习教学的积极心态。② 参与学习共同体能够激发各个阶段华文教师的专业发展热情，满足马斯洛需要层次理论中"归属与被爱的需要"和"自我实现的需要"，而追求需要的满足是行动的主要动力，也是维持华文教师专业发展的动力。

第三，要建立有效的华文教师学习交流机制。华文教师学习共同体

---

① 陈巧芳．新加坡私立托儿所华文教师专业发展途径调查研究——以 C 托儿所为例 [D]．华侨大学境外生硕士学位论文，2019.

② 李欣．学会生存：基于教师专业发展阶段理论的华文新教师成长研究 [J]．世界华文教育，2017（4）.

改变了华文教师的学习方式，由"独学"变为"群学"，由"封闭学习"变为"开放学习"。但是"群体的活动如果不以确立某种共同目的、理解和知识为追求，不能达成成员之间的有效沟通与交流，就容易流于形式，而这种流于形式的表面化群体活动，又很容易掩盖个体或集体的真正发展需求和潜在可能"①。为了使华文教师学习共同体成员之间"有效"交流，需要构建轻松、民主、愉快的活动氛围，成员们一方面要以专业发展为引领，另一方面要以教育教学实践中的亲身经历和真实问题为出发点，有目的地开展正式或非正式的专题讨论、经验分享、理论学习等活动。总之，华文教师学习共同体绝不只是简单地把一些华文教师聚集到一起，而要建立起共同愿景，在同一个目标导向下，所有成员彼此扶持、理解包容，分享学习资源、共享发展成果。

二　师徒结对

（一）师徒结对的理论基础

"师徒结对"相当于欧美教育领域所表述的"教学指导"（mentoring）。各国的现代学校常常采用有经验教师与新教师结成对子的办法对新教师进行教学指导。由于这种办法借鉴了古代行会中的学徒制，也被称为"师徒制"。多年来，中外学者从各自的角度对其进行了界定。艾根（Egan）认为，"师徒制"指有经验的教师对新教师的指导和培养，后者以成人学习的方式，从前者那里得到技能指导、职业建议和心理支持。在这一过程中，前者充当后者的角色模型、教师和顾问，在尊重后者自主权的前提下，对后者实施普遍而持久的影响。安德森（Anderson）等人把师徒制的概念特征提炼为以下几点：第一，是一个培养的过程；第二，是一个充当角色模型的行动；第三，具有五种指导功能：教导、支持、鼓励、咨询和协助；第四，重点关注专业和/或个人发展；第五，是建立持续的关心和共情关系。②

师徒结对的做法也被广泛应用于我国的中小学校，为了帮助在教育、

① 王建军. 课程变革与教师专业发展 [M]. 成都：四川教育出版社，2004：127.
② 廖青. 基于教师专业发展的"师徒结对"研究 [D]. 西南大学硕士学位论文，2010.

教学、科研及人际关系的处理上水平欠缺的初任教师在业务和教师道德、思想政治上尽快成熟，根据初任教师的实际情况和需要，配备在业务水平和师德素养等方面都比较优秀的教师对其进行"传、拉、帮、带"的指导。① 新教师在老教师的指导帮助下进行全面学习，包括备课、说课、上课、听课、评课、作业的检查与批改、教学绩效考核、班主任工作及撰写教育教学论文和反思日记等教育教学工作的各个环节。师徒结对旨在提高新教师的教育教学和科研能力，从而达到促进和加快新教师专业发展之目的。

我国学者也对这一概念进行了界定。杨显彪认为，师徒制是指通过新手教师与资深教师合作的形式，使新教师通过对资深教师教学实践的观察、模仿以及资深教师的具体指导，逐渐体悟职业的隐性经验或缄默知识，不断掌握专业技能和智慧的一种新教师培养方式。② 冯家传认为，"师徒结对"是指骨干教师与青年教师结成师徒，师父对徒弟实施"传、帮、带"，引领和指导他们走上专业化道路的一种目标性、实践性、实效性很强的青年教师专业发展的培养途径。③ 郭旭认为师徒制在实践层面主要有三种形式：其一，师资培训机构的师范生在实习阶段与实习学校的教师结成对子；其二，师范毕业生在入职初期与所在学校有经验的教师结成对子，形成师徒关系；其三，为帮助已经具有一定工作经验的教师成长为骨干教师，校内经验丰富的骨干教师或校外名师与校内教师结成师徒关系。④

上述阐释体现了师徒制的核心观点，即"师"与"徒"是指导者与被指导者组成的一种二元关系，且二者具有明确的等级关系及单向性的获益关系。但这样的观点把师徒二者的角色和任务在一定程度上固化了，在倡导优势互补、合作共赢的发展理念下，"师徒结对"也孕育着新的内涵。首先，"师"与"徒"之间可以形成双向获益关系。如，新教师不但可以向老教师学习，老教师也可以学习新教师的现代教育技术、先进教

① 彭秀丽."师徒结对"之研究［D］.华东师范大学硕士学位论文，2006.
② 杨显彪."师徒制"：新手教师专业成长的必经之路［J］.中小学教师培训，2006（3）.
③ 冯传家.优化师徒结对的实施策略［J］.教学与管理，2006（10）.
④ 郭旭."师徒制"与新教师专业发展［D］.上海师范大学硕士学位论文，2009.

育理论，从而激发新的专业发展热情。其次，二者之间的等级可以消弭，"师"与"徒"实际上既是教学实践活动中的合作者，也是教学经验的共享者，二者之间是互相学习的平等关系，应体现"教学相长""能者为师"。

（二）华文教师的师徒结对活动

海外许多华文学校和华教机构也采用师徒结对的方式来帮助新教师顺利适应新的工作环境和教学岗位，作为一种目标性和实践性都较强的华文教师专业发展途径，在海外受到欢迎。爱尔兰的一家华教机构负责人表示，"师徒制已经成为中爱书香教育机构培养新教师的一种重要途径"①。这家机构创办于 2015 年，截至 2019 年，短短四年就开办了三个授课点，在学华裔青少年 220 多人。得当的教师专业发展活动，是这家机构成功运作的重要因素之一。

师徒结对能否到达理想的效果，取决于多种因素。关于新加坡华文教师的调查研究发现，华文教师们认为影响师徒结对有效性的五个方面及权重依次为："师父的带教能力"（75%）、"徒弟本身的努力程度"（70%）、"师徒对'师徒结对'的认识"（60%）、"园长的重视程度"（50%）和"师徒关系"（45%）。其中，师父的带教能力最为重要。"老教师是否愿意对新教师给予帮助，是否愿意教他们，是师徒结对活动成功开展的关键。如果老教师抱着'留一手'的心态，势必会对带教效果产生负面影响。"②该调查结果反映几个关键问题：什么样的教师才适合做新教师的师父？如何建立和谐师徒关系？管理层需要提供什么样的外部环境或机制？下文将对这些问题进行逐一探讨。

（三）改善华文教师师徒结对实施效果的策略

第一，加强对指导教师的遴选。

海外华校或华教机构在确定指导教师的人选时要重点考察以下几个方面。首先要有较强的教学能力。首选专家型华文教师，能手型华文教师次之。指导教师通常要有 5 年以上的教学经验，熟悉该地区的华文教

---

① 王腾香. 新手华文教师专业发展途径初探——以爱尔兰中爱书香教育机构为例［Z］. 第一期"一带一路"华文教育青年研究人才培训班汇报资料，2019.

② 陈巧芳. 新加坡私立托儿所华文教师专业发展途径调查研究——以 C 托儿所为例［D］. 华侨大学境外生硕士学位论文，2019.

育和华文教学工作。其次，要有奉献精神、责任感和共情心理。指导教师要乐于为培养新人奉献自己的智慧、时间和精力，理解并同情新教师的处境，能注意培养新教师的自尊感与自我独立性，对履行自己的角色保持高度责任心。再次，善于与人合作。师徒结对之后的教学实践就由"独舞"变为合作型的"双人舞"，师徒必须密切配合，师父的耐心和包容心极为重要，和谐、平等、融洽的合作关系才能培养出优秀的"舞者"。

第二，加强对指导教师的培训。

华校在确定指导教师人选后还应对其进行充分的培训。培训的内容应包括：师徒结对活动的目的、指导教师的职责、与成人学习者一起工作的方法、教师发展阶段论、新任教师的关注点及需求、诊断性督导的技术、课堂观察技术、教师反思的方法以及教学研讨技能等。此外，在培训中还要丰富指导教师的指导模式。指导模式发展至今呈现多样化的态势，除了传统的面对面指导，还可以远程网络指导；兼顾正式指导与非正式指导；在结对形式方面，指导教师除了要熟悉传统"一师一徒"形式，还要在此基础上学会"一徒多师"或"一师多徒"等团体指导方式。

第三，建立合理的评价激励机制。

师徒制有效实施的一个前提是指导教师愿意与新教师共享自己的隐性知识。随着师父向徒弟共享隐性知识的递增，保留在师父头脑中尚未共享的隐性知识愈显珍贵。当共享到达一定程度，师父获得的边际收益就会等于或小于边际损失，此时师父可能就不继续或不再愿意共享。[①] 因此，为了避免师父产生"教会徒弟，饿死师父"的想法，华文学校或华教机构必须采取有效的激励机制，对指导教师给予物质和精神两方面的奖励，包括荣誉认定、经费支持、工作量适当减免、绩效奖励、在职进修等。也可尝试采用"捆绑式考核"的方法将徒弟的业务绩效与师父挂钩。总之要从体制上为师徒结对的顺利展开保驾护航，引导师父毫无保留地将衣钵传授给徒弟。

---

① 郭旭．"师徒制"与新教师专业发展［D］．上海师范大学硕士学位论文，2009.

第六章　华文教师专业发展制度

目前，海外华文教育面临的问题综合起来主要集中在三个方面，即教师、教材和教法，其中教师问题首当其冲。要从根本上解决华文师资问题，不能采取"头疼医头，脚疼医脚"式的老办法，而应该建立制度化的可持续发展体系，即华文教师专业发展的一整套制度，其主要内容应涵盖"一个标准"和"两个制度"："一个标准"是指华文教师专业标准体系，旨在使各级各类华文教师找到自己的行业规范和发展目标；"两个制度"即华文教师资格认证制度和华文教师教育机构认证制度，前者旨在为华文教师职业提供准入门槛，为不同能力水平的华文教师评星定级，后者旨在进一步规范和引导各个华文教师教育机构的师资培养活动，使真正具有资质的教育机构行使培养华文师资的职能，并且对这些机构进行质量认证。

第一节　华文教师专业标准体系

一　教师专业标准制度概述

所谓标准，《辞海》定义为"衡量事物的准则"。英语中的"标准"（standard）有两种用法：一是用作衡量价值或体现原则的说明，二是用作评估工作业绩的测量手段。美国前任教育部副部长、著名教育学者戴安·雷维奇（Diane Ravitch）认为，"标准"是一种目标，同时，"标准"又是一种模式，是一个样本，是大家做出判断或决定的依据，是测量通向目标进展的测量仪。[①] 标准作为一种工具，使人们借以对有共同认知和共同意义的事情做出恰当、准确的判断与决定。它强调了一种专业工作的本质特点，即"可判断性"。同时标准也阐明了专业人员应该知道什么，应该做什么。

在社会学语境中，所谓"专业"或"专门性职业"（profession）是指在职业层序中因具备一些独特性质而能占据职业层较高地位的职业群体。被公众认为"专业"的职业群体往往更容易分配到较多的经济资源、社会声望和政治权力。[②] 不同学者从各自的角度提出了专业的判断标准。班克斯（Banks）认为专业的标准有六个：即必须经过长期的专业训练；有确定的知识领域；具有伦理规范；强调服务重于利益；具有专业资格的限制；具有相当的自主权。[③] 舒尔曼（Shulman）认为，专业至少具有六个特点：服务的理念和职业道德；对学术与理论知识有充分的掌握；能在一定的专业范围内进行熟练操作和实践；能运用理论对实际情况做出判断；能从经验中学习；能形成一个专业学习与人员管理的团体。[④] 李伯曼（Liberman）提出专业工作具有以下特征：范围明确，垄断地从事对社会不可缺少的工作；能运用高度的理智性技术；需要接受长期的专业教育；无论专业的个人或集体均具有广泛的自律性；在专业的自律性范围内，负有做出判断、采取行为的责任；非营利性，以服务为动机；形成了综合性的自治组织；拥有应用方式具体化了的伦理纲领。[⑤]

总而言之，专业从职业发展而来，却又不同于职业。专业具有不可或缺的社会功能；具有完善的理论和成熟的技术；具有高度的专业自主权以及权威性的专业组织。专业具有一套有很强约束力的专业规范，包括严格的职业资格标准和有约束力的道德规范。从事某项专业的人士就

① Ravitch, Diane. National Standards in American Education: A Citizen's Guide [M]. Washington D. C: The Brooking Institution, 1995: 7.
② 曾荣光. 教学专业与教师专业化：一个社会学的阐释 [J]. 香港中文大学教育学报，1984 (12).
③ O Banks. The Sociology of Education [M]. London: Batsford, 1968: 157.
④ 舒尔曼. 理论、实践和教育的专业化 [J]. 比较教育研究，1999 (3).
⑤ 筑波大学教育学研究会. 钟启泉译. 现代教育学基础 [M]. 上海：上海教育出版社，1986: 442.

是"专业工作者"或"专业人员",他们是经过专门教育或训练、具有较高深和独特的专门知识和技术、按照一定的专业标准进行活动的群体。专业人员在自己的范围内对于其专业行为和专业判断负有责任,并且把高质量的服务看作一种事业和生活方式。

教师工作是一项复杂的专业活动。1966 年,联合国教科文组织和国际劳工组织致各会员国关于教师地位的倡议书,第一次以国际跨政府组织的名义,确认教学是一种崇高的专业,教师是至关重要的"专业工作者",并就改进职前教师培养和职后教师培训、提高教师社会经济地位提出了一系列重要的政策建议。进入 20 世纪 90 年代,中国政府也愈加重视教师的专业地位,1993 年 10 月 31 日第八届全国人民代表大会常务委员会第四次会议通过的《中华人民共和国教师法》规定:"教师是履行教育教学职责的专业人员,承担教书育人、培养社会主义事业建设者和接班人、提高民族素质的使命。"①

教师作为"专业人员"就必须具备专业人员的素质,正如舒尔曼所言,"有效教学需要丰富而复杂的知识基础,它包括:教学内容知识、普通的教学法知识、课程知识、教育学内容知识、关于学生及其特点的知识、教育背景知识、教育目标和教育价值的知识"②。教师要进行有效教学,就必须达到一定的教师专业标准,这是依据一定的教育目的和教师培养目标制定出的、有关教师培养和教育工作的指导性文件。

我国的教育部师范司对教师专业素质进行了三个层面的描述。第一,专业知识。专业知识应包括较为宽厚的文化底蕴、必需的学科知识以及条件性的教育学科、心理学科知识。第二,专业技能。依据职业特点和现代教育教学需要,教师的专业技能应主要包括七个方面:知识处理能力,教学组织能力,言语表达能力,书面表达能力,书写能力,计算机操作能力,制作能力。第三,专业情感。主要指终身从教的专业精神、

---

① 中华人民共和国教师法第一章第三条 [EB/OL]. http://www.fadu.cc/flfg/63.html (2019 - 08 - 16) [2020 - 02 - 12].

② Lee S. Schulman. Knowledge and Teaching: Foundations of the New Reform [J]. *Harvard Educational Review*, 1987 (57).

为人师表的职业道德以及积极健康的教师个性。① 因此，教师作为一种专业性的职业，就要有一定的专业标准。作为专业人员的教师就要按照一定的专业标准进行教学活动。

二　语言教师专业标准的国别案例

作为信息与文化的载体，语言在当今世界经济全球化与文化多元化进程中的作用备受关注。20 世纪 70 年代以来，随着世界外语教育理论的迅速发展，涉及的学科越来越多，需要研究的课题越来越广泛，外语与认知、交际、社会、文化、心理、思维、情感、行为、素质等方面的联系越来越直接，外语已经成为吸取人类文明成果和对外交流合作的重要工具。可以说，21 世纪国际间竞争的特点是在交际中竞争，在竞争中交际。外语能力无疑将成为这场竞争的核心要素。因此，面对 21 世纪对外语教育的挑战，自 20 世纪 90 年代以来，许多国家把外语看作提高国际竞争力、适应全球化经济发展、促进民族间相互理解融合、提高国际意识的重要工具。除了制定一般教师的专业标准之外，许多国家还制定了专门针对外语教师和语言教师的专业标准，以契合外语教育和语言教育的特殊性。下文将分别介绍美国、澳大利亚的外语教师标准，以及中国的国际汉语教师标准。

（一）美国语言教师专业标准

1. 美国语言教师专业发展历程

1941 年，美国学者弗里曼（Freeman）在《一个受过良好训练的现代语言教师应具备什么素质》一文中指出一名优秀语言教师要具备六个要素：第一，正确的语音和地道的语调；第二，熟练的口语；第三，掌握所教语言的语法和句法；第四，掌握大量词汇，系统学习词源学；第五，对他国文明、文学作品的透彻领会；第六，符合语言教师的人格特征。②

20 世纪 50 年代，美国语言教师队伍发展迅速，1955 年，美国现代语

---

① 教育部师范司. 教师专业化的理论与实践［M］. 北京：人民教育出版社，2001.

② 黎青. 大学外语教师素质培养研究［J］. 青海师范大学学报（哲学社会科学版），2013 (11).

言教师协会全国联合会（NFMLTA）主持的外语计划委员会制定了《中学现代外语教师资格》。这一标准为美国后来的外语教师素质或标准框架的建立奠定了理论基础。① 随后美国联邦政府开始关注外语教育，于 1958 年颁布了外语教育史上里程碑式的法案《国防教育法》。② 1961 年美国又出台《富布莱特——海斯法案》，该法案补充《国防教育法》第六条，主要内容之一就是要为教师提供海外培训的机会和资金，以促进外语教师的发展。1965 年，国会通过《高等教育法》进一步强调教育部门应重视外语教育，并为外语师资培训教材建设提供专项拨款。③ 1966 年，为纪念《现代语言期刊》创刊 50 周年，美国外语教师协会发行出版了《现代外语教师教育计划指南：说明》专刊。该指南是美国外语教育史上有关外语教师教育的第一份比较完整的、内容翔实的纲领性文件，是美国第一次对外语教师的培养和在职外语教师的专业资格进行的标准界定。

20 世纪 70 年代，美国语言教师专业化发展进程逐渐缓慢，到了 80 年代，美国语言教师走出低谷进入蓬勃发展阶段。1986 年，霍姆斯小组推出《准备就绪的国家：21 世纪的教师》和《明日之教师》等指导性文件。这些文件对实践产生了一定影响。④ 1988 年，美国外语教育协会颁布全美外语教师专业标准《外语教师教育课程指南（暂行）》，该指南强调外语教师职前培养应集中于以下三大领域：个人发展领域、专业发展领域和专家发展领域。⑤

20 世纪 90 年代以来，外语教育再度受到美国政府的重视，1994 年美国教育部颁布了《2000 年教育目标：美国教育法案》，明确将外语列入中学的核心课程，指出提高外语教育质量的关键在教师，要为所有外语教师的职业发展提供机会。⑥ 1996 年，体现美国外语学习与教育最新理念的

---

① NFMLTA. Modern Foreign Language Teacher Preparation：A Quarter Century of Growth ［J］. *The Modern Language Journal*，1966（50）.
② 陈莉. 美国外语教师教育：标准、模式和特点 ［J］. 外国教育研究，2013（12）.
③ 陈莉. 美国外语教师教育：标准、模式和特点 ［J］. 外国教育研究，2013（12）.
④ 张治国. 美国教师专业标准说略 ［J］. 世界教育信息，2008（11）.
⑤ ACTFL. Provisional Program Guidelines for Foreign Language Teacher Education ［J］. *Foreign Language Annals*，1988（21）.
⑥ 陈莉. 美国外语教师教育：标准、模式和特点 ［J］. 外国教育研究，2013（12）.

《外语学习标准：为21世纪做准备》颁布，它详细分析了美国21世纪外语学习的五大目标（简称5C）：交际（communication）、文化（cultures）、联系（connections）、比较（comparisons）、社群（communities）。五要素相互交织，形成合力共同推进语言水平和能力的提高。① 该标准至今对美国外语教师的培养发挥指导作用。

进入21世纪，全球化呈现新的趋势和特点，国际形势风云变幻，重大突发事件频发。特别是2001年的"9·11"事件，使美国政府认识到外语教育之于国家安全的重大意义，因此加大了对外语教育的扶持力度。② 2002年，为了配合新《外语学习标准》的落实，《外语教师准备计划标准》出台，它概括了一名高效外语教师所应具备的知识技能以及各种问题处理能力。③ 近年来，在经济发展、国防安全和国际竞争等因素影响下，美国对外语教育更加重视，联邦政府及各州教育机构不断出台相关外语教师教育政策、制定外语教师培养标准、探索外语教师培养模式。

2. 美国语言教师专业标准及认证体系

外语教师质量认证体系是美国教师教育质量认证系统的重要组成部分。美国的外语教师标准及认证系统形成了职前、入职、职后"三位一体"的体系特征。下文将依次简要介绍美国外语教师职前、入职和职后的标准框架。

美国语言教师职前标准及认证的《外语教师培养课程标准》由美国外语教育协会于2002年颁布，并经全美教师教育认证委员会批准。主要条目详见表6-1。④

表6-1 美国《外语教师培养课程标准》框架

标准	核心标准条目	子标准条目
1	语言、语言学	有语言展示能力，懂语言学知识，能进行语言比较
2	文化、文学	理解文化、语篇与语境，能整合教学原则

① 贾爱武. 美国外语教师教育及专业资格标准政策研究 [J]. 外语界，2006 (4).
② 陈莉. 美国外语教师教育：标准、模式和特点 [J]. 外国教育研究，2013 (12).
③ 贾爱武. 美国外语教师教育及专业资格标准政策研究 [J]. 外语界，2006 (4).
④ 李凤荣. 从美国外语教师质量标准看中国大学英语教学 [J]. 现代教育科学，2010 (6).

续表

标准	核心标准条目	子标准条目
3	教学实践	创造良好语言环境，用不同教学模式满足不同需求
4	课程教学	用学习标准及课程目标评价进行设计，调整教学资源
5	评价与反思	了解并能恰当使用评价模式，评价、汇报反思结果
6	专业化	致力于专业发展，懂得外语学习的价值

　　在《外语教师培养课程标准》出台的同时，美国"州际新教师评价与支持联合体"于 2002 年颁布了《入职外语教师许可标准》。① 详见表 6 - 2。

表 6 - 2　《入职外语教师许可标准》框架

序号	名称	指标
标准 1	学科知识	精通目的语及其文化，培养学生的语言能力与文化理解力
标准 2	学生发展	掌握学生学习规律，使学生获得促进自身发展的学习体验
标准 3	学生多样性	理解学生在知识、经验、能力方面的差异，创造适合不同学习者的学习环境
标准 4	教学策略	运用不同的教学策略帮助学生发展，培养批判思维
标准 5	学习环境	创造互动、支持性的学习环境，激发学生的学习动机
标准 6	交际	运用有效的言语与非言语交际、多媒体资源，培养学生多方面能力
标准 7	教学规划	以目的语文化、标准化课程、学习者情况、学习环境为基础进行教学规划
标准 8	教学评价	运用不同策略监督学生学习，传授知识与文化，汇报学生进步情况
标准 9	反思与发展	成为反思实践者，寻求专业成长机会
标准 10	社区	加强与同事、家长的联系，支持学生学习与发展

　　为了建立全美统一的教师资格认证标准，1987 年全美专业教学标准委员会成立，该委员会是美国二大著名的教师教育质量认证机构之一。2001 年该委员会制定了《优秀外语（非英语）教师标准》。该标准从学生知识等 14 个方面对优秀外语教师进行了专门认证。② 详见表 6 - 3。

---

　　① 孙曼丽，洪明. 美国外语教师质量标准的探析与启示 [J]. 外语界，2008（1）.
　　② 孙曼丽，洪明. 美国外语教师质量标准的探析与启示 [J]. 外语界，2008（1）.

表 6 - 3　美国《优秀外语（非英语）教师标准》框架

序号	要求	标准
1	关于学生	重视个体，了解其发展，积极获取学生信息以培养其能力和兴趣
2	关于公正	公正对待学生，不论民族、语言，为每一个学生设立最高学习目标
3	语言知识	通晓目的语语言，为学生设立可达到、有价值的学习目标
4	文化知识	精通目的语语言与文化，了解两者的密切关系
5	语言习得	熟悉学生语言学习规律和教学方法，根据教学目标制定教学策略
6	学习途径	语言与文化学习相结合。运用各种教学策略激发学生批判与创造性思维
7	课程教学	确保学生语言水平全面、不断提高，语言能力从简单发展到熟练运用
8	学习环境	创造关爱、富于挑战性的学习环境，使学生积极学习并用目的语进行交际
9	教学资源	使用恰当教学资源以满足学生语言学习，激发批判与创造性思维
10	教学评价	汇报学生进步情况，用评价督促学习；帮助学生反思、进步，调整教学方法
11	教学反思	不断分析与评价教学质量以增强教学有效性，促进学生学习
12	校家社区	与其他学科教师、家长、社区合作；为学生利益服务
13	专业社群	为改进教学内容、深化学科知识、指导其他语言教师教学做贡献
14	外语教育	倡导关注校内外全面、持续为学生提供语言学习机会的课程内容

从美国语言教师职前、职中、在职的标准及认证体系可以看出，随着教师自身职业生涯的不断发展，从新手教师到优秀教师，相应的专业标准难度也在不断加大。

（二）澳大利亚语言教师专业标准

1. 澳大利亚语言教师专业发展历程

澳大利亚是世界上制定和实施多语政策的第一个英语国家。[①] 自 20 世纪 80 年代以来，澳大利亚学校语言课程计划和课程大纲一直受到联邦政府政策变化的影响。1987 年，澳大利亚颁布了《国家语言政策》（National Policy on Languages），这是由联邦教育部颁布的一项正式的、综合性的国家语言政策，是澳大利亚有史以来第一项正式的官方语言政策，也使整个澳大利亚社会终止了单一语言（英语）的历史。它的颁布对于建设多语言、多文化的澳大利亚产生了重要影响，在澳大利亚联邦政府

---

① 高战荣等. 澳大利亚外语教育的特征及启示 [J]. 外国教育研究，2008（5）.

文件中被认为"澳大利亚教育中最有影响的文件之一"。①

1988 年，澳大利亚颁布了《澳大利亚语言水平计划》（The Australian Language Levels Project），成为澳大利亚最有影响的外语课程框架。其目的在于为国家的外语教学与发展提供指导，提供一种既能涵盖语言共性，又包括教师发展和研究的课程综合模式。②进入 21 世纪后，联邦政府积极推进学校中的各种外语，特别是亚洲语言的教学和研究，启动了一系列国家资助计划。在这种政策环境下，澳大利亚现代语言教师协会联合会于 2005 年制定了面向中小学外语教师的《语言与文化优秀教师专业标准》，成为沿用至今的官方标准。③

2. 澳大利亚语言教师专业标准的内容

《语言与文化优秀教师专业标准》的内容分为五部分：对优秀语言与文化教师的构成要素的概述、使用指南、教师标准、课程标准及补充说明。其中教师标准包括教育理论与实践等八大维度，详见表 6 - 4。

表 6 - 4　澳大利亚《语言与文化优秀教师专业标准》之教师标准④

标准维度	标准内容概述及反思问题
教育理论与实践 Educational Theory and Practice	掌握儿童发展理论及其在教学中的应用，了解现行教育理论及教学原则，组织和管理课堂教学，通过专业学习和阅读紧跟教育领域的最新发展，关注学校文化，关注教育政策及课程计划，将语言教学植入教育大环境中，建立与其他课程及课外活动的联系。如：对每个学生及其能力，你了解多少？
语言与文化 Language and Culture	强调教师对目的语和目的文化的知识及运用能力，指出语言教学中跨文化敏感性和跨语言跨文化交际能力的重要性；要求教师懂得语言与文化的关系，关注所教科目在目的语社区的实际运用和最新变化，了解语言文化在人类自我身份认同和交互中的作用，并在教学中应用这一知识。如：在教学和日常生活中，你如何表达自己的跨文化意识？

---

① Burns, A. ESL Curriculum Development in Australia: Recent Trends and Debates [J]. *Regional Language Center Journal*, 2003 (3).

② Scarino, A., Vale, D., McKay, P. & Clark, J. The Australian Language Levels Guidelines [Z]. Canberra: Curriculum Development Centre, 1988.

③ AFLMTA. Professional Standards for Accomplished Teaching of Languages and Cultures [S]. Commonwealth of Australia, 2005.

④ 贾爱武. 澳大利亚中小学外语优秀教师专业标准解析 [J]. 外国中小学教育，2012 (11).

续表

标准维度	标准内容概述及反思问题
语言教育 Language Pedagogy	教师需要深刻理解语言学习过程，了解语言教学最新发展及研究现状，通过专业学习和阅读不断提升自己；课堂教学中，要考虑学习者的差异，营造有利的学习氛围以提高学生学习语言文化的兴趣及学习责任感；熟练运用语言教学方法并形成自己的教学原则；了解课程设置每一步骤（大纲、教学、资源、学习评估、教学评价、检查等），善用各种评价方法促进学生学习。如：在制定课程大纲和教学决策时，你了解多少有关语言及二语发展的规律？
职业道德与责任心 Ethics and Responsibility	教师对教与学以及社会文化关系负有责任，包括师生间的相互信任、尊重和换位思考；教师须反思自己的价值观，尊重不同学生、社区及文化的价值观并帮助学生学会多方位审视问题来做出自己的选择判断。如：你如何在提高语言能力时表现你的关心和忧虑？
专业关系 Professional Relationships	语言文化教师作为教育大社团的一部分，需要与同行、其他学科教师、学生、家长及学校各层面之间建立职业关系。教师以各种形式为发展专业文化做出贡献。如：你如何为自己的专业做贡献？
国际视野 Active Engagement with Wider Context	语言文化教师在观念上要将地区与世界联系起来，积极参与社会、政治、经济和技术发展，以更宽广的视野将语言和语言学习与全球形势相结合，认识到语言文化对地区和世界的影响，以及对人们在世界中为自己合理定位的影响，鼓励学生关注世界问题，培养学生成为有知识、有担当的世界公民。如：你如何将语言学习与当今世界形势相联系？
个人特点 Personal Characteristics	成功的语言文化教师倡导跨文化交流、培养学生跨文化敏感性以及语言文化多样性，他们支持学生、学校和社区使用不同的语言，并在更大的社会环境中推广不同语言的学习。如：你如何增进社区对语言文化重要性的认识？
立场倾向 Advocacy	成功的语言文化教师具有个人魅力、善于自我完善和激励学生。他们对语言、文化和教学有着极大的热情，不断进行个人进修和专业学习，同时激励他人和学生。他们坚信学生将成为通晓两种或更多语言的人，并使学生意识到自己成为跨文化交流者的需要；他们通过质疑和内省自己的实践、价值观和信念来评判自己作为语言文化中介者的工作。如：你如何向学生证明他们能成功学习外语？

分析发现，《语言与文化优秀教师专业标准》明确地指出教师不仅是教育者，也是终身学习者，教师不仅要对自己所授学科的学科理论和研究方向有所了解，还要在教学中熟练运用语言教学方法，充分提高学生学习语言文化的兴趣。另外，作为一名语言教师，除了教授语言文化，他们还须教会学生在生活中懂得重视、尊重文化差异，能够进行跨语言的文化交流，特别是要具有国际视野，能将语言文化学习与广大世界及社会问题相联系。他们具有高度职业道德和责任心，善于激励学生，对

教学工作抱有热情。

（三）　中国国际汉语教师标准

1. 中国国际汉语教师发展历程

新中国的对外汉语教学始于 20 世纪 50 年代初，而教师培训工作发端于 20 世纪 60 年代中期，当时我国派出汉语教师人数和来华留学生人数都大量增加，新中国对外汉语教学体系逐步形成。我国政府于 1965 年组建了北京语言学院，逐渐形成以"北语"为中心，全国多所院校参与的对外汉语教学体系。① 1965 年暑假，原高教部委托北京语言学院为新接受越南留学生教学任务的 20 多所院校的教师举办了培训班。②

80 年代是对外汉语教学快速发展期，并出现了专门的对外汉语教师队伍建设的研究。1984 年暑假，当时的对外汉语教学研究会在北京语言学院举办了为期一个月、由全国 23 所院校的 50 名汉语教师参加的培训班。1986 年暑假，北京语言学院和美国俄亥俄州立大学在北京语言学院联合举办了为期一个月的中美汉语教师培训班，参加培训的有美国汉语教师 13 人、中国对外汉语教师 25 人。以上的几期全国性的对外汉语教师培训班，为恢复教师培训工作积累了经验。自 1987 年开始，北京语言学院每年都举办汉语教师培训班。1988 年又成立了教师研修部，使这项工作逐渐步入正轨。③ 1993 年 6 月，国家教委正式批准北京语言学院汉语教师研修中心成立，这是中国第一个得到国家教委批准的海内外汉语教师的培训机构。④

随着对外汉语事业的蓬勃发展，对外汉语教师的素质引发关注。教育部于 1990 年和 2004 年先后颁布评定对外汉语教师的文件《对外汉语教师资格审定办法》和《汉语作为外语教学能力认定办法》，⑤前者对对外

---

① 张和生. 对外汉语教师素质与培训研究的回顾与展望［J］. 北京师范大学学报（社会科学版），2006（3）.
② 刘珣. 关于汉语教师培训的几个问题［J］. 世界汉语教学，1996（2）.
③ 张和生. 对外汉语教师素质与培训研究的回顾与展望［J］. 北京师范大学学报（社会科学版），2006（3）.
④ 刘珣. 关于汉语教师培训的几个问题［J］. 世界汉语教学，1996（2）.
⑤ 郝丽霞. 对外汉语教师队伍建设研究回顾与思考［J］. 教育与教学研究，2010（24）.

汉语教师的外语、汉语、对外汉语教学理论与中国文化知识提出了要求，为对外汉语教学师资队伍的专业化提供了制度保证；后者则以行政命令的方式来推进教师队伍的建设，显示我国政府对对外汉语教学的高度重视。而改"资格审定"为"能力认定"，其实质在于把对教师素质的要求和师资队伍建设的规范推向全世界。

自从 2004 年 11 月全球首家孔子学院在韩国举行了揭牌仪式，随后孔子学院在海外进入了发展快车道，汉语热在全球持续升温，使得海内外对汉语教师的需求快速增长。为促进国际汉语教师专业发展，建设高素质的国际汉语教师队伍，基于国际汉语教育教学的特点和规范管理的需要，国家汉办 2007 年制定了《国家汉语教师标准》，得到汉语教学界的广泛关注，国内外不少专家学者及教学培训机构提出了建设性意见。2012 年，国家汉办在借鉴了国内外有关外语教师标准及其最新研究成果的基础上，又组织来自 100 多个国家的千余名专家学者和一线教师参与修订工作，完成并正式发布《国际汉语教师标准》2012 年版。[①] 新版标准沿用至今，成为指导国际汉语教师师资培养的指导性文件。

2. 《国际汉语教师标准》的内容框架

《国际汉语教师标准》是按"标准—次标准—具体内容" 3 个层级格局来安排的，详见表 6 - 5。

表 6 - 5　《国际汉语教师标准》内容框架[②]

标准	次标准	具体内容
汉语教学基础	1. 具备汉语交际能力 2. 具备基本的汉语语言学知识和语言分析能力 3. 了解第二语言学习基本原理 4. 熟悉第二语言教学基本原则与方法	描述了国际汉语教师应具备符合职业需要的汉语交际能力；具备基本的汉语语言学知识、语言分析力；了解第二语言学习的基本原理；熟悉第二语言教学的一般原则和主要教学法。

---

① 邵滨，邵辉. 新旧《国际汉语教师标准》对比分析 [J]. 云南师范大学学报（对外汉语教学与研究版），2013（11）.

② 整理自邵滨，邵辉. 新旧《国际汉语教师标准》对比分析 [J]. 云南师范大学学报（对外汉语教学与研究版），2013（11）.

续表

标准	次标准	具体内容
汉语教学方法	1. 掌握汉语教学的基本原则与方法 2. 掌握汉语语音、词汇、语法和汉字教学的基本原则、方法与技巧，了解汉外语言主要异同，并能进行有针对性的教学 3. 掌握汉语听、说、读、写教学的特点、目标、原则与方法，并能进行有效的教学 4. 了解现代教育技术，并能应用于教学	阐明了国际汉语教师应掌握的汉语语言要素和语言技能教学的主要内容、基本原则和教学方法；应具备汉外的语言对比能力；具有运用现代教育技术进行汉语教学的能力。
教学组织与课堂管理	1. 熟悉汉语教学标准和大纲，并能进行合理的教学设计 2. 能根据教学需要选择、加工和利用教材与其他教学资源、能设计课堂教学的任务与活动 3. 能进行有效的课堂管理 4. 能有效地组织课外活动 5. 了解测试与评估的基本知识，能对学习者进行有效的测试与评估	阐明了对国际汉语教师的具体要求：应熟悉汉语教学标准与大纲，并能设计教学；应具备选用教材和利用教学资源的能力；能设计教学任务并组织课堂活动，实施有效的课堂管理；能通过课外活动发展学习者自主学习能力，并对其进行有效的测试和评估。
中华文化与跨文化交际	1. 了解中华文化基本知识，具备文化阐释和传播的基本能力 2. 了解中国基本国情，能客观、准确地介绍中国 3. 具有跨文化意识 4. 具有跨文化交际能力	标准要求国际汉语教师应掌握中华文化和中国国情基本知识，具备文化阐释和传播的基本能力；应具有跨文化意识和交际能力，能有效解决跨文化交际中的问题。
职业道德与专业发展	1. 具备教师职业道德 2. 具备良好的心理素质 3. 具备教育研究能力和专业发展意识	阐明了国际汉语教师应具有的职业道德与专业发展意识：教师应具备作为国际汉语教师的职业道德与心理素质；能进行教育研究，具有教学反思能力；参与专业培训和学术交流，努力寻求专业发展机会。

由此可见，国际汉语教师标准主要包括汉语教学基础、汉语教学方法、教学组织与课堂管理、中华文化与跨文化交际、职业道德与专业发展五个板块。具体涉及汉语本体知识、语言学知识、汉语教学法知识、课堂管理知识、中华文化及跨文化知识、职业素养、研究能力和发展意识等。该标准的出台为国际汉语教师的教育和培训提供了行动指南，也为华文教师标准的制定提供了借鉴。

三　华文教师专业标准的出台

华文教育与汉语国际教育既有区别也有联系。贾益民教授认为，海外华文教育在本质上属于中华民族的语言文化教育，在教学方面，它不仅仅是一种二语教学和二语习得，更是一种民族母语教学和民族母语习得，在语言教学性质上介于"一语"和"二语"之间，而汉语国际教育在本质上是面向非华裔外国人的二语教学。① 鉴于此，华文教师的标准不能照搬国际汉语教师的标准。另外，海外各国华文教师的构成较为复杂，在不同国家和地区呈现不同的特点，教师们既有全职也有兼职，教学水平也参差不齐，因此需要制定统一的标准来规范和认定各国的华文教师，也为日后开展更有针对性的华文教师专业发展工作提供依据。

为了推进海外华文教育标准化、正规化、专业化的发展，顺应海外华文教师专业化发展需要、提升海外华文教师综合素质和教学能力、规范海外华文教师培训工作，在前期预研基础上，国侨办于 2011 年 2 月正式设立"《华文教师证书》等级标准研制"项目，并委托暨南大学完成。经过为期两年半的努力，项目组终于 2013 年 12 月完成全部研制工作，产生了《〈华文教师证书〉实施方案》等四项成果，作为主体成果，该方案中包含了《华文教师标准》（详见表 6-6），标准从原则上提出了对华文教师知识、能力和素质条件的基本要求，是实施方案的纲领性文件。《华文教师标准》的制定对华文师资培养具有理论和实践的双重价值；对加强海外华文师资建设、推进海外华文教育的深入发展，具有重要的现实意义，标志着华文教育的标准化建设取得了重大进展。

表 6-6　华文教师标准②

第一条	热爱华文教育事业，热爱华文教师职业。
第二条	具备从事华文教育工作良好的职业操守。
第三条	具备华文听、说、读、写、译等综合语言能力，普通话达到华文教师从业水平。

---

① 贾益民．海外华文教学的若干问题 [J]．语言文字应用，2007（3）．

② "《华文教师证书》等级标准研制"项目组资料。

续表

第四条	掌握华文语音、词汇、语法、修辞和汉字的基本知识，并能运用于教学实践；具有一定的古代汉语修养。
第五条	至少掌握一门华文教学媒介语，并能熟练运用。
第六条	掌握教育学基础知识和基本原理，理解教育的本质和主要教育思想；理解华文教育的本质和基本原理。
第七条	了解心理学的基本原理，掌握学习心理特点和学习能力发展的基本规律。
第八条	熟悉华文教学的主要模式，能合理制订教学计划，利用各种教学资源设计教学过程。
第九条	具备良好的组织教学能力，了解课堂教学的特点与规律，了解华文课堂主要教学环节的内容与方法。
第十条	能有效地实施教学，具备调控教学过程、营造学习氛围、激发学生学习兴趣的能力。
第十一条	对华文教学法体系有清楚的了解，掌握常用的语言要素教学以及言语技能训练的具体方法。
第十二条	掌握实用的现代教育技术，能在华文教学中适当应用现代教育科技和信息技术。
第十三条	掌握常用的教育测评方法，能客观、全面评价学生的学习表现及教育教学效果。
第十四条	具备较好的中华文化素养，了解中国历史、哲学、文学、民俗、地理、民族的基本知识。
第十五条	了解当代中国社会政治、经济、文化的基本面貌。
第十六条	熟悉中华文化与所在国文化的差异，能在华文教学中尊重及妥善处理文化差异。
第十七条	具有中华文化才艺专长，并能运用于华文教学。
第十八条	关心、爱护、尊重学生，关注学生个体差异，做到因材施教。
第十九条	具有良好的沟通能力。能平等地与学生进行沟通交流；能与同事合作，分享教学经验和资源；能与家长有效沟通，共同促进学生发展。
第二十条	具有一定的教学研究能力和专业发展意识。

从表6-6可以看出，这20条标准对华文教师的通识性知识、本体性知识、条件性知识、实践性知识、教育能力、教学能力、学习能力、科研能力、发展能力、情意素质等方面提出了全方位的要求，是日后华文教师认证和培训工作的参照依据和行动指南。《华文教师标准》在内容上与国际主流的外语教师标准高度契合，又体现了作为华裔青少年族裔语教师的特殊性。清晰地描述了作为一名合格的华文教师，应该具备华语学科专业知识及与中华文化相关的知识素养，具有华语课堂教学技能及教学策略，还要掌握华裔青少年的心理特征与华语习得规律，将华语学

习与跨文化能力培养相结合，加强与家长和社区的合作，努力营造对华语学习有用的课堂教学环境，使得华裔学生能够带着敬意、承诺、热情和责任心进入中华语言与文化学习。这是时代对华文教师提出的高要求，新时代的华文教师必须用专业发展的意识武装自己，不断突破自我发展界限，扩大自己的视野，提升自身的人格魅力，致力于华裔青少年的培养。

华文教师专业标准为华文教师从职前、入职到职后的一体化持续发展描绘了蓝图、预设了轨道，为华文教师提供了一个清晰的职业生涯框架，有助于华文教师明确各个阶段专业发展的重点，确保其专业发展的连贯性、全面性。具体而言，构建华文教师专业标准制度具有如下意义。

第一，华文教师专业标准是提高华文教师队伍整体素质的重要保障。它明确了华文师资培养和教育工作的基本方向。严格按照华文教师专业标准培养和选拔教师，可以有效提高华文教师队伍整体素质。

第二，华文教师专业标准为华文教师的教育教学活动提供了行动指南。华文教师专业标准对教师的教学、学习和行为管理策略都有明确要求，华文教师可据此运用适当的方法进行有效的教学活动。

第三，华文教师专业标准是确立和提升华文教师专业地位的重要前提。建立完善的华文教师专业标准是华文教学从一种"职业"变为一种"专业"的标志之一，是提高华文教师专业地位、增强公众信任和社会期望的重要保障。

第四，华文教师专业标准是评价华文教师教学质量的根本依据。优秀的华文教师和优质的华文教学是提高海外华文教育整体质量的关键因素，华文教师专业标准为相关评价工作提供了参照体系和客观依据。

第二节　华文教师能力认证制度

一　教师认证制度概述

职业认证制度是一种职业和岗位专门化的必然结果，也是社会分工及管理进步的表现，它直接影响着特定职业的专业化程度，以及随之而来的社会声誉和地位。职业认证制度起源于工业革命时期由各个行会推行的行业技术资格证书，时至今日，主要包括入职资格认证和职业能力认证。对于个体而言，入职资格认证是进入社会、以自己的职业特长服务社会并取得相应报酬的入场券，职业能力认证则是对个人专业能力的评星定级。二者都需要通过相应的考评程序，继而颁授相应的证书来实现。

自20世纪60年代教师被确定为一个专业以来，教师专业化进程就一直受到人们的关注，成为当今世界性的潮流。而教师专业化的关键就是教师认证制度的实施与完善，这是教师专业化的必然产物。在教师认证制度中，教师入职资格认证旨在把好准入关。教师作为专业技术人员中的一类，教师入职资格也属于国家职业资格，它是国家作为认证主体对从事教师职业所应具备的基本条件进行的强制性规定。教师入职资格认证制度则是国家对教师实行的一种法定的职业许可制度。不是任何一个受过教育的人都可以当教师，教师是一种兼具技术性和艺术性的专业，只有具备教师资格的人，才能被聘用担任教师工作。教师入职资格认证制度的主要目的在于确保国家拥有与其社会发展水平相适应的师资水平，所以必须以强制性的行政手段加以推行。建立和健全教师入职资格认证制度是实施教师专业化发展战略的重要标志和根本保障。美国、英国、法国、日本等发达国家教师入职资格认证实施较早，目前已经形成相对完备的教师资格认证体系，为中国等国家的教师专业化发展提供了借鉴。而今，通过教师入职资格认证来确保从教者达到最基本的任教条件已成为人们的共识。

教师入职资格认证制度的主要功能是解决教师的职业准入问题，是国家法定的职业许可制度。教师职业能力认证是在教师入职资格认证基础上逐渐形成的，主要功能是解决教师发展问题。二者既有区别也有联系。教师入职资格认证提出了对教师的最基本要求，而在得到认证后，教师还需要不断自我提升，更新知识体系，提炼实践性知识，获得教育教学能力的不断发展。因此，在把好入口关的同时，还需要不断对教师的教育教学能力进行评估，根据相应的教师职业能力等级标准，对不同能力水平的教师予以认证。以此观之，中国施行的教师职称晋升制度，也可算是教师职业能力认证。与入职资格认证相比，能力认证具有非强制性，教师凭借个人意愿申请认证。

二　华文教师能力认证制度的提出

海外华文教育遍及世界各国，受限于统一行政身份的缺失，无法对各国华文教师实施强制性的入职资格认证，只能由教师个人自愿申请，因此相对于官方强制性的入职资格认证，职业能力认证是当前具有可操作性的华文教师认证制度。

（一）华文教师发展现状

"华文教育是中华民族在海外的'希望工程''留根工程'，也是华人社会最重要的'民生工程'。"前国务院侨办主任裘援平在第三届华文教育大会上如是说。中国政府始终高度重视华文教育工作。遍布全球的华侨华人数以千万，他们无论身在何处，都希望自己的后代能传承中华语言文化，这是华文教育能在海外薪火相传的文化心理土壤。随着学习华文的人数不断增加，相应的华文学校、华文补习班也如雨后春笋般不断涌现，全球掀起了"华文热"。在这股"华文热"背后却存在不少问题，首当其冲的就是合格华文师资严重不足的问题。当前的华文教师队伍及其专业化程度难以适应新时代海外华文教育的现实需要。

在 2014 年 12 月 7 日开幕的第三届世界华文教育大会上，来自世界各地华文教育一线的与会代表们提到最多的问题之一也是华文教师短缺及不够专业这一困难。越南胡志明市卖剑雄华文中心校政主任罗松坤对此体会很深，"因为国务院侨办与当地华侨华人的支持与资助，我们学校有很好的校园，可是教材与教师的短缺，直接限制了招生数量，这是我面临的最大问题"[①]。克利夫兰当代中文学校校长王黎明表示，"虽然克利夫兰当代中文学校中文教师数量在逐年增加，如今已经达到 50 多位。但仍

---

① 海外华教代表：师资短缺成束缚华教发展"瓶颈"［EB/OL］. http://www.chinaqw.com/hwjy/2014/12 - 08/28966. shtml（2014 - 12 - 08）［2016 - 08 - 09］.

然能感觉到优秀教师的短缺"①。可见目前海外华校普遍存在华文教师数量不足、专业素养欠缺、优质师资缺乏的现象。建立华文教师职业能力认证制度,以此为抓手促进全体海外华文教师的专业发展,是当前华文教育工作的当务之急。

(二) 建立华文教师能力认证制度的意义

华文教师能力认证制度是我国政府对海外从事华文教育工作的人员实施的教育教学能力认证制度,是海外华文教师专业化发展的必要保障,具有重要意义。

建立华文教师能力认证制度有利于海外华文教师管理的专业化、规范化、科学化,进一步提高华文教师的专业水准,也便于将海外华文教师纳入统一管理体系,为今后华文教师培训进修等工作的开展提供依据。

建立华文教师能力认证制度有利于华文教师队伍的综合素质和教学水平的提高。国侨办每年在国内十余所高校开展《华文教师证书》研习班,每个研习班长达 18 天,将学习与证书考试、资格认定相结合,每年培训的华文教师人数达千人。通过研习班密集型的高强度学习,以及各国华文教师之间的交流分享,华文教师们的理论水平能得到普遍提升。

建立华文教师能力认证制度有利于海外华文教师之间进行横向比较。华文教师分布在海外各国,多年来难以对不同国家各个华文教师的综合素养和教学能力进行评价比较,能力认证制度的推行有望解决这一问题。华文教师资格认证的证书等级分为初级、中级和高级。通过实施严格的考核与认定程序可以较为客观地判断出每位华文教师的能力等级,有助于华文教师了解自己当前水平和在华文教师群体中的相对水平,明确自己的优势与不足,确定日后的改进方向,也能为华文学校和华教机构对华文教师的聘用和绩效奖励提供依据。

建立华文教师能力认证制度有利于提高海外华文教师的社会地位和薪资水平。华文教师水平之所以会参差不齐,师资短缺,很大一部分原因是缺乏对华文教师权威的资格认定,致使人们形成"只要是华人就能

---

① 海外华教代表:师资短缺成束缚华教发展"瓶颈"[EB/OL]. http://www.chinaqw.com/hwjy/2014/12-08/28966.shtml (2014-12-08) [2016-08-09].

教华语""只要会说华语就可以当华文教师"的错误认识，从而导致社会对华文教师的专业认同度较低，也在一定程度上导致华文教师的薪资水平较低。随着华文教师能力认证制度的完善，有望进一步提升华文教师的社会认同和薪资待遇。

三 华文教师能力认证制度的实施

（一）华文教师能力认证制度的发端

上文在探讨华文教师专业标准的部分曾经提到，为了尽快建立华文教师资格认证制度，国务院侨办委托暨南大学研制《华文教育证书》，于2011年着手开展"《华文教师证书》等级标准研制"系列研发工作，可将其视为华文教师认证制度的发端。

该项目于2013年结题，产生了《〈华文教师证书〉实施方案》《〈华文教师证书〉考试样卷及答题卡》《〈华文教师证书〉考试试测报告》《〈华文教师证书〉考试调研报告》四项研究成果，其中《〈华文教师证书〉实施方案》是主体成果，包括《华文教师标准》《〈华文教师证书〉实施细则》《华文教师测评大纲》《〈华文教师证书〉考试方案》和《华文教师培训方案》五项内容，《华文教师标准》是整个《〈华文教育证书〉实施方案》的纲领性文件，是华文教师资格认证的依据。对于《华文教师标准》，已经在上文进行了说明，本部分内容将聚焦华文教师的考试和培训方面。

在该实施方案中，建议成立"中国海外华文教师证书评定工作委员会"来制定等级证书标准，制定证书考试大纲及考试标准，制定等级证书培训方案，组织培训、考试及证书认定与证书颁发工作。该实施方案还提出海外华文教师证书实施的基本原则：第一，学历资格认定原则；第二，汉语及普通话水平达标原则；第三，教学能力及教学资历认定原则；第四，因地制宜原则。申请者要获得合格的《华文教师证书》，首先要思想品德端正，热爱祖（籍）国，热爱华文教育，具有良好的职业道德情操，其次应达到相应的学历要求和汉语水平。除此之外，申请者还须具备中华文化基本知识、外语水平和一定的教学能力。

（二）　华文教师能力认证制度的推广

为了使海外华文教师的专业素质和水平符合华文教师能力等级证书的条件，推进海外华文教师标准化、正规化、专业化的发展，国务院侨办和中国海外交流协会委托有关华文教育基地院校自 2013 年年底开始逐步在海外推广和实施证书考试。

在 2014 年试测的基础上，2015 年《华文教师证书》的认证工作全面铺开。同年 9 月，《华文教师证书》考试在中外多个国家推行，考点遍及全球 23 个城市，来自 31 个国家的两千余人参加了考试，总获证率接近 70%。① 根据 2016 年 4 月的统计，全球 32 个国家共有 2595 人参加了考试，1816 人通过认证，通过率约 70%。② 2017 年 9 月，又有 2700 多位华文教师获得了资格证书。③ 可以说自 2015 年来，每年都有数千位华文教师参加《华文教师证书》考试，多数教师选择来中国的华文教育基地院校参加考前培训和考试，也有教师选择在所在国就近的考点参加考试，根据这几年的数据看，整体通过率通常在 70% 左右。

（三）　华文教师能力认证的培训

将华文教师认证与考前培训相结合，能够在最大程度上帮助广大海外华文教师提升水平，达到华文教师应具备的标准。因此，自 2015 年始，"培训—考试—认证"三位一体的华文师资培训体系逐渐形成。

为了确保培训、考试、认证的质量，首先对国内华文教育基地院校的负责人、教学骨干进行了培训。2015 年国务院侨办举办了"《华文教师证书》培训承办单位教学负责人培训班"，来自全国 16 所高校及华文教育基地学校的 40 名相关领导及教学骨干参加了此次培训，深入学习了《华文教师证书》培训、考试、认证操作流程；还举办了"《华文教师证书》考试命题员培训班"，为来自国内 19 所高校及华文教育基地学校的 30 多名负责人、命题教师进行专业的命题培训。

---

① 湖南师范大学国际汉语文化学院.《华文教师证书》简介 [EB/OL]. http://icclc. hunnu. edu. cn/info/1089/1113. htm（2016 – 01 – 27）[2020 – 02 – 12].
② 国务院侨办成立首届华文教育工作专家指导委员会 [EB/OL]. http://www. gqb. gov. cn/news/2016/0428/38967. shtml（2016 – 04 – 28）[2017 – 09 – 08].
③ 新华社. 推动海外华文教育标准化、正规化、专业化发展 [EB/OL]. http://www. gov. cn/xinwen/2017 – 09/29/content_5228371. htm（2017 – 09 – 29）[2018 – 04 – 03].

在此基础上，相关师资培训工作于 2015 年在海内外大规模开展起来。根据《世界华文教育年鉴（2016）》的统计，2015 年境外华文教师证书培训班的举办地主要集中在东南亚地区，其中在泰国举办了两期，承办单位分别为泰国南部的合艾国光中学和泰国东部的春府大众国际中学，共计 100 多位华校校长和教师参加了培训，系统学习了汉语基础知识、汉语教学理论与方法和中华文化专题三门课程，并参加了华文知识与能力、华文教学及中华文化两个科目的考试。《华文教师证书》培训班在印度尼西亚也举办了两期，第一期在印度尼西亚楠榜福建会馆开班，由广东省海外交流协会承办、华南师范大学国际文化学院协办，共有 57 名学员参加培训；第二期在登巴萨市的文桥三语学校举行，由福建师范大学教师负责培训工作，共有 47 名印度尼西亚华文教师参加。而菲律宾的首期《华文教师证书》培训班则由福建省海外交流协会承办、菲律宾华教中心协办，在菲律宾侨中学院开班，共有来自 24 所华校的近百名教师参加，成绩合格者颁发相应等级《华文教师证书》。老挝的《华文教师证书》培训班则在 2015 年 8 月举办，四川省海外交流协会承办，在沙湾拿吉省崇德学校举行，共有 40 多人参加了此次培训。2015 年 12 月，国务院侨办组团赴意大利进行了《华文教师证书》的培训与测试工作。[①]

《华文教师证书》培训班在海内外同步进行、双向驱动。在国内，暨南大学、华侨大学、北京华文学院、青岛大学、云南师范大学、北京外国语大学、东北师范大学、陕西师范大学、九江学院等基地院校先后多次承办该活动，培训了数以千计的海外华文教师。2015 年，《华文教师证书》培训班在我国境内共举办了 4 期，其中暨南大学举办了 2 期，华中师范大学、青岛大学各举办了 1 期，共培训了来自十几个国家的数百名华文教师。培训规模随后进一步扩大，2016 年开办了 10 期，[②] 2017 年更是开办了 27 期，共培训学员约 1600 名；[③]培训高峰期之后，2018 年调整

① 华侨大学华文教育研究院，2015 年华文师资培养综述 ［EB/OL］. http://hhwjyyjy. wei16. com/905/SBhW. html（2016 - 09 - 09）［2018 - 04 - 03］.

② 中国华文教育网，2016 年"华文教育·华文教师证书"班活动通知 ［EB/OL］. http:// www. hwjyw. com/info/content/2016/03/18/32624. shtml（2016 - 03 - 18）［2018 - 04 - 03］.

③ 中国侨网，2017 年"华文教育·华文教师证书"培训通知 ［EB/OL］. http://www. chinaqw. com/gg/2017/03 - 21/132482. shtml（2017 - 03 - 21）［2018 - 04 - 03］.

至 11 期，共 8 所高校为 700 多名海外华文教师进行了培训；2019 年仍有
8 所高校先后举办了 9 场培训，每班招生 150 人，详见表 6 - 7；① 2020 年
由于全球新冠肺炎疫情暴发，证书班培训项目暂时中断。

表 6 - 7　2019 年"华文教师证书"研习班一览

序号	承办学校	地点	时间
1	暨南大学	广东省广州市	6 月 5 日至 7 月 2 日
2	北京华文学院	北京市	7 月 10 日至 27 日
3	青岛大学	山东省青岛市	7 月 16 日至 8 月 2 日
4	北京外国语大学	北京市	8 月 10 日至 27 日
5	东北师范大学	吉林省长春市	8 月 13 日至 30 日
6	陕西师范大学	陕西省西安市	9 月 5 日至 22 日
7	华侨大学	福建省厦门市	10 月 15 日至 11 月 1 日
8	暨南大学	广东省广州市	12 月 10 日至 27 日
9	九江学院	江西省九江市	12 月 17 日至 2020 年 1 月 3 日

《华文教师证书》培训班通常开设三类课程，即核心课程、拓展课程
和实践课程，具体包括汉语词汇知识及教学、汉字词汇知识及教学、语
法知识及教学、华文教学基础、华文课堂教学、儿童心理认知发展等课
程；此外还进行《华文教师证书》考试介绍及测试辅导及适当的文化考
察。② 证书班因课程结构完善、学习效果良好而受到海外华文教师的普遍
认可，依托《华文教师证书》的"培训、考核、认证"三位一体的华文
教师认证制度得以逐步确立。

四　《华文教师证书》介绍③

（一）证书性质

《华文教师证书》是面向海外从事华文教育工作的教师和教育工作者

---

① 中国华文教育网，2019 年举办"华文教师证书"研习班的有关事宜通知［EB/OL］. ht-
tps：//m. sohu. com/a/314301775_184537（2019 - 05 - 16）［2020 - 11 - 26］.

② 中国华文教育网，关于举办 2018 年"华文教师证书"研习班的通知［EB/OL］. http：//
www. hwjyw. com/content/2018/03/12/34675. shtml（2018 - 03 - 12）［2018 - 04 - 03］.

③ "华文教师证书"培训承办单位教学人员培训班材料，2016 年 10 月，暨南大学华文学院.

颁行的职业能力认证证书。华文教师的工作对象主要是华裔，性质上，华文教育属于族裔语言文化教育范畴。因此在对华文教师的认证中，测试内容强调中华语言文化的族裔认同教育能力。强调教师要清楚了解族裔语言文化教育的规律，具有对华裔子弟进行华文教学和中华文化传播的知识、能力和情意，该认证由国务院侨办负责，为海外华文教育事业服务。

（二）证书颁行原则

《华文教师证书》颁行遵循如下原则：普通话水平达标原则、考试与考查结合原则。申请者必须达到规定的语言能力条件、汉语教学能力和教学资历条件，参加"汉语知识与能力""汉语教学及中华文化"两门课考试，通过"汉语教学实践"考查，达到对应的分数要求，方能获得华文教师证书。

（三）证书考试与考查

《华文教师证书》的考试科目为"汉语知识与能力""汉语教学及中华文化"两门。每个科目各用一份试卷，依据应试者考试分数高低确定初、中、高三个等级。

《华文教师证书》的考查科目为"汉语教学实践"。该科目考查申请者的实际授课能力，与考试科目相辅相成，从知识、能力、实践多个维度综合评定申请者的华文教师职业能力，考查依据应试者分数高低确定合格、不合格两个等级。考查有两种方式备选，方式一：提供30分钟本人上华文课的视频，由3位评审专家根据视频评分，必要时可要求申请人面试；方式二：申请人参加《华文教师证书》培训班，以国侨办组织编写的《中文》《汉语》等教材为教学材料，进行30分钟模拟教学。

（四）试卷及评分结构

《华文教师证书》的考试分为"汉语知识与能力""汉语教学及中华文化"两个独立的科目，每个科目具有一套完整的试卷，每科考试时间为150分钟，测试内容较为丰富，题型较为多样，既有主观题也有客观题，详见表6-8。

表6-8　《华文教师证书》考试科目试卷构成

科目	测试形式及内容	题型	试题数	总题数	考试时间
汉语知识与能力	汉语知识选择	客观题	50	71	150分钟
	汉语知识分析	主观题	4		
	阅读理解	客观题	15		
	书面表达	作文1和2	2		
汉语教学及中华文化	中华文化知识	选择	35	57	150分钟
		判断	15		
	汉语教学知识与能力	理解分析	6		
		应用分析	1		

　　《华文教师证书》的考查科目为"汉语教学实践",旨在对申请者实际授课能力进行评定,与考试科目相辅相成,从知识、能力、实践多个维度综合评价申请者的华文教师职业能力。三位评审专家将从教学内容、教学方法、教学行为、教学基本功、教学效果五个方面16个观察点对申请者进行独立打分,平均分为最后得分。

(五)　成绩等级

　　应试者按要求参加《华文教师证书》考试与考查,均可以得到成绩单。《华文教师证书》考试和考查每个科目原始分数满分为150分,报告分数满分为1000分,报告分数根据应试者的原始测试分数计算出标准分,然后以全部应试者中的最高分为基础导出。测试分数与等级对应如下表6-9。

表6-9　《华文教师证书》等级分数

测试分数	考试分数等级	考查分数等级
800分及以上	高级证书	合格
600~799分	中级证书	
400~599分	初级证书	
399分及以下	—	不合格

(六)　整体特点

　　《华文教师证书》考试具有两方面的特点。第一,考试题型较为多样化。该考试分为独立的三科，每一科形成一套完整的评价体系，题型多样，从填空、选择等基础题型到理解、论述等综合题型，既有客观题也有主观题，可以全方位立体化地考查应试者的相关知识。第二，证书等级划分符合海外华文教师的实际情况。《华文教师证书》分为初级、中级、高级三个等级，这样详细的等级划分一方面是对华文教师专业能力的肯定，另一方面为华文教师的可持续专业发展确立了方向和目标，可以促使他们不断努力获得高级证书。此外，也有利于海外华文学校根据需要制定华文教师招聘要求。

第三节　华文教师教育机构认证制度

一　教师教育机构认证制度概述

教师教育机构是指大学、学院、研究院或高等教育机构内专门负责教师和其他教育人员的培养和培训的行政主体机构。从国际范围来看，教师教育机构经历了不同的发展阶段：师范学校阶段、师范学院/师范大学阶段以及综合大学加入教师教育培养任务的阶段。早期的教师教育都是在专门的师范学校，有的师范学校升格为师范学院或师范大学，但也都是局限在师范院校的体系内。20 世纪 50 年代以后，许多发达国家的师范学院或并入综合型大学，或自身扩展为综合型大学。从此，师范教育由封闭型走向开放型。教师教育机构的发展出现多元化、开放化、综合化等特点，教师教育机构认证制度应运而生。[①]　教师教育机构的变迁，在一定程度上反映了时代的变化及其对教师教育内在要求的提高，也体现了教师专业化程度的不断提升。

美国于 1954 年成立全国教师教育认证委员会（Natinoal Council for Accreditation of Teacher Education，简称 NCATE），这是一个非官方的认证机构，专门针对承担教师教育的机构实施专业认证，尽管所实施的认证是自愿的，但认证是否通过会影响机构的声誉、机构间的学分转换、招

---

① 汪建华．教师教育机构认证制度构建的探析［J］．教师教育研究，2012（2）．

生和毕业生就业。一旦被 NCATE 拒绝认证，就意味着向公众释放了一个信号，即这个机构的培养方案是低等的。2013 年，教师培养认证委员会（Council for the Accreditation of Educator Preparation，简称 CAEP）正式取代 NCATE，成为新的教师教育认证机构。[①] 虽然多种利益相关者博弈而导致机构更迭，但对于教师教育机构进行认证的信念从未动摇。

加拿大在国家层面不设教育部，地方教育由各省的教育部负责，因此教师教育机构的认证也是以各省为单位展开，各省都建立了一套系统的教师专业教育方案认证制度，对认证机构、认证标准、认证程序进行了严格而细致的规范。例如，加拿大最大的省安大略省于 1997 年成立安大略教师管理协会（Ontario College of Teachers，简称 OCT），为非官方性质的教师专业自治组织，其职能之一就是认证各教育机构的教育方案和课程。[②]

日本教师教育机构的资格认证是由日本最高教育行政部门，即文部科学省下辖的专门机构"课程认证委员会"具体负责，委员会包括 44 名成员，其中常委约 30 名，包括国立、公立、私立大学的校长、教授；幼儿园、中小学校长或理事长；教师专业协会会长、行政官员、财经界人士和博物馆馆长；等等。[③] 成员来源广泛，力图让各方都能拥有话语权。

从国际经验来看，鉴于教师教育机构认证的复杂性和专业性，在评价主体方面，各国多由具有权威性和公信力的第三方学术中介机构来进行，用"国家监督模式"取代"国家控制模式"。认证程序通常分为认证申请、自我评价、实地考察及形成结论等环节，采取外部评价与自我评价相结合的方法。这为海外华文教师教育机构认证制度的确立提供了广泛的借鉴经验。

二　构建华文教师教育机构认证制度的意义

在当前的历史背景下，为了保证华文教师教育的质量，就必须重视

---

① 白玫. 从 NCATE 到 CAEP：美国职前教师教育认证的价值反思 [J]. 外国教育研究，2018（4）.
② 陈玲玲，胡惠闽. 加拿大教师专业教育方案认证制度——以安大略省为例 [J]. 全球教育展望，2010（2）.
③ 张倩. 日本教师教育认证的制度建构及其启示 [J]. 教师教育研究，2012（3）.

华文教师教育的源头——华文教师教育机构。加强对华文教师教育机构的管理认证，建立华文教师教育机构认证制度，是提高华文教师质量水平的关键因素，对推动海外华文教育高质量发展具有重要意义。

首先，有利于确保各华文教师教育机构教育质量，从而提高华文教师的整体水平。目前，中国的华侨大学和暨南大学承担了一部分华文教师专业本科师资的培养，但远不能满足海外对华文师资的需求，一些国家的公立或私立教育机构也参与到了华文师资的教育和培养，设立相关专业或培训课程。在一定程度上缓解了海外华文师资的短缺问题，但这些机构的培养资质值得关注。一些机构的教学条件、师资配备和课程质量参差不齐，有的机构还缺乏相应的华文教师实习实践基地。因此，对这些华文教师教育机构进行审查认证和评估，随后进行相应的指导和扶持，有利于保障各海外华文教师教育机构的培养质量。

其次，华文教师教育机构认证制度还有利于提高培养机构的公信力。在开放的教育环境里，社会各界人士都有机会经由正式的华文教师教育机构培养成为华文教师。可是，目前缺少华文教师教育机构认证，因此也无法获得各个华文教师教育机构孰优孰劣的信息。公开透明的认证制度有助于加深不同国家民众对华文教师培养机构的了解，在保持华文教师来源多元性的同时，为那些有意从事华文教师工作的人提供选择依据。

最后，有利于各华文教师培养机构之间的良性竞争。某个国家和区域内的华文教师教育机构在资金、生源、就业等方面必然存在竞争，建立华文教师教育机构认证制度，为各机构之间提供一个权威的比照标准，有利于各机构进行交流学习和共同进步。在评估中获得高等级的教育机构会获得更多的社会认可及资源，而评估等级低的华文教师培养机构则会有针对性地进行学习和整改，力争在下一轮认证评估中有所突破。这些良性竞争最终会带来华文教师培养质量的整体进步。

三　构建华文教师教育机构认证制度的策略

1. 成立专门的认证机构

进行华文教师教育机构认证是华文教育管理体系中不可或缺的组成部分，是维持和保证华文教师培养质量的主要手段。认证的目的在于证明被认证的华文教师教育机构所提供的教育或培训服务是可信赖的，符合华文教育界内部所公认的质量标准，或者符合所在国政府所要求的质量标准。

在新的时代背景下，海外华文教育发展步入转型阶段，华文教师教育机构的发展必须用国际通行的、公认的标准来衡量，必须向优秀的国际教育机构来看齐。因此，为了更有效地对不同国家华文教师教育机构的办学行为进行规范引导和评估，极有必要引入国际通行的质量管理体系标准，为海外不同国家华文教师教育质量管理提供更为广泛的参照系，填补海外各国华文教师教育质量缺乏可比性之不足。[①]

华文教育分散在不同国家开展，华文教师培养机构也广泛存在于各国，中国缺乏对海外国家华文教师教育机构进行强制性要求的合法身份，若要形成面向全球华文教师培养机构的认证体系，任何一国的政府都不具备这样的合法身份，因此无法形成强制性的政府认证。鉴于这种特殊性，成立行业内非官方的认证机构是较为可取的做法，各国的华文师资培养机构共同参与认证标准的制定，并且自愿接受标准的认证。

2016 年 4 月，国务院侨务办公室首届"华文教育工作专家指导委员会"宣告成立，该委员会由来自 11 个国家的 27 位专家组成，基本覆盖了五大洲华文教育较为集中的海外国家。该委员会的职责之一就是统筹协调各国的华文教育活动，推动华文教育事业的"三化建设"，[②]但是该委员会是否具有承担华文教师教育机构认证事务的合法身份仍值得商榷。近年来，有不少海内外华文教育界人士提出建立"世界华文教育联盟"的民间机构，或可担当此任。

2. 进行分门别类的资格认证

（1）学历教育资格认证

教育的质量在于教师，教师的质量很大程度取决于教师教育机构。目前在中国国内负责海外华文教师培养的教育机构主要有暨南大学的华

---

① 李欣，严文蕃. 海外华文教育标准的类别分析及模型建构 [J]. 华侨大学学报（哲学社会科学版），2016（6）.

② 李欣，严文蕃. 海外华文教育标准的类别分析及模型建构 [J]. 华侨大学学报（哲学社会科学版），2016（6）.

文学院、华侨大学的华文学院、北京华文学院、昆明华文学院以及南宁华文学院这五所。暨南大学与华侨大学主要承担了海外华文教师的学历教育，如华文教育专业的四年制本科培养及研究生学历教育。此外，还有一些中国的高校开展了其他形式的学历教育，以本科函授学历班为主，例如，辽宁师范大学面向加拿大学员开办的"汉语言专业本科函授学历班"、华中师范大学开办的"马来西亚汉语言函授本科班"、湖南师范大学赴印尼开办的"印尼华文教师函授本科学历班"等。

除了中国的高校，海外许多国家的高校也陆续开办了华文教师教育专业，例如，越南的胡志明市师范大学的中文系、缅甸的曼德勒云华师范学院、印尼智星汉语师范学院等。还有一些海外高校或教育机构与中国的大学联合培养华文教师，例如，菲律宾华文教育中心与暨南大学华文学院联合举办"华文教育专业本科学历教育函授班"、印度尼西亚基督教大学与河北师范大学联合开办本科、硕士教育班等。

各种类型的华文师资学历班极大地提高了华文教师的整体学历水平，然而，各校的华文教师培养质量究竟如何、是否达到了既定的培养目标却未可知。一直缺乏横向的比较，因此难以形成各机构之间互相学习、取长补短的局面。因此，亟待建立华文教师教育机构认证制度，从基础设施、培养目标、课程体系、师资团队、管理水平等方面对华文教师教育机构进行全方位立体化的认证评估。其中要特别加强对华文教师教育课程的鉴定，严把师资培养关。只有保证了华文教师教育课程的质量，才能确保所输出的华文教师的质量，从而为世界各国的华校输送基本功扎实、质量过硬的华文教师。

（2）非学历教育机构资格认证

除了学历教育外，还有面向华文教师的各种非学历教育，按时间长短可分为长期班、短期班。长期班培训是指时间长达一年及一年以上的班级培训，例如暨南大学开设的"泰国华文师资班"；短期班则是较为集中紧凑的单次培训，例如"海外华文教师《中文》教材教法班""华文教师研习培训班""华文教师普通话正音班""华文教师证书培训班"等。华侨大学也有许多培训班，例如"外国政府官员学习班""海外教师研习班""菲律宾校长班"等。

　　除了侨办系统的高校外，近年来，国内许多高校也开始参与海外华文师资培养，开设了不同层次与类型的培训班。例如，华中师范大学的"印尼华文教师培训班"、华东师范大学承办的"澳大利亚华文教师培训班"、青岛大学承办的"华文教育教师研习·泰国教师正音培训班"、辽宁师范大学举办的"华文教育·校长研习泰国班"、福建幼儿师范高等专科学校承办的"马来西亚华校幼儿教师研修班"等，不胜枚举。此外，海外的许多高校和华文教育机构也开设了各种师资培训班，例如，菲律宾华教中心开设的华文师资课程、中国台湾的世界华语文教育学会开办的"华语文师资培训班"、新加坡华文教研中心开设的华文师资辅导课程等。

　　各种非学历课程班为华文教师，特别是在职教师提供了灵活多样的培训机会，满足了不同华文教师多样化的学习需求。但是到现在还缺少对这些华文教师教育机构的认证评估。因此，为了保证华文教师的培养质量，需要尽快建立和完善华文教师教育机构认证制度，从而对华文教师教育机构实施定期评价，推动教师教育机构的课程建设，保证华文师资培养及培训质量的稳步提高。

结　语

　　本书在广泛参考国内外教师专业发展理论的基础上，依次对华文教师的专业素质结构、专业发展的阶段、影响因素、模式、途径和制度进行了广泛深入的探讨，在建构华文教师专业发展理论框架方面做了初步尝试。第一，提出华文教师素质结构包括专业知识、专业能力和专业情意三个维度。其中专业知识包括通识性知识、本体性知识、条件性知识和实践性知识；专业能力包括教育能力、教学能力、学习能力、科研能力和发展能力；专业情意包括职业道德、职业情操、价值观念和人格魅力。第二，将华文教师的专业发展过程划分为准教师阶段、新手阶段、熟手阶段、能手阶段和专家阶段，这五个阶段依次对应准教师、新教师、合格教师、优秀教师和卓越教师等称号。第三，探讨了影响华文教师专业发展的因素，指出华文教师在入职前主要受个人环境因素影响，包括家庭因素、积极的关键事件、个人性情、个人兴趣与爱好、重要他人、生命阶段六个方面，在入职后主要受到组织环境因素影响，包括学校规章制度、管理风格、公共信任、社会期望、专业组织五个方面。第四，根据华文教师专业发展之"活动场域"的变化，提出华文教师专业发展的大学本位模式、大中小学相结合模式和校本模式三大模式。第五，指出当前华文教师专业发展的途径具有三种取向：知识—理智取向的发展途径主要包括参与培训和接受学历教育；实践—反思取向的发展途径以教师个人反思和课堂观察为主；合作—生态取向的发展途径主要体现为教师学习共同体和师徒结对。第六，对华文教师专业发展的制度化建设进行了总结和建构，指出《华文教师证书》制度是一种教师能力认证制度而非资格认证制度，还提出时机成熟时应建立全球华文教师教育机构认证制度。

　　本书立足于海外华文教师专业发展的现实需要，力求将理论与实践相联系，为纷纭复杂的实践活动提供理论分析框架。近年来，在国务院侨务办公室、中国海外交流协会、华文教育基金会等部门和华侨大学、暨南大学等侨校的积极推动下，海外华文教师的整体面貌正在经历深刻变革，华文教师队伍在标准化、专业化、正规化建设方面取得了一些阶段性的成果。《华文教师标准》的出台和《华文教师证书》资格认证制度的逐步确立，在华文教师专业化进程中具有里程碑意义。针对海外华文教师本科和研究生层次的学历教育稳步开展，"输血计划"与"造血计划"双管齐下，有效缓解了海外华文教育师资短缺的问题。随着科技的更新迭代，"互联网＋"时代的到来促使教育手段的深度变革，慕课、翻转课堂、智慧教室等教学方式随之兴起，为华文教师革新教学手段提供了技术手段和实践基础，也为华文教师自身的学习培训提供了便捷、高效的网络学习平台，一次全球直播讲座就可让海外各国数以千计的华文教师从中受益。可以说，华文教师专业化发展的各项活动在实践领域呈现一派蓬勃发展之势，亟须理论工作者从研究角度对其进行梳理提炼，构建一个华文教师专业发展的整体框架，把各项实践领域的活动纳入其中进行分析研究。特别是在全球疫情之下，海外华文教育形式发生了急剧变革，华文教师面临新的挑战和机遇，其专业发展的步伐要紧跟时代变革的节奏，华文教育研究者也应密切关注海外华文教育的最新动向，助力华文教师在大变局背景下实现专业发展！

主要参考文献

图　书

1. Anita Woolfolk，何先友等译. 教育心理学（第十版）［M］. 北京：中国轻工业出版社，2008.

2. 陈昌来. 对外汉语教学概论［M］. 上海：复旦大学出版社，2005.

3. 陈永明等. 教师教育研究［M］. 上海：华东师范大学出版社，2003.

4. 范梅南. 李树英译. 教学机智——教育智慧的意蕴［M］. 北京：教育科学出版社，2001.

5. 郭睿. 汉语教师发展［M］. 北京：北京语言大学出版社，2010.

6. 贾益民. 世界华文教育年鉴（2016）［M］. 北京：社会科学文献出版社，2017.

7. 贾益民. 世界华文教育年鉴（2017）［M］. 北京：社会科学文献出版社，2017.

8. 贾益民. 世界华文教育年鉴（2018）［M］. 北京：社会科学文献出版社，2019.

9. 贾益民. 华文教育概论［M］. 广州：暨南大学出版社，2012.

10. 教育部师范教育司组织编写. 教师专业化的理论与实践［M］. 北京：人民教育出版社，2003.

11. 连榕等. 华文教育心理学［M］. 北京：教育科学出版社，2010.

12. 刘珣. 汉语作为第二语言教学简论［M］. 北京：北京语言文化大学出版社，2002.

13. 迈克尔·富兰. 变革的力量——透视教育改革［M］. 北京：教育科学

出版社，2004.

14. 米歇尔·苏盖，马丁·维拉汝斯. 刘娟娟等译. 他者的智慧［M］. 北京：北京大学出版社，2008.

15. 邵光华. 教师专业知识发展研究［M］. 杭州：浙江大学出版社，2011.

16. 唐燕儿. 华文教育心理学［M］. 广州：广东高等教育出版社，2011.

17. 钟祖荣. 现代教师学导论：教师专业发展指导［M］. 北京：中国广播电视大学出版社，2001.

论　文

1. 常敬宇. 汉民族文化心态对汉语语法特点的影响［J］. 世界汉语教学，1992（4）.

2. 陈方. 影响我国教师专业发展的社会因素分析［D］. 上海师范大学，2005.

3. 陈莉. 美国外语教师教育：标准、模式和特点［J］. 外国教育研究，2013（12）.

4. 陈巧芳. 新加坡私立托儿所华文教师专业发展途径调查研究——以C托儿所为例［D］. 华侨大学硕士学位论文，2019.

5. 陈荣岚，唐微文. 扩充·稳定·提高——谈华文教师队伍的建设［J］. 海外华文教育，2002（2）.

6. 陈向明. 实践性知识：教师专业发展的知识基础［J］. 北京大学教育评论，2003.

7. 崔允漷. 论指向教学改进的课堂观察LICC模式［J］. 教育测量与评价：理论版，2010（3）.

8. 郭旭."师徒制"与新教师专业发展［D］. 上海师范大学硕士学位论文，2009.

9. 郝丽霞. 对外汉语教师队伍建设研究回顾与思考［J］. 教育与教学研究，2010（24）.

10. 何杰平. 中学教师专业发展途径研究［D］. 湖南师范大学硕士学位论文，2012.

11. 黄启庆，刘娟娟，杨春雍. 外国留学生对汉语教师期望要素的初步调查［J］. 云南师范大学学报（对外汉语教学与研究版），2013（3）.

12. 黄雯雯. 海外汉语教师志愿者的岗前培训需求分析［J］. 语言教学研究，2011（8）.

13. 黄晓颖. 论对外汉语教师反思能力的培养［J］. 云南师范大学学报（对外汉语教学与研究版），2007（4）.

14. 贾爱武. 美国外语教师教育及专业资格标准政策研究［J］. 外语界，2006（4）.

15. 贾益民. 关于海外华语文教师专业发展研究的思考［J］. 世界汉语教学，2014（3）.

16. 贾益民. 海外华文教学的若干问题［J］. 语言文字应用，2007（3）.

17. 贾益民. 华文教育学学科建设刍议——再论华文教育学是一门科学［J］. 暨南学报（哲学社会科学），1998（10）.

18. 黎青. 大学外语教师素质培养研究［J］. 青海师范大学学报（哲学社会科学版），2013（11）.

19. 李静. 印尼苏拉威西地区华文教师反思性教学现状的调查研究［D］. 华侨大学硕士学位论文，2020.

20. 李欣，吕子态. 缅甸华侨华人办学现状调查［C］. 华侨华人研究报告（2017）. 北京：社会科学文献出版社，2017.

21. 李欣，严文蕃. 海外华文教育标准的类别分析即模型建构［J］. 华侨大学学报（哲学社会科学版），2016（6）.

22. 李欣. 学会生存：基于教师专业发展阶段理论的华文新教师成长研究［J］. 世界华文教育，2017（4）.

23. 连榕，潘贤权. 印尼华文教师主观幸福感、职业倦怠、职业承诺的现状及其关系的研究［J］. 教育探究，2009（3）.

24. 廖青. 基于教师专业发展的"师徒结对"研究［D］. 西南大学硕士学位论文，2010.

25. 刘兰新. 柬埔寨孔子学院汉语教师信念及其影响因素研究［D］. 华侨大学硕士学位论文，2018.

26. 刘学惠，申继亮. 教师学习的分析维度与研究现状［J］. 全球教育展望，2006（8）.

27. 刘珣. 关于汉语教师培训的几个问题 [J]. 世界汉语教学，1996（2）.

28. 宁虹. 教师能力标准理论模型 [J]. 教育研究，2010（11）.

29. 彭秀丽. "师徒结对"之研究 [D]. 华东师范大学硕士学位论文，2006.

30. 邵滨，邵辉. 新旧《国际汉语教师标准》对比分析 [J]. 云南师范大学学报（对外汉语教学与研究版），2013（11）.

31. 孙德坤. 教师认知研究与教师发展 [J]. 世界汉语教学，2008（3）.

32. 唐燕儿，孙振宇. 打造华文教师培养的助推器——论东南亚国家华文教育人才库的创建 [J]. 东南亚纵横，2014（3）.

33. 汪建华. 教师教育机构认证制度构建的探析 [J]. 教师教育研究，2012（2）.

34. 王恩旭. 国际汉语教师专业发展的三个阶段 [J]. 现代语文（学术综合版），2014（5）.

35. 王添淼. 成为反思性实践者——由《国际汉语教师标准》引发的思考 [J]. 语言教学与研究，2010（2）.

36. 王文. 课堂观察——教师专业成长的必由之路 [D]. 福建师范大学硕士学位论文，2008.

37. 吴晓红，高霞. "课堂观察"量表的应用分析——基于课堂教学的案例 [J]. 教育教学论坛，2012（10B）.

38. 谢新水. 论公共信任及公共信任问题 [J]. 首都师范大学学报（社会科学版），2012（6）.

39. 谢延婷. 汉语国际推广中本土汉语教师的培养研究——以印尼智星汉语师范学院为例 [D]. 重庆师范大学，2014.

40. 荀舒婷. 印尼汉语师范院校的汉语教学现状调查与对策研究——以印尼泗水智星大学汉语师范学院为例 [D]. 广东外语外贸大学，2013.

41. 严彦. 汉语语音教学中教师策略性知识的发展研究 [J]. 华文教学与研究，2017（2）.

42. 杨叔子. 治学育人必正其风 [J]. 高等教育研究，2003（9）.

43. 张和生. 对外汉语教师素质与培训研究的回顾与展望 [J]. 北京师范大学学报（社会科学版），2006（3）.

44. 衷克定，张溉. 教师策略性知识的发展规律及影响因素研究 [J]. 心理科学, 2000 (4).

45. 裒克定. 教师策略性知识的成分与结构特征研究 [J]. 北京师范大学学报 (人文社会科学版), 2002 (4).

网络报纸

1. Deborah A. McIlrath and William G. Huitt. The Teaching-Learning Process: A Discussion of Models [EB/OL]. (2011 - 1 - 7) [2016 - 09 - 24]. http://teach. valdosta. edu/whuitt/papers/modeltch. html.

2. 石中英. 教师高度决定学生高度 [N]. 中国教师报, 第 15 版, 2016 - 10 - 19.

3. 汤翠英, 王匡廷. 培训海外华文教师, 提升华文教学水平 [EB/OL]. http://qwgzyj. gqb. gov. cn/hwjy/148/1442. shtml. (2009 - 03 - 06) [2016 - 05 - 24].

4. 中国侨网, 福建侨办讲学团赴菲律宾举办华文教育专题讲座 [EB/OL]. http://www. chinaqw. com/hwjy/2018/08 - 24/199822. shtml (2018 - 08 - 24) [2020 - 02 - 12].

5. 中国新闻网, 国侨办新增华文教育基地落户河北保定 [EB/OL]. http://www. gqb. gov. cn/news/2017/0620/42869. shtml (2017 - 06 - 20) [2020 - 02 - 12].

6. 中华人民共和国教师法第一章第三条 [EB/OL]. http://www. fadu. cc/flfg/63. html (2019 - 08 - 16) [2020 - 02 - 12].

附件一 华文教师专业发展基本情况摸底调查问卷

尊敬的老师：

　　您好！非常感谢你参与本次调查问卷。本次问卷的目的是为了摸查华文教师专业发展的基本情况。本问卷调查结果只用于科学研究，不涉及对个人的评价，请您根据自己的真实情况填写。衷心感谢您对我们工作的支持！

华文教师专业发展研究课题组

2014 年 12 月 15 日

第一部分

1. 您的性别　　□男　　□女

2. 您的国籍（　　　）

3. 您是否来自华人华侨的家庭

□ 是　　　□否　　　□ 不清楚

4. 您的年龄

□ 20—30　　　　　□ 31—40　　　　　□ 41—50

□ 51 以上

5. 您的最高学历

□ 初中　　　　　□ 高中　　　　　□ 专科

□ 本科　　　　　□ 硕士研究生　　　□ 博士研究生

6. 您作为华文教师的教龄

□ 5 年及以下　　　□ 6—10 年　　　□ 11—20 年

□ 21 年以上

7. 您现在教授的年级

□ 小学（1－6 年级）□ 初中（7－9 年级）□ 高中（10－12 年级）

□ 大学

8. 您学校的类型

□ 华文学校　　　　　□ 国民学校　　　　　□ 其他（＿＿＿＿＿＿＿）

9. 除了上课外，您在学校是否还担任其他职务？

□ 是（请写出职务名称＿＿＿＿＿＿＿＿）　　　□ 否

10. 除了教书外，您是否还有其他兼职工作？

□ 是（请写出工作名称＿＿＿＿＿＿＿＿）　　　□ 否

11. 您的家庭成员是否有人从事华文教师工作？

□ 有（请写出他/她是谁＿＿＿＿＿＿＿＿）　　　□ 没有

第二部分

1. 您是否了解"教师专业发展"这一概念？

□ 比较了解　　　　　□ 了解　　　　　□ 听说过，但不了解

□ 没听说过

2. 哪些原因促使您选择当华文教师？（可多选）

□ 热爱华文教育　　　　　　　　□ 父母等家人的影响

□ 朋友的影响　　　　　　　　　□ 提高经济收入

□ 华文教师工作比较受尊重

□ 华文教师工作比较稳定

□ 其他原因＿＿＿＿＿＿＿＿＿＿＿

3. 一般认为，从新手教师发展为专家教师要依次经历以下四个阶段，您认为自己处于哪个阶段？

□ 新手阶段　　　　　□ 熟手阶段　　　　　□ 能手阶段

□ 专家阶段

4. 您目前在专业发展中遇到的主要问题是？

（　　　　　　　　　　　　　　　　　　）

5. 您是否知道自己现阶段最需要学习哪方面的知识和能力？

□ 是　　　　　　　　□ 否　　　　　　　　□ 说不清楚

6. 您认为此次交流访问活动是否能满足您的学习期望？

□ 是　　　　　□ 否　　　　　□ 说不清楚

7. 您的学校有哪些帮助您提高专业水平的活动？（可多选）

□ 校内专家讲座　　　　　　□ 校内教学培训班

□ 全校研讨会　　　　　　　□ 教师小组教学研讨

□ 教师小组集体备课　　　　□ 校内听课观摩

□ 校内教学比赛　　　　　　□ 校内教师读书会

□ 校内教师演讲会　　　　　□ 校内教育科研活动

□ 师徒结对（老教师带新教师）　□ 校外专家讲座

□ 校外教学培训班　　　　　□ 校外教学比赛

□ 校外听课观摩　　　　　　□ 其他活动＿＿＿＿＿

8. 在您从事华文教师工作的过程中，您得到的支持与帮助主要来自？（可多选）

□ 学校　　　　　□ 政府　　　　　□ 家庭

□ 华人社团　　　□ 其他＿＿＿＿＿＿＿＿＿

9. 您是否参加了某个教师专业组织或社团？

□是（请写出名称＿＿＿＿＿＿＿＿）　　□ 否

10. 国务院侨办正在制定《华文教师标准》，您认为这对提升华文教育质量是否有帮助？

□ 是　　　　　□ 否　　　　　□ 说不清楚

11. 国务院侨办将推出《华文教师证书》认证制度，分为初级、中级和高级三个级别，您是否愿意参加认证考试？

□ 是　　　　　□ 否　　　　　□ 说不清楚

附件二　在职华文教师专业发展
访谈提纲

1. 您是否听说过"教师专业发展"这一概念？您如何看待教师的专业发展？

2. 您从事华文教育工作有多久了？之前是否还从事过其他工作？当初是什么原因促使您选择了华文教师的工作？

3. 您在当华文教师之前，有没有接受过专门的教师教育培训？如果有，请简单介绍一下。

4. 请您回忆一下，在您刚刚当华文教师的那个时候，您在工作中遇到了哪些问题？其中最大的问题是什么？最后您是怎么克服这些问题的？得到过哪些帮助？

5. 如果把华文教师的专业发展分为新手、熟手、能手和专家四个阶段，您认为自己目前处在哪个阶段？现在面临哪些问题？打算怎么克服这些问题？

6. 在促进华文教师的专业成长方面，您所在的学校采取过哪些活动？您认为哪些活动对您最有帮助？您希望学校今后采取哪些措施来帮助您成长？

附件三　华文教育师范生访谈提纲

1. 您是否听说过"教师专业发展"、"职业生涯规划"这一概念？

2. 哪些原因或事件促使您选择来中国读华文教育专业？

3. 请回忆一下，你在自己的国家学习华文的时候，有没有哪位华文教师让你印象深刻？他/她是一位什么样的老师？是怎么上课的？对你有何影响？

4. 你认为优秀的华文教师应该是什么样子的？

5. 你觉得自己是否已经为当一名合格的华文教师做好了准备？如果不是，还有什么欠缺？打算怎么克服这些问题？

6. 即将毕业成为教师，你现在的心情如何？你最大的担心是什么？

7. 作为未来的新老师，您希望你工作的学校如何帮助你？

附件四 《华文教师证书》"汉语教学实践"考查评分表

评价项目	评价内容	权重分数	分项分数	得分
教学内容	1. 教学重点确定与教学目的的关联性	40	8	
	2. 教学难点把握与学生实际的针对性		8	
	3. 教学内容传授的正确性		5	
	4. 教师讲授与学生表达或练习比例的恰当性		12	
	5. 教学内容处理的灵活性		7	
教学方法	6. 教学法对教学目的和内容的恰当性	20	8	
	7. 教学法对学生的适当性		7	
	8. 教学辅助手段的有效性		5	
教学行为	9. 教学应变的得当性	20	5	
	10. 师生互动行为的有效性		5	
	11. 教学语言的规范性、得体性、艺术性		10	
教学基本功	12. 教学情绪与教学气氛调控	20	10	
	13. 教学演示		5	
	14. 教学书写		5	
教学效果	15. 学生掌握所学内容对教学目标的实现程度	50	20	
	16. 学生对教学的满意度评价		30	
总分				

后 记

　　自踏入华文教育研究领域以来，八年间有幸走访菲律宾、印尼、缅甸、泰国、新加坡、美国等国家的华文学校，对海外华文教师的生存状态有亲身体会。我也曾多次为来华培训的华文教师证书班、华文教师研究人才班授课，广泛接触了世界各地的数百位华文教师，他/她们既是我的研究对象，也是我的朋友，我与其中一些老师更是建立了深厚的友谊。整体来看，海外华文教师的学习热情普遍较高，他/她们灵敏地捕捉到祖（籍）国强盛带来的华文教育发展契机，愿意借助各种资源和平台提高自己，但又时常限于"茫然"与"盲从"的境地。他/她们中很多人不了解教师专业发展的理念，不会用教师专业发展的理论来审视自己当下的处境，不知道自己具体缺什么，也不清楚究竟该怎么提升自己，对各种培训活动兴致盎然，对培训结果却经常感到收获甚微。这种"茫然"在职前华文师范生群体也广泛存在。我在教学中广泛接触了华文教育专业本科留学生，华语与华文教育、汉语国际教育、语言学与应用语言学等专业的研究生，以及即将外派他国的志愿者。这些年轻的准华文教师为华文教育事业注入新的活力，他/她们富有激情，对未来的教师角色充满向往，但对于作为"教师"的自己缺乏了解，对于未来的职业生涯准备不足。因此，让处在不同发展阶段的所有华文教师都能"认识自己"，知道自己"从哪儿来""现在在哪里""该往哪里去""为什么要去哪里"以及"怎么去"，为他/她们搭建作为华文教师必备的知识结构和理论基础，是促成本书的写作初衷。此书的出版时间恰逢中国共产党建党一百周年，作文一名平凡的基层科研工作者，能躬逢其盛，与有荣焉。希望此书能助力华文教育事业的发展，对华文教师队伍的标准化、专业化、正规化建设有所裨益。

本书在写作过程中得到过多方帮助，在此致以真诚的感谢！感谢华侨大学华文教育研究院、华文学院和华文教育处各级领导给予的信任和支持！感谢修过"华文教师专业发展研究"课的诸位研究生！他/她们非常配合我提出的写实证研究课程论文的建议，为本书提供了许多学术支持！还要特别感谢我的诸位研究生，刘兰新、林若征、康青霞、李静、刘美辰、王曲、陈巧芳、柯思如，由于各种原因，她们都没能上我的课，却能凭着对华文教师研究的热爱开启相对陌生的研究领域，学习量化研究和质性研究的方法，在华文教师实证研究方面，写出了令我较为满意的学位论文，为本书提供了一手参考资料。感谢研究院的同事们在调研过程中给予的帮助！感谢匿名审稿专家提出具有建设性的修改意见，令我获益匪浅！感谢家人和朋友给予的鼓励和关爱！

由于本人研究能力有限，本书还有许多不尽如人意之处，诸如仅搭建了框架，对华文教师专业发展的特殊性提炼也稍嫌不足等等。今后将继续细化华文教师研究，特别是要选择一些具有现实意义和紧迫性的专题进行深入的实证研究。华文教师专业发展研究方兴未艾，期待更多有识之士的加入！

李欣

2021 年春

尚院

图书在版编目（CIP）数据

华文教师专业发展概论／李欣著. －－北京：社会
科学文献出版社，2021.7
（华文教育研究丛书）
ISBN 978 - 7 - 5201 - 8420 - 5

Ⅰ.①华…　Ⅱ.①李…　Ⅲ.①汉语 - 对外汉语教学 -
师资培养 - 研究　Ⅳ.①H195.3

中国版本图书馆 CIP 数据核字（2021）第 095398 号

华文教育研究丛书
华文教师专业发展概论

著　　者／李　欣

出 版 人／王利民
责任编辑／张建中　崔晓璇

出　　版／社会科学文献出版社·政法传媒分社（010）59367156
　　　　　地址：北京市北三环中路甲 29 号院华龙大厦　邮编：100029
　　　　　网址：www.ssap.com.cn
发　　行／市场营销中心（010）59367081　59367083
印　　装／三河市尚艺印装有限公司

规　　格／开　本：787mm×1092mm　1/16
　　　　　印　张：14　字　数：218 千字
版　　次／2021 年 7 月第 1 版　2021 年 7 月第 1 次印刷
书　　号／ISBN 978 - 7 - 5201 - 8420 - 5
定　　价／78.00 元

本书如有印装质量问题，请与读者服务中心（010 - 59367028）联系